Holger Herold

Gefahrstoffrecht für die Apotheke

Holger Herold

Gefahrstoffrecht für die Apotheke

Grundlagen und Arbeitshilfen

Begründet von
Dieter Kaufmann, Augsburg

Bearbeitet von
Holger Herold, Leipzig

6., überarbeitete und erweiterte Auflage

Mit 16 farbigen Abbildungen, 47 Tabellen
und farbigen Gefahrstoffpiktogrammen

Deutscher
Apotheker Verlag

Anschrift des Autors

Dr. Holger Herold
Luther-Apotheke
Wittenberger Straße 38
04129 Leipzig

Bibliografische Information der Deutschen Nationalbibliothek
Die Deutsche Nationalbibliothek verzeichnet diese Publikation in der Deutschen Nationalbibliografie; detaillierte bibliografische Daten sind im Internet unter http://dnb.d-nb.de abrufbar.

6., überarbeitete und erweiterte Auflage 2014
ISBN 978-3-7692-6084-7 (Print)
ISBN 978-3-7692-6347-3 (E-Book, PDF)

Birkenwaldstr. 44, 70191 Stuttgart
www.deutscher-apotheker-verlag.de
Printed in Germany

Satz: primustype Hurler GmbH, Notzingen
Druck und Bindung: AZ Druck- und Datentechnik GmbH, Berlin
Umschlagabbildung: RomanSigaev/fotolia
Umschlaggestaltung: deblik, Berlin

Vorwort zur 6. Auflage

Kaum ein anderes Rechtsgebiet hat in den letzten Jahren solch grundlegende Wandlungen erlebt wie das Gefahrstoffrecht. Auch aktuell befindet sich dieser Rechtsraum wieder in einer Umbruchs- und Übergangsphase.

Seit Erscheinen der 5. Auflage, die die grundsätzliche Darstellung und vergleichende Erläuterung des noch gültigen „alten" Rechtssystems nach den Stoff- und Zubereitungsrichtlinien und des seit 20. Januar 2009 gültigen „neuen" Rechts nach der EG-CLP-Verordnung vom 16. Dezember 2008 zum Inhalt hatte, ist eine Vielzahl von Änderungen in den rechtlichen Regelungen in Kraft getreten. Dies betraf sowohl die EG-CLP-Verordnung selbst als auch insbesondere die nachgelagerten Rechtsvorschriften, wie z.B. die Technischen Regeln für Gefahrstoffe (TRGS). Darüber hinaus hatte auch die grundlegende Neufassung der Apothekenbetriebsordnung im Jahre 2012 unmittelbare Auswirkungen auf den Umgang mit Gefahrstoffen an der Schnittstelle zum Arzneimittel.

Dies machte eine weitgehende Überarbeitung des „Gefahrstoffrechts für die Apotheke" notwendig. Im vorliegenden Buch wird dem Anwender das neue Gefahrstoffrecht parallel zu den noch befristet weiter geltenden „alten" Bestimmungen erläutert. Dabei wurden die bewährte Abfolge der Kapitel und die Einteilung der Themen aus der Vorgängerauflage weitestgehend beibehalten. Einige Kapitel, die insbesondere den innerbetrieblichen Umgang mit Gefahrstoffen (Kennzeichnung, Lagerung, Beschäftigungsverbote) beschreiben und das Notfallsortiment nach ApBetrO, erfuhren dabei eine komplette Neubearbeitung.

Jeder Nutzer soll in die Lage versetzt werden, Schritt für Schritt mit fachlich fundiertem Augenmaß die neuen gefahrstoffrechtlichen Vorschriften in der Apotheke einführen zu können. Die derzeit drängendsten Fragen „Was muss ich sofort tun?"; „Wo kann ich noch Übergangsfristen nutzen?"; „Wer bietet apothekenspezifische Lösungen an?" werden nach aktuellem Kenntnisstand beantwortet. Insbesondere vermittelt das vorliegende Buch Lösungsansätze, wie sich durch die Angebote der Fachverlage und die Vorgaben der Bundesapothekerkammer in Absprache mit der zuständigen Berufsgenossenschaft die Bewältigung der gefahrstoffrechtlichen Anforderungen in der Apotheke deutlich vereinfachen lässt.

Der besondere Dank des Autors gilt Frau Apothekerin Peggy Ahl (ABDA, Berlin), welche seitens der Bundesapothekerkammer maßgeblich an der Erarbeitung der Empfehlungen der BAK zum Arbeitsschutz unter Berücksichtigung von GHS und neuer Gefahrstoffverordnung beteiligt war und die entsprechenden Materialien in kollegialer Weise zur Verfügung gestellt hat.

Die Betreuung der aktuellen Ausgabe seitens des Lektorats Pharmazie des Deutschen Apotheker Verlags lag in den Händen von Herrn Dr. Rainer Mohr und Frau Sandra Schroeder. Der Autor bedankt sich ganz herzlich für die geduldige, konstruktive und freundliche Zusammenarbeit bei der Bewältigung dieses umfangreichen und breitgefächerten Themas.

Anregungen, Ideen und konstruktive Kritik werden vom Verfasser gern entgegengenommen, da diese sehr hilfreich für die Weiterentwicklung dieses außerordentlich komplexen Themas sein können.

Leipzig, im Sommer 2014 Dr. Holger Herold

Inhaltsverzeichnis

TEIL C Lagerung und innerbetriebliche Kennzeichnung

TEIL D Arbeitnehmerschutz

TEIL E Musterbetriebsanweisungen Unterweisung der Mitarbeiter

TEIL G Anhang

Abkürzungsverzeichnis

AGS Ausschuss für Gefahrstoffe. Der AGS setzt sich aus 21 fachkundigen Personen zusammen. Ihm kommt u. a. die Aufgabe zu, durch Erstellung und Bearbeitung von Technischen Regeln Hilfen für die Umsetzung der Gefahrstoffverordnung in der betrieblichen Praxis zu erstellen.

AGW Arbeitsplatzgrenzwert. Es handelt sich um den Grenzwert für die zeitlich gewichtete durchschnittliche Konzentration eines Stoffes in der Luft am Arbeitsplatz in Bezug auf einen gegebenen Referenzzeitraum. Er gibt an, bei welcher Konzentration eines Stoffes akute oder chronische schädliche Wirkungen auf die Gesundheit im Allgemeinen nicht zu erwarten sind. Der AGW löst als Begriff den bisher verwendeten MAK-Wert (Maximale Arbeitsplatzkonzentration) ab.

AMG Gesetz über den Verkehr mit Arzneimitteln (Arzneimittelgesetz).

ApBetrO Verordnung über den Betrieb von Apotheken (Apothekenbetriebsordnung).

ArbSchG Gesetz über die Durchführung von Maßnahmen des Arbeitsschutzes zur Verbesserung der Sicherheit und des Gesundheitsschutzes der Beschäftigten bei der Arbeit (Arbeitsschutzgesetz).

BAuA Bundesanstalt für Arbeitsschutz und Arbeitsmedizin. Die Bundesanstalt für Arbeitsschutz und Arbeitsmedizin (BAuA) nimmt als Ressortforschungseinrichtung des Bundes eine Schlüsselstellung bei der Gestaltung einer sicheren und gesunden Arbeitswelt ein. Downloadmöglichkeit für TRGS u. a. gefahrstoffrechtliche Dokumente unter www.baua.de.

BekGS Bekanntmachungen zu Gefahrstoffen: Sie geben den Stand der Technik, Arbeitsmedizin und Arbeitshygiene sowie sonstige gesicherte wissenschaftliche Erkenntnisse für Tätigkeiten mit Gefahrstoffen, einschließlich deren Einstufung und Kennzeichnung, wieder. Sie werden vom Ausschuss für Gefahrstoffe (AGS) aufgestellt und von ihm der Entwicklung entsprechend angepasst. Diese fachlichen Empfehlungen werden vom Bundesministerium für Arbeit und Soziales (BMAS) im Gemeinsamen Ministerialblatt (GMBl) bekannt gegeben.

BetrSichV Verordnung über Sicherheit und Gesundheitsschutz bei der Bereitstellung von Arbeitsmitteln und deren Benutzung bei der Arbeit, über Sicherheit beim Betrieb überwachungsbedürftiger Anlagen und über die Organisation des betrieblichen Arbeitsschutzes (Betriebssicherheitsverordnung).

BGW Berufsgenossenschaft für Gesundheitsdienst und Wohlfahrtspflege (zuständig u. a. für die Apotheken)

BioStoffV Verordnung über Sicherheit und Gesundheitsschutz bei Tätigkeiten mit Biologischen Arbeitsstoffen (Biostoffverordnung).

ChemG Gesetz zum Schutz vor gefährlichen Stoffen (Chemikaliengesetz).

ChemVerbotsV Verordnung über Verbote und Beschränkungen des Inverkehrbringens gefährlicher Stoffe, Zubereitungen und Erzeugnisse nach dem Chemikaliengesetz (Chemikalien-Verbotsverordnung).

CLP Classification, Labelling and Packaging = Einstufung, Kennzeichnung und Verpackung.

EG-CLP-VO VERORDNUNG (EG) Nr. 1272/2008 DES EUROPÄISCHEN PARLAMENTS UND DES RATES vom 16. Dezember 2008 über die Einstufung, Kennzeichnung und Verpackung von Stoffen und Gemischen, zur Änderung und Aufhebung der Richtlinien 67/548/EWG und 1999/45/EG und zur Änderung der Verordnung (EG) Nr.

	1907/2006; ergänzt durch die VERORDNUNG (EG) Nr. 790/2009 DER KOMMISSION vom 10. August 2009 zur Änderung der Verordnung (EG) Nr. 1272/2008 des Europäischen Parlaments und des Rates über die Einstufung, Kennzeichnung und Verpackung von Stoffen und Gemischen zwecks Anpassung an den technischen und wissenschaftlichen Fortschritt; ergänzt durch die VERORDNUNG (EU) Nr. 286/2011 der KOMMISSION vom 10. März 2011 zur Änderung der Verordnung (EG) Nr. 1272/2008 des Europäischen Parlaments und des Rates über die Einstufung, Kennzeichnung und Verpackung von Stoffen und Gemischen zwecks Anpassung an den technischen und wissenschaftlichen Fortschritt; ergänzt durch die VERORDNUNG (EU) Nr. 487/2013 der KOMMISSION vom 08. Mai 2013 zur Änderung der Verordnung (EG) Nr. 1272/2008 des Europäischen Parlaments und des Rates über die Einstufung, Kennzeichnung und Verpackung von Stoffen und Gemischen zwecks Anpassung an den technischen und wissenschaftlichen Fortschritt; ergänzt durch die VERORDNUNG (EU) Nr. 758/2013 der KOMMISSION vom 07. August 2013 zur Berichtigung von Anhang VI der Verordnung (EG) Nr. 1272/2008 des Europäischen Parlamentes und des Rates über die Einstufung, Kennzeichnung und Verpackung von Stoffen und Gemischen; ergänzt durch die VERORDNUNG (EU) Nr. 944/2013 DER KOMMISSION vom 2. Oktober 2013 zur Änderung der Verordnung (EG) Nr. 1272/2008 des Europäischen Parlaments und des Rates über die Einstufung, Kennzeichnung und Verpackung von Stoffen und Gemischen zwecks Anpassung an den technischen und wissenschaftlichen Fortschritt.
EVE	Endverbleibserklärung, wird benötigt bei Bezug und Abgabe von Stoffen der Kategorien 1 und 2 nach dem Grundstoffüberwachungsgesetz.
GHS	Globally Hamonized System of Classification and Labelling of Chemicals= Global harmonisiertes System der Einstufung und Kennzeichnung von Chemikalien.
GefStoffV 2005	Verordnung zum Schutz vor Gefahrstoffen (Gefahrstoffverordnung) vom 23.12.2004.
GefStoffV 2010	Verordnung zum Schutz vor Gefahrstoffen (Gefahrstoffverordnung) vom 26.11.2010.
GÜG	Gesetz zur Überwachung des Verkehrs mit Grundstoffen, die für die unerlaubte Herstellung von Betäubungsmitteln missbraucht werden können (Grundstoffüberwachungsgesetz).
MuSchArbV	Verordnung zum Schutze der Mütter am Arbeitsplatz.
PSA	Persönliche Schutzausrüstung.
REACH	Registration, Evaluation and Authorisation of Chemicals (Registrierung, Bewertung und Zulassung von Chemikalien).
RL	Richtlinie.
RL 1999/45/EG	EG-Richtlinie zur Einstufung, Kennzeichnung und Verpackung gefährlicher Zubereitungen (Zubereitungsrichtlinie).
RL 67/548/EWG	EG-Richtlinie zur Angleichung der Rechts- und Verwaltungsvorschriften für die Einstufung, Verpackung und Kennzeichnung gefährlicher Stoffe (Chemikalien-Grundrichtlinie, Stoffrichtlinie).
SDB	Sicherheitsdatenblatt.
TRGS	Technische Regeln für Gefahrstoffe. TRGS werden vom AGS erstellt und vom Bundesministerium für Arbeit und Soziales veröffentlicht (auch unter www.baua.de).

Entwicklung des neuen Gefahrstoffrechts – Gemeinsamkeiten und Unterschiede

Am 20. Januar 2009 ist die CLP-Verordnung (EG) Nr. 1272/2008 in Kraft getreten (CLP: Classification, Labelling, Packaging). Die CLP-Verordnung ist die europäische Umsetzung des auf UN-Ebene erarbeiteten, weltweit harmonisierten Einstufungs- und Kennzeichnungssystems GHS (Globally Harmonized System of Classifikation und Labelling of Chemicals).

Die Entwicklung eines solchen weltweit einheitlichen Systems der Einstufung und Kennzeichnung von Stoffen und Gemischen wurde auf der UN-Konferenz für Umwelt und Entwicklung 1992 in Rio des Janeiro beschlossen. Nach 10jähriger Erarbeitungsphase konnte das UN-GHS-Dokument im Jahre 2002 verabschiedet werden.

Mit der CLP-Verordnung wird europaweit ein neues System für die Einstufung, Kennzeichnung und Verpackung von Stoffen und Gemischen eingeführt, dessen neue Vorschriften in allen Mitgliedstaaten unmittelbare Rechtswirksamkeit entfalten. Die EG-Richtlinien 67/548/EWG (Stoffrichtlinie) und 1999/45/EG (Zubereitungsrichtlinie), die rechtliche Basis für das bisher gültige Einstufungs- und Kennzeichnungssystem, sind noch übergangsweise bis zum 31. Mai 2015 gültig werden zum 1. Juni 2015 aufgehoben.

Bis zu diesem Zeitpunkt geben Übergangsbestimmungen genügend Spielraum, um die betrieblichen Dokumentationen zum Gefahrstoffrecht schrittweise an die neuen Gegebenheiten anzupassen.

Inhaltlich regeln die Stoff- und Zubereitungsrichtlinen noch übergangsweise, welche Stoffe und Gemische (= Zubereitungen) der allgemeinen Einstufungs- und Kennzeichnungspflicht unterliegen, wer als Inverkehrbringer diese Pflichten zu erfüllen hat und wie bei der Einstufung und Kennzeichnung vorzugehen ist. Die Mitgliedsstaaten der Europäischen Union mussten die Richtlinieninhalte in ihre nationalen Rechtssysteme integrieren (Umsetzungspflicht). In Deutschland wurden die beiden Richtlinien über das Chemikaliengesetz und die Gefahrstoffverordnung umgesetzt.

Ein Vergleich der beiden Einstufungs- und Kennzeichnungssysteme zeigt, dass sie eine recht weitgehende inhaltliche Übereinstimmung aufweisen. Stoffe und Gemische werden in der Regel aufgrund ihrer intrinsischen Eigenschaften eingestuft und sind entsprechend dieser Ergebnisse zu kennzeichnen. Bis auf den Umstand, dass auch einzelne Erzeugnisse unter die CLP-Verordnung fallen, ist der Anwendungsbereich von CLP-Verordnung und Stoff- und Zubereitungsrichtlinien gleich.

Grundsätzliche Unterschiede und Gemeinsamkeiten

Beide Systeme beschreiben sowohl physikalische Gefahren, als auch Gesundheits- und Umweltgefahren.

Sie decken dabei in etwa die gleichen Gefährdungsbereiche ab, auch wenn diese von den Systemen unterschiedlich differenziert und kategorisiert werden. Dabei ist das System nach CLP-Verordnung in seinem Aufbau klarer gegliedert. Die Systematik der CLP-Gefahrenklassen ist bei den Gesundheits- und Umweltgefahren stärker an den auftretenden Wirkungen orientiert als das System der Gefährlichkeitsmerkmale nach den Stoff- und Zubereitungsrichtlinien. In der (UN-GHS/)CLP-Systematik manifestieren sich die Wirkungsarten in jeweils eigenen Gefahrenklassen.

Obwohl sich die CLP-Verordnung inhaltlich stark an die Vorgaben des UN-GHS anlehnt, greift sie methodisch auch auf bewährte Verfahren aus den Stoff- und Zubereitungsrichtlinien zurück. So bleibt das Prinzip der europaweiten harmonisierten rechtsverbindlichen Einstufung und Kennzeichnung von Stoffen erhalten, jedoch verbunden mit mehr Gestaltungsfreiheiten bei der Anpassung der Kennzeichnung an das zu erwartende Gefahrenpotential beim Endabnehmer.

Neu hingegen ist die Einrichtung eines öffentlich zugänglichen Einstufungs- und Kennzeichnungsverzeichnisses. Mit diesem Instrument wird eine weitgehende länderübergreifende Vereinheitlichung der Einstufungen und der Kennzeichnungen angestrebt.

Bei einer Reihe von Eigenschaften im Bereich der Gesundheits- und Umweltgefahren zielen die Einstufungskriterien nach CLP-Verordnung auf die Bewertung durch einen Experten ab. In diesem Zusammenhang wird dem Ansatz der Beweiskraftermittlung zur Ableitung eines wissenschaftlichen Gesamtbildes eine große Bedeutung beigemessen. Ähnliche methodische Elemente finden sich ansatzweise auch im System nach den Stoff- und Zubereitungsrichtlinien.

Insgesamt eröffnet die CLP-Verordnung mehr Bewertungsfreiräume. Dies wird insbesondere augenfällig z.B. bei den Ermessensspielräumen in der Kennzeichnung hinsichtlich der Deklaration der P-Sätze oder bei den Gestaltungsoptionen in den Gefährdungsbeurteilungen zum innerbetrieblichen Umgang mit Gefahrstoffen.

Für die Apotheken kommt es darauf an, unter Beibehaltung des Schutzniveaus der Gefahrstoffverordnung und der Chemikalienverbotsverordnung die innerbetrieblichen Dokumentationen und die Kennzeichnung der abzugebenden Gefahrstoffe schrittweise den EG-CLP-Vorschriften anzupassen.

Bis zum 01.06.2015 können dabei Dokumente nach „altem" Recht und neuerstellte Dokumente nach „neuem" Recht gleichberechtigt nebeneinander vorliegen. Entscheidend ist, dass die Dokumentationen transparent, verständlich und nachvollziehbar sind und dass das Schutzniveau für die Beschäftigten erhalten bleibt.

Teil A
Einführung in das Gefahrstoffrecht

1 Rechtsgrundlagen und Übergangsvorschriften

Das Gefahrstoffrecht ist ein komplexes Rechtsgebiet, in dem zum einen europäische Regelungen und nationale Bestimmungen miteinander verknüpft sind und zum anderen in einer aktuell bis zum 01.06.2015 andauernden Übergangsfrist die Einstufungs- und Kennzeichnungsvorschriften auf das weltweit geltende GHS-System umgestellt werden.

Die wichtigsten Regelungen auf europäischer Ebene sind:

- die Stoffrichtlinie RL 67/548/EWG,
- die Zubereitungsrichtlinie RL 1999/45/EG und
- die EG-CLP-Verordnung VO 1272/2008 vom 16. Dezember 2008 mit den Ergänzungen durch die VO 790/2009 vom 10. August 2009, die VO 286/2011 vom 10. März 2011, die VO 487/2013 vom 08. Mai 2013 und die VO 758/2013 vom 07. August 2013.

Die Gefährlichkeitsmerkmale und Einstufungskriterien der „alten" Stoff- und Zubereitungsrichtlinien sind in nationales Recht überführt worden und bleiben noch bis spätestens 01.06.2015 Basis

- des Chemikaliengesetzes,
- der Gefahrstoffverordnung und
- der Chemikalienverbotsverordnung.

Das bisher gültige Schutzniveau für die Maßnahmen des Arbeitsschutzes (Betriebsanweisungen, Gefährdungsbeurteilungen) und die Abgabe von Gefahrstoffen bleibt damit erst einmal weiter bestehen.

Die **Gefahrstoffverordnung** regelt dabei die Fragen des Umgangs mit den Gefahrstoffen, d. h. Einstufung, Kennzeichnung, Verpackung, Arbeitsschutzmaßnahmen und Verwendungsverbote. In der **Chemikalienverbotsverordnung** werden die Abgabebestimmungen (Abgabevoraussetzungen, Beschränkungen, Abgabeverbote, Dokumentationspflichten) fixiert.

Die detaillierte Umsetzung der Gesetzes- und Verordnungsvorgaben erfolgt über die **TRGS** (Technische Regeln für Gefahrstoffe), die vom AGS (Ausschuss für Gefahrstoffe) aufgestellt und weiterentwickelt werden. Einige der momentan gültigen TRGS basieren noch auf den Vorgaben der Stoff- und Zubereitungsrichtlinien; andere für die Apotheken wichtige TRGS wurden in den letzten Jahren schon an die Systematik der EG-CLP-Verordnung angepasst. Dieser Bearbeitungsprozess für die Technischen Regeln soll auch in der Übergangsfrist bis 2015 seinen Abschluss finden.

Die Umstellung der Einstufung und Kennzeichnung auf das GHS-System ist Teil der neuen europäischen Chemikalienpolitik. Das System der Einstufung und Kennzeichnung nach den Richtlinien 67/548/EWG (Stoffrichtlinie) und 1999/45/EG (Zubereitungsrichtlinie) wird schrittweise durch die Verordnung (EG) Nr. 1272/2008 abgelöst. Diese Verordnung – auch GHS- oder **CLP-Verordnung** (**C**lassification, **L**abelling and **P**ackaging) genannt – ist am 20. Januar 2009 in Kraft getreten.

Die damit einhergehenden Übergangsfristen für die Einstufung und Kennzeichnung von Stoffen und Zubereitungen bzw. Gemischen veranschaulicht die folgende Übersicht.

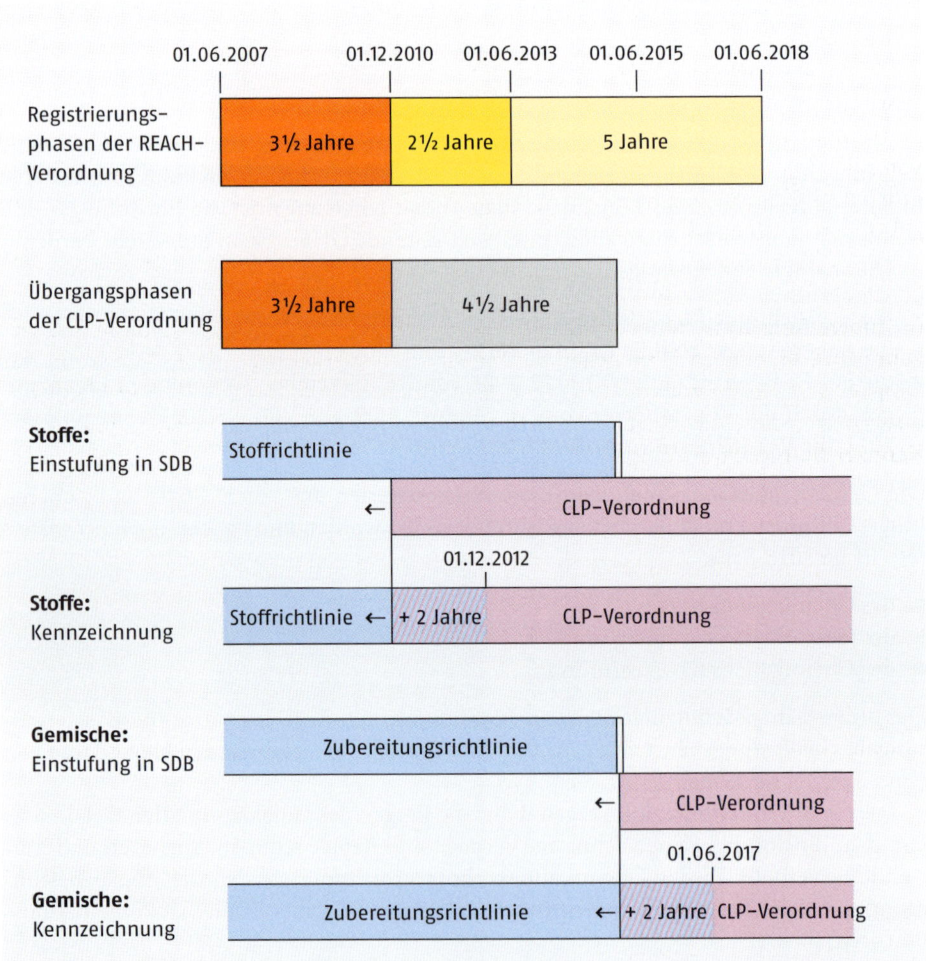

Abb. 1.1 Übergangsphasen gemäß CLP-Verordnung und REACH-Registrierungsphasen. Quelle: Das neue Einstufungs- und Kennzeichnungssystem für Chemikalien nach GHS – kurz erklärt. Umweltbundesamt Dessau

Dies bedeutet für **Stoffe**, dass ab dem 01.12.2010 und bis mindestens 01.06.2015 in sämtlichen Sicherheitsdatenblättern die Einstufungen nach „altem" Recht (Stoffrichtlinie) und „neuem" Recht (EG-CLP-Verordnung) parallel vorhanden sein müssen. Die Kennzeichnung für neu konfektionierte Ware ab dem 01.12.2010 hat nach den neuen Vorschriften der EG-CLP-Verordnung zu erfolgen; für vorher schon im Verkehr befindliche Ware gab es eine Abverkaufsfrist von 2 Jahren bis zum 01.12.2012.

Gemische (bedeutungsgleich mit Zubereitungen) müssen bis zum 01.06.2015 im Sicherheitsdatenblatt die Einstufung nach der Zubereitungsrichtlinie weiterhin enthalten und spätestens ab dem 01.06.2015 auf die EG-CLP-Verordnung umgestellt sein. Erfolgt eine Einstufung nach EG-CLP-Verordnung vor dem 01.06.2015, so gilt auch hier wie bei den Stoffen die Doppeldeklaration der Einstufung im Sicherheitsdatenblatt. Die Kennzeichnung muss für Gemische spätestens zum 01.06.2015 auf das neue System umgestellt werden, eine frühere Umstellung ist jederzeit möglich. Auch hier gilt wie bei den Stoffen am Ende eine Abverkaufsfrist von 2 Jahren bis zum 01.06.2017 für fertig konfektionierte Ware, die vor dem 01.06.2015 hergestellt wurde.

Während in den Sicherheitsdatenblättern bis zum 01.06.2015 die parallele Deklaration von „alter" und „neuer" Einstufung zwingend vorgeschrieben ist, gilt für die Kennzeichnung, dass auf den Gefäßen nur entweder die „alte" oder die „neue" Kennzeichnung aufzubringen ist; eine Mischkennzeichnung ist niemals zulässig.

Für die tägliche Arbeit mit Gefahrstoffen stellt die Übergangsphase bis zum 01.06.2015 eine besondere Herausforderung dar. Zum einen werden die Stoffe und Gemische (= Zubereitungen) nach neuer Einstufungs- und Kennzeichnungssystematik in den Verkehr gebracht, zum anderen gelten die Einstufungskriterien nach „altem" Recht für den Umgang mit Gefahrstoffen und deren Abgabe noch weiter. Für sachgerechte Entscheidungen ist somit die Verfügbarkeit der aktuellen Sicherheitsdatenblätter mit beiden Kennzeichnungen unbedingte Voraussetzung.

2 Was sind Gefahrstoffe?

2.1 Definition des Begriffs „Gefahrstoff"

Die Definition des Begriffs „Gefahrstoff" findet sich im § 19 Abs. 2 des Chemikaliengesetzes und umfasst folgende Stoffe und Gemische (= Zubereitungen):

a) gefährliche Stoffe und Zubereitungen nach § 3 a des Chemikaliengesetzes sowie Stoffe und Zubereitungen, die sonstige chronisch schädigende Eigenschaften besitzen,
b) Stoffe, Zubereitungen und Erzeugnisse, die explosionsfähig sind,
c) Stoffe, Zubereitungen und Erzeugnisse, aus denen bei der Herstellung oder Verwendung Stoffe oder Zubereitungen nach Buchstabe a oder b entstehen oder freigesetzt werden,
d) Stoffe und Zubereitungen, die die Kriterien nach Buchstabe a bis c nicht erfüllen, aber aufgrund ihrer physikalisch-chemischen, chemischen oder toxikologischen Eigenschaften und der Art und Weise, wie sie am Arbeitsplatz verwendet werden oder dort vorhanden sind, eine Gefährdung für die Gesundheit und die Sicherheit der Beschäftigten darstellen können und
e) alle Stoffe, denen ein Arbeitsplatzgrenzwert zugewiesen ist.

Gefährliche Stoffe nach Punkt a werden hinsichtlich ihrer toxischen, physikalisch-chemischen und/oder umweltgefährdenden Eigenschaften „eingestuft", d. h. aufgrund von Ergebnissen experimenteller Untersuchungen einem oder mehreren der folgenden Gefährlichkeitsmerkmale zugeordnet. Die Zuordnungskriterien sind in der Gefahrstoffverordnung geregelt und basieren noch bis 2015 auf den „alten" Stoff- und Zubereitungsrichtlinien der EG.

Diese bisher verwendeten Gefährlichkeitsmerkmale nach § 3 a des Chemikaliengesetzes werden in der aktuellen Fassung der Gefahrstoffverordnung und in der Chemikalienverbotsverordnung als Handlungs- und Entscheidungsbasis bis zum 01.06.2015 weitergeführt. Damit bleibt das bisherige Schutzniveau im Umgang mit den Gefahrstoffen erhalten.

Parallel dazu erfolgt die Umstellung der Einstufung in Gefahrenklassen und -kategorien sowie der Kennzeichnung von Stoffen und Gemischen nach den neuen Regeln der EG-CLP-VO in verschiedenen Übergangsphasen bis zum 01.06.2015 (Einzelheiten ▸ Kap. 4).

Tab. 2.1 Überblick zu den gültigen Gefährlichkeitsmerkmalen

Gesundheitsgefahren	Chemisch-physikalische Gefahren	Umweltgefahren
Sehr giftig	Explosionsgefährlich	Umweltgefährlich
Giftig	Brandfördernd	
Gesundheitsschädlich	Hochentzündlich	
Krebserzeugend	Leichtentzündlich	
Fortpflanzungsgefährdend	Entzündlich	
Erbgutverändernd		
Ätzend		
Reizend		
Sensibilisierend		

2.2 Stoffe – Zubereitungen – Gemische

Bei Gefahrstoffen kann es sich um einen Einzelstoff oder um eine Mischung aus mehreren Stoffen handeln. Entsprechend war daher bisher stets von „Stoffen“ und „Zubereitungen“ die Rede.

Der Begriff „Zubereitung“ wird in der EG-CLP-VO durch den Begriff „Gemisch“ ersetzt. Beide Bezeichnungen können in der Übergangszeit bedeutungsgleich angewandt werden, bei Rechtsbezug auf die neuen Regelungen wird nur noch die Bezeichnung „Gemisch“ verwendet.

Gemische können aus mehreren Gefahrstoffen oder aus einem Gefahrstoff und einem oder mehreren sonstigen Stoffen bestehen.

3 Einstufung und Kennzeichnung nach „altem" Recht

Im Sinne der Sicherheit im Umgang mit Gefahrstoffen, die noch bis Juni 2017 teilweise nach „alter" Einstufung und Kennzeichnung im Umlauf sind, soll auf den folgenden Seiten in aller Kürze die Einstufungs- und Kennzeichnungssystematik nach „altem" Recht dargestellt werden.

3.1 Gefahrensymbole

Symbole auf Verpackungen geben einen ersten Hinweis auf die Art der Gefährlichkeit des Inhalts. Unter dem Symbol befindet sich die „Gefahrenbezeichnung". Jedes Symbol erhält außerdem noch einen sogenannten „Kennbuchstaben", der in Texten als Kürzel für die Gefahrenbezeichnung verwendet werden kann. Dieser ist bei der Kennzeichnung von Verpackungen nicht anzugeben.

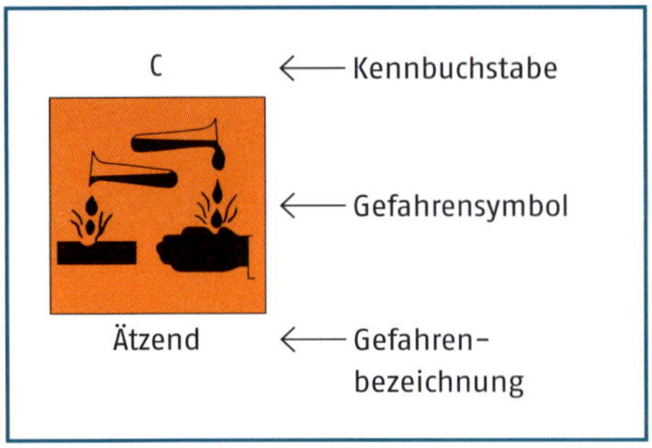

T+

Sehr giftig

T

Giftig

Xn

Gesundheitsschädlich

F+

Hochentzündlich

F

Leichtentzündlich

O

Brandfördernd

C

Ätzend

Xi

Reizend

E

Explosionsgefährlich

N

Umweltgefährlich

Folgende Gefährlichkeitsmerkmale besitzen kein eigenes Gefahrensymbol; es wird eines der Symbole T, Xn oder Xi in Kombination mit den entsprechenden Gefahrenhinweisen (R-Sätzen) verwendet:

- Krebserzeugende, erbgutschädigende, fortpflanzungsgefährdende Stoffe.
- Sensibilisierende Stoffe.

„Entzündlichen Stoffen" ist kein Symbol zugeordnet, sondern nur der R-Satz 10. (Näheres unter ▸Kap. 3.4.3).

3.2 R-Sätze

Jedem Gefahrstoff sind außer dem Gefahrensymbol auch die sogenannten R-Sätze (R von engl. „risk") bzw. „Gefahrenhinweise" zugeordnet. Dabei handelt es sich um standardisierte Kurzbeschreibungen der möglichen Gefahren oder Risiken, die von dem entsprechenden Gefahrstoff ausgehen können. Sie beschreiben die Art der Gefährdung näher und ergänzen das Symbol um zusätzliche Angaben zur Gefährlichkeit.

Die R-Sätze sind auch Bestandteil der Kennzeichnung von Gefahrstoffen und wörtlich zu übernehmen.

Die R-Sätze sind von 1 bis 68 durchnummeriert und lauten:

R1	In trockenem Zustand explosionsgefährlich.
R2	Durch Schlag, Reibung, Feuer oder andere Zündquellen explosionsgefährlich.
R3	Durch Schlag, Reibung, Feuer oder andere Zündquellen besonders explosionsgefährlich.
R4	Bildet hochempfindliche explosionsgefährliche Metallverbindungen.
R5	Beim Erwärmen explosionsfähig.
R6	Mit und ohne Luft explosionsfähig.
R7	Kann Brand verursachen.
R8	Feuergefahr bei Berührung mit brennbaren Stoffen.

R9	Explosionsgefahr bei Mischung mit brennbaren Stoffen.
R10	Entzündlich.
R11	Leichtentzündlich.
R12	Hochentzündlich.
R14	Reagiert heftig mit Wasser.
R15	Reagiert mit Wasser unter Bildung hochentzündlicher Gase.
R16	Explosionsgefährlich in Mischung mit brandfördernden Stoffen.
R17	Selbstentzündlich an der Luft.
R18	Bei Gebrauch Bildung explosionsfähiger/leichtentzündlicher Dampf-Luftgemische möglich.
R19	Kann explosionsfähige Peroxide bilden.
R20	Gesundheitsschädlich beim Einatmen.
R21	Gesundheitsschädlich bei Berührung mit der Haut.
R22	Gesundheitsschädlich beim Verschlucken.
R23	Giftig beim Einatmen.
R24	Giftig bei Berührung mit der Haut.
R25	Giftig beim Verschlucken.
R26	Sehr giftig beim Einatmen.
R27	Sehr giftig bei Berührung mit der Haut.
R28	Sehr giftig beim Verschlucken.
R29	Entwickelt bei Berührung mit Wasser giftige Gase.
R30	Kann bei Gebrauch leicht entzündlich werden.
R31	Entwickelt bei Berührung mit Säure giftige Gase.
R32	Entwickelt bei Berührung mit Säure sehr giftige Gase.
R33	Gefahr kumulativer Wirkungen.
R34	Verursacht Verätzungen.
R35	Verursacht schwere Verätzungen.
R36	Reizt die Augen.
R37	Reizt die Atmungsorgane.
R38	Reizt die Haut.
R39	Ernste Gefahr irreversiblen Schadens.
R40	Verdacht auf krebserzeugende Wirkung.
R41	Gefahr ernster Augenschäden.
R42	Sensibilisierung durch Einatmen möglich.
R43	Sensibilisierung durch Hautkontakt möglich.
R44	Explosionsgefahr bei Erhitzen unter Einschluss.
R45	Kann Krebs erzeugen.
R46	Kann vererbbare Schäden verursachen.
R48	Gefahr ernster Gesundheitsschäden bei längerer Exposition.
R49	Kann Krebs erzeugen beim Einatmen.
R50	Sehr giftig für Wasserorganismen.
R51	Giftig für Wasserorganismen.
R52	Schädlich für Wasserorganismen.
R53	Kann in Gewässern längerfristig schädliche Wirkungen haben.
R54	Giftig für Pflanzen.
R55	Giftig für Tiere.
R56	Giftig für Bodenorganismen.

R57	Giftig für Bienen.
R58	Kann längerfristig schädliche Wirkungen auf die Umwelt haben.
R59	Gefährlich für die Ozonschicht.
R60	Kann die Fortpflanzungsfähigkeit beeinträchtigen.
R61	Kann das Kind im Mutterleib schädigen.
R62	Kann möglicherweise die Fortpflanzungsfähigkeit beeinträchtigen.
R63	Kann das Kind im Mutterleib möglicherweise schädigen.
R64	Kann Säuglinge über die Muttermilch schädigen.
R65	Gesundheitsschädlich: kann beim Verschlucken Lungenschäden verursachen.
R66	Wiederholter Kontakt kann zu spröder oder rissiger Haut führen.
R67	Dämpfe können Schläfrigkeit oder Benommenheit verursachen.
R68	Irreversibler Schaden möglich.

Es können auch mehrere R-Sätze sprachlich zusammengefasst sein; man nennt sie dann „kombinierte R-Sätze". Diese erhalten die Nummern der einzelnen Sätze, getrennt durch einen Schrägstrich. Sie lauten:

R14/15	Reagiert heftig mit Wasser unter Bildung hochentzündlicher Gase.
R15/29	Reagiert mit Wasser unter Bildung giftiger und hochentzündlicher Gase.
R20/21	Gesundheitsschädlich beim Einatmen und bei Berührung mit der Haut.
R20/22	Gesundheitsschädlich beim Einatmen und Verschlucken.
R20/21/22	Gesundheitsschädlich beim Einatmen, Verschlucken und Berührung mit der Haut.
R21/22	Gesundheitsschädlich bei Berührung mit der Haut und beim Verschlucken.
R23/24	Giftig beim Einatmen und bei Berührung mit der Haut.
R23/25	Giftig beim Einatmen und Verschlucken.
R23/24/25	Giftig beim Einatmen, Verschlucken und Berührung mit der Haut.
R24/25	Giftig bei Berührung mit der Haut und beim Verschlucken.
R26/27	Sehr giftig beim Einatmen und bei Berührung mit der Haut.
R26/28	Sehr giftig beim Einatmen und Verschlucken.
R26/27/28	Sehr giftig beim Einatmen, Verschlucken und Berührung mit der Haut.
R27/28	Sehr giftig bei Berührung mit der Haut und beim Verschlucken.
R36/37	Reizt die Augen und die Atmungsorgane.
R36/38	Reizt die Augen und die Haut.
R36/37/38	Reizt die Augen, Atmungsorgane und die Haut.
R37/38	Reizt die Atmungsorgane und die Haut.
R39/23	Giftig: ernste Gefahr irreversiblen Schadens durch Einatmen.
R39/24	Giftig: ernste Gefahr irreversiblen Schadens bei Berührung mit der Haut.
R39/25	Giftig: ernste Gefahr irreversiblen Schadens durch Verschlucken.
R39/23/24	Giftig: ernste Gefahr irreversiblen Schadens durch Einatmen und bei Berührung mit der Haut.
R39/23/25	Giftig: ernste Gefahr irreversiblen Schadens durch Einatmen und durch Verschlucken.

R39/24/25	Giftig: ernste Gefahr irreversiblen Schadens bei Berührung mit der Haut und durch Verschlucken.
R39/23/24/25	Giftig: ernste Gefahr irreversiblen Schadens durch Einatmen, Berührung mit der Haut und durch Verschlucken.
R39/26	Sehr giftig: ernste Gefahr irreversiblen Schadens durch Einatmen.
R39/27	Sehr giftig: ernste Gefahr irreversiblen Schadens bei Berührung mit der Haut.
R39/28	Sehr giftig: ernste Gefahr irreversiblen Schadens durch Verschlucken.
R39/26/27	Sehr giftig: ernste Gefahr irreversiblen Schadens durch Einatmen und bei Berührung mit der Haut.
R39/26/28	Sehr giftig: ernste Gefahr irreversiblen Schadens durch Einatmen und durch Verschlucken.
R39/27/28	Sehr giftig: ernste Gefahr irreversiblen Schadens bei Berührung mit der Haut und durch Verschlucken.
R39/26/27/28	Sehr giftig: ernste Gefahr irreversiblen Schadens durch Einatmen, Berührung mit der Haut und durch Verschlucken.
R42/43	Sensibilisierung durch Einatmen und Hautkontakt möglich.
R48/20	Gesundheitsschädlich: Gefahr ernster Gesundheitsschäden bei längerer Exposition durch Einatmen.
R48/21	Gesundheitsschädlich: Gefahr ernster Gesundheitsschäden bei längerer Exposition durch Berührung mit der Haut.
R48/22	Gesundheitsschädlich: Gefahr ernster Gesundheitsschäden bei längerer Exposition durch Verschlucken.
R48/20/21	Gesundheitsschädlich: Gefahr ernster Gesundheitsschäden bei längerer Exposition durch Einatmen und durch Berührung mit der Haut.
R48/20/22	Gesundheitsschädlich: Gefahr ernster Gesundheitsschäden bei längerer Exposition durch Einatmen und durch Verschlucken.
R48/21/22	Gesundheitsschädlich: Gefahr ernster Gesundheitsschäden bei längerer Exposition durch Berührung mit der Haut und durch Verschlucken.
R48/20/21/22	Gesundheitsschädlich: Gefahr ernster Gesundheitsschäden bei längerer Exposition durch Einatmen, Berührung mit der Haut und durch Verschlucken.
R48/23	Giftig: Gefahr ernster Gesundheitsschäden bei längerer Exposition durch Einatmen.
R48/24	Giftig: Gefahr ernster Gesundheitsschäden bei längerer Exposition durch Berührung mit der Haut.
R48/25	Giftig: Gefahr ernster Gesundheitsschäden bei längerer Exposition durch Verschlucken.
R48/23/24	Giftig: Gefahr ernster Gesundheitsschäden bei längerer Exposition durch Einatmen und durch Berührung mit der Haut.
R48/23/25	Giftig: Gefahr ernster Gesundheitsschäden bei längerer Exposition durch Einatmen und durch Verschlucken.
R48/24/25	Giftig: Gefahr ernster Gesundheitsschäden bei längerer Exposition durch Berührung mit der Haut und durch Verschlucken.
R48/23/24/25	Giftig: Gefahr ernster Gesundheitsschäden bei längerer Exposition durch Einatmen, Berührung mit der Haut und durch Verschlucken.

R50/53	Sehr giftig für Wasserorganismen, kann in Gewässern längerfristig schädliche Wirkungen haben.
R51/53	Giftig für Wasserorganismen, kann in Gewässern längerfristig schädliche Wirkungen haben.
R52/53	Schädlich für Wasserorganismen, kann in Gewässern längerfristig schädliche Wirkungen haben.
R40/20	Gesundheitsschädlich: Möglichkeit irreversiblen Schadens durch Einatmen.
R68/21	Gesundheitsschädlich: Möglichkeit irreversiblen Schadens bei Berührung mit der Haut.
R68/22	Gesundheitsschädlich: Möglichkeit irreversiblen Schadens durch Verschlucken.
R68/20/21	Gesundheitsschädlich: Möglichkeit irreversiblen Schadens durch Einatmen und bei Berührung mit der Haut.
R68/20/22	Gesundheitsschädlich: Möglichkeit irreversiblen Schadens durch Einatmen und durch Verschlucken.
R68/21/22	Gesundheitsschädlich: Möglichkeit irreversiblen Schadens bei Berührung mit der Haut und durch Verschlucken.
R68/20/21/22	Gesundheitsschädlich: Möglichkeit irreversiblen Schadens durch Einatmen, Berührung mit der Haut und durch Verschlucken.

3.3 S-Sätze

Um dem Verwender kurze und prägnante Empfehlungen für den sicheren Umgang mit einem Gefahrstoff zu geben, müssen standardisierte Sicherheitsratschläge, die sogenannten S-Sätze (S von engl. „safety") auf den Gefäßen angebracht werden. Diese sind ebenfalls durchnummeriert und werden bei der Kennzeichnung der Gefäße wortgetreu laut Vorgabe übernommen.

S1	Unter Verschluss aufbewahren.
S2	Darf nicht in die Hände von Kindern gelangen.
S3	Kühl aufbewahren.
S4	Von Wohnplätzen fernhalten.
S5	Unter … aufbewahren (geeignete Flüssigkeit vom Hersteller anzugeben).
S6	Unter … aufbewahren (inertes Gas vom Hersteller anzugeben).
S7	Behälter dicht geschlossen halten.
S8	Behälter trocken halten.
S9	Behälter an einem gut gelüfteten Ort aufbewahren.
S12	Behälter nicht gasdicht verschließen.
S13	Von Nahrungsmitteln, Getränken und Futtermitteln fernhalten.
S14	Von … fernhalten (inkompatible Substanzen sind vom Hersteller anzugeben).
S15	Vor Hitze schützen.
S16	Von Zündquellen fernhalten – Nicht rauchen.
S17	Von brennbaren Stoffen fernhalten.
S18	Behälter mit Vorsicht öffnen und handhaben.

S20	Bei der Arbeit nicht essen und trinken.
S21	Bei der Arbeit nicht rauchen.
S22	Staub nicht einatmen.
S23	Gas/Rauch/Dampf/Aerosol nicht einatmen (geeignete Bezeichnung(en) vom Hersteller anzugeben).
S24	Berührung mit der Haut vermeiden.
S25	Berührung mit den Augen vermeiden.
S26	Bei Berührung mit den Augen sofort gründlich mit Wasser abspülen und Arzt konsultieren.
S27	Beschmutzte, getränkte Kleidung sofort ausziehen.
S28	Bei Berührung mit der Haut sofort abwaschen mit viel … (vom Hersteller anzugeben).
S29	Nicht in die Kanalisation gelangen lassen.
S30	Niemals Wasser hinzugießen.
S33	Maßnahmen gegen elektrostatische Aufladungen treffen.
S35	Abfälle und Behälter müssen in gesicherter Weise beseitigt werden.
S36	Bei der Arbeit geeignete Schutzkleidung tragen.
S37	Geeignete Schutzhandschuhe tragen.
S38	Bei unzureichender Belüftung Atemschutzgerät anlegen.
S39	Schutzbrille/Gesichtsschutz tragen.
S40	Fußboden und verunreinigte Gegenstände mit … reinigen (Material vom Hersteller anzugeben).
S41	Explosions- und Brandgase nicht einatmen.
S42	Bei Räuchern/Versprühen geeignetes Atemschutzgerät anlegen (geeignete Bezeichnung(en) vom Hersteller anzugeben).
S43	Zum Löschen … (vom Hersteller anzugeben) verwenden (wenn Wasser die Gefahr erhöht, anfügen: „Kein Wasser verwenden").
S45	Bei Unfall oder Unwohlsein sofort Arzt hinzuziehen (wenn möglich, dieses Etikett vorzeigen).
S46	Bei Verschlucken sofort ärztlichen Rat einholen und Verpackung oder Etikett vorzeigen.
S47	Nicht bei Temperaturen über … °C aufbewahren (vom Hersteller anzugeben).
S48	Feucht halten mit … (geeignetes Mittel vom Hersteller anzugeben).
S49	Nur im Originalbehälter aufbewahren.
S50	Nicht mischen mit … (vom Hersteller anzugeben).
S51	Nur in gut gelüfteten Bereichen verwenden.
S52	Nicht großflächig für Wohn- und Aufenthaltsräume zu verwenden.
S53	Exposition vermeiden – vor Gebrauch besondere Anweisungen einholen.
S56	Diesen Stoff und seinen Behälter der Problemabfallentsorgung zuführen.
S57	Zur Vermeidung einer Kontamination der Umwelt geeigneten Behälter verwenden.
S59	Information zur Wiederverwendung/Wiederverwertung beim Hersteller/ Lieferanten erfragen.
S60	Dieser Stoff und sein Behälter sind als gefährlicher Abfall zu entsorgen.
S61	Freisetzung in die Umwelt vermeiden. Besondere Anweisungen einholen/ Sicherheitsdatenblatt zu Rate ziehen.

S62	Bei Verschlucken kein Erbrechen herbeiführen. Sofort ärztlichen Rat einholen und Verpackung oder dieses Etikett vorzeigen.
S63	Bei Unfall durch Einatmen: Verunfallten an die frische Luft bringen und ruhig stellen.
S64	Bei Verschlucken Mund mit Wasser ausspülen (nur wenn Verunfallter bei Bewusstsein ist).

Kombinierte S-Sätze:

S1/2	Unter Verschluss und für Kinder unzugänglich aufbewahren.
S3/7	Behälter dicht geschlossen halten und an einem kühlen Ort aufbewahren.
S3/9/14	An einem kühlen, gut gelüfteten Ort, entfernt von … aufbewahren. (die Stoffe, mit denen Kontakt vermieden werden muss, sind vom Hersteller anzugeben).
S3/9/14/49	Nur im Originalbehälter an einem kühlen, gut gelüfteten Ort, entfernt von … aufbewahren (die Stoffe, mit denen Kontakt vermieden werden muss, sind vom Hersteller anzugeben).
S3/9/49	Nur im Originalbehälter an einem kühlen, gut gelüfteten Ort aufbewahren.
S3/14	An einem kühlen, von … entfernten Ort aufbewahren (die Stoffe, mit denen Kontakt vermieden werden muss, sind vom Hersteller anzugeben).
S7/8	Behälter trocken und dicht geschlossen halten.
S7/9	Behälter dicht geschlossen an einem gut gelüfteten Ort aufbewahren.
S7/47	Behälter dicht geschlossen und nicht bei Temperaturen über … °C aufbewahren (vom Hersteller anzugeben).
S20/21	Bei der Arbeit nicht essen, trinken, rauchen.
S24/25	Berührung mit den Augen und der Haut vermeiden.
S27/28	Bei Berührung mit der Haut beschmutzte, getränkte Kleidung sofort ausziehen und Haut sofort mit viel … abwaschen (vom Hersteller anzugeben).
S29/35	Nicht in die Kanalisation gelangen lassen; Abfälle und Behälter müssen in gesicherter Weise beseitigt werden.
S29/56	Nicht in die Kanalisation gelangen lassen; diesen Stoff und seinen Behälter der Problemabfallentsorgung zuführen.
S36/37	Bei der Arbeit geeignete Schutzhandschuhe und Schutzkleidung tragen.
S36/37/39	Bei der Arbeit geeignete Schutzkleidung, Schutzhandschuhe und Schutzbrille/Gesichtsschutz tragen.
S36/39	Bei der Arbeit geeignete Schutzkleidung und Schutzbrille/Gesichtsschutz tragen.
S37/39	Bei der Arbeit geeignete Schutzhandschuhe und Schutzbrille/Gesichtsschutz tragen.
S47/49	Nur im Originalbehälter bei einer Temperatur von nicht über …°C (vom Hersteller anzugeben) aufbewahren.

3.4 Einstufung von Gefahrstoffen

Gefährliche Stoffe werden „eingestuft", das heißt, sie werden aufgrund von Ergebnissen experimenteller Untersuchungen einem oder mehreren Gefährlichkeitsmerkmalen zugeordnet. Die Gefährlichkeit wird durch **Symbole** und **R-Sätze** zum Ausdruck gebracht.

3.4.1 Einstufung aufgrund von Gesundheitsgefährdungen (Auswahl)

a) Akute Toxizität

Sehr giftig: $LD_{50} < 25$ mg/kg (Ratte; orale Aufnahme)

Giftig: LD_{50} zwischen 25 und 200 mg/kg

Gesundheitsschädlich: LD_{50} zwischen 200 und 2 000 mg/kg

LD_{50} ist die Dosis eines Gefahrstoffes in mg pro kg Körpergewicht, die bei 50 % der Versuchstiere zum Tode führt (LD = Letale Dosis).

T

Giftig

T+

Sehr giftig

Xn

Gesundheitsschädlich

Beispiele für zugeordnete R-Sätze

R20	Gesundheitsschädlich beim Einatmen.
R24	Giftig bei Berührung mit der Haut.
R27	Sehr giftig bei Berührung mit der Haut.
R28	Sehr giftig beim Verschlucken.

Stoffbeispiele

Sehr giftig	Giftig	Gesundheitsschädlich
Atropinsulfat	Methadon	Salicylsäure
Colchicin	Diclofenac	Terpentinöl
Scopolamin	Methanol	Clotrimazol
Strychnin	Natriumfluorid	Polidocanol
Colecalciferol	Xylometazolin	Nelkenöl
Crotonöl	Phenolum liquefactum	Gentamycin

b) Chronische Toxizität

T

Giftig

T+

Sehr giftig

Xn

Gesundheitsschädlich

Beispiele für zugeordnete R-Sätze

R39	Ernste Gefahr irreversiblen Schadens.
R48	Gefahr ernster Gesundheitsschäden bei längerer Exposition.

Stoffbeispiel

Benzol

c) Ätzende und reizende Wirkung

Ätzend: Ein Gefahrstoff wird als „ätzend" eingestuft, wenn er in der Lage ist, die Haut von Versuchstieren in ihrer gesamten Dicke innerhalb eines vorgegebenen Zeitraums zu zerstören.

Reizend: Ein Gefahrstoff wird als „reizend" eingestuft, wenn er nach vorgegebener Einwirkzeit eine Hautentzündung auslöst.

C

Ätzend

Xi

Reizend

Beispiele für zugeordnete R-Sätze

R34	Verursacht Verätzungen.
R37	Reizt die Atmungsorgane.
R38	Reizt die Haut.
R41	Gefahr ernster Augenschäden.

Stoffbeispiele

Ätzend	Reizend
Ammoniaklösung > 10 %	Ammoniaklösung 5–10 %
Salzsäure > 25 %	Salzsäure 10–25 %
Kaliumhydroxid	Menthol
Silbernitrat	Campher
Zinkchlorid	Ethacridinlactat

d) Sensibilisierende Wirkung

Einatmen oder Hautkontakt löst Überempfindlichkeitsreaktionen aus.

Xn

Gesundheitsschädlich

Xi

Reizend

Beispiele für zugeordnete R-Sätze

R42	Sensibilisierung durch Einatmen möglich.
R43	Sensibilisierung durch Hautkontakt möglich.

Stoffbeispiele

- Erythromycin
- Gentamycin
- Perubalsam
- Chloramphenicol
- Lidocain
- Benzocain

3.4.2 Einstufung aufgrund besonderer Gesundheitsgefahren (CMR-Stoffe)

Stoffe mit cancerogenen, mutagenen oder reproduktionstoxischen Eigenschaften werden „CMR-Stoffe" genannt.

Zur Charakterisierung von entsprechenden Stoffen werden folgende Abkürzungen verwendet:

Carc. = carcinogen (krebserzeugend)
Muta. = mutagen (erbgutschädigend)
Repr. = reproduktionstoxisch (die Fortpflanzungsfähigkeit gefährdend)
Cat. = Kategorie

Nach Gefährlichkeit erfolgt die Einteilung in drei Kategorien:
Kategorie 1: Wirken beim Menschen bekanntermaßen CMR-erzeugend.
Kategorie 2: Es existieren hinreichende Anhaltspunkte für eine CMR-Eigenschaft.
Kategorie 3: CMR-Verdachtsstoffe; es existieren Hinweise, aber keine ausreichenden Anhaltspunkte.

Zwischen Kategorie 1 und 2 muss in der Apotheke beim Arbeitsschutz nicht unterschieden werden. Stoffe beider Kategorien sind als CMR-Stoffe anzusehen; Kategorie 3 sind CMR-Verdachtsstoffe.

Stoffbeispiele

- Chloroform: Carc. Cat. 3 (Verdacht auf krebserzeugende Wirkung)
- Kaliumdichromat: Muta. Cat. 2 und Carc. Cat. 2 (Krebserzeugender und erbgutschädigender Stoff)
- Benzol: Carc. Cat. 1 (Krebserzeugender Stoff)

Besonderheit bei reproduktionstoxischen Stoffen

Man unterscheidet

„fruchtschädigende Stoffe" (entwicklungsschädigende Stoffe), die vorgeburtliche Schäden an der Nachkommenschaft verursachen.	„fruchtbarkeitsgefährdende Stoffe", die die männliche oder weibliche Fortpflanzungsfähigkeit beeinträchtigen können.
Man bezeichnet sie als R_E-Stoffe	Man bezeichnet sie als R_F-Stoffe

Den CMR-Stoffen der Kategorien 1 und 2 wird das Symbol „T“ zugeordnet, Stoffen der Kategorie 3 das Symbol „Xn“, jeweils in Kombination mit entsprechenden R-Sätzen gemäß folgender Tabelle:

		Cat. 1 und Cat. 2 T  Giftig	Cat. 3 Xn  Gesundheitsschädlich
Cancerogen		R45 Kann Krebs erzeugen. Oder R49 Kann Krebs erzeugen beim Einatmen.	R40 Verdacht auf krebserzeugende Wirkung.
Mutagen		R46 Kann vererbbare Schäden verursachen.	R68 Irreversibler Schaden möglich.
Reproduktionstoxisch	R_F-Stoffe	R60 Kann die Fortpflanzungsfähigkeit beeinträchtigen.	R62 Kann möglicherweise die Fortpflanzungsfähigkeit beeinträchtigen.
	R_E-Stoffe	R61 Kann das Kind im Mutterleib schädigen.	R63 Kann das Kind im Mutterleib möglicherweise schädigen.

Stoffbeispiele

- Prednison: Repr. Cat. 1E 3F (fruchtschädigend, Verdacht auf fortpflanzungsschädigende Wirkung)
- Estradiol: Repr. Cat. 1F 3E (fortpflanzungsschädigend, Verdacht auf fruchtschädigende Wirkung)

Verdünnungen: Bei Verdünnungen gilt die Einstufung als CMR-Stoff der Kategorien 1 bzw. 2 bereits ab 0,1 % für krebserzeugende bzw. mutagene Stoffe und ab 0,5 % für reproduktionstoxische Stoffe, soweit keine anderen Konzentrationen gesetzlich festgelegt sind.

3.4.3 Einstufung aufgrund chemisch-physikalischer Gefahren (Auswahl)

a) Brennbare Flüssigkeiten

Brennbare Flüssigkeiten sind nicht deshalb als besonders gefährlich anzusehen, weil sie sich anzünden lassen, sondern weil sie Dämpfe entwickeln, die mit Luft ein entzündliches bzw. explosionsfähiges Gemisch bilden können. Diese Dämpfe entstehen allerdings erst oberhalb einer bestimmten Temperatur, die man als Flammpunkt (Abkürzung FP) bezeichnet. Je tiefer der Flammpunkt einer Flüssigkeit, desto gefährlicher ist sie somit hinsichtlich der Brand- und Explosionsgefahr.

Beispiel: Der Flammpunkt von Isopropylalkohol liegt bei 12 °C; d. h. ab einer Temperatur von 12 °C entstehen über der Flüssigkeitsoberfläche entzündliche bzw. explosionsgefährliche Dampf-Luft-Gemische.

Brennbare Flüssigkeiten werden gemäß Gefahrstoffverordnung nach den folgenden Kriterien in drei Gruppen eingeteilt.

Hochentzündlich: Flammpunkt unter 0 °C und Siedepunkt höchstens 35 °C

Leichtentzündlich: Flammpunkt unter 21 °C

Entzündlich: Flammpunkt zwischen 21 °C und 55 °C

F

Leichtentzündlich

F+

Hochentzündlich

Beispiele für zugeordnete R-Sätze

R10 Entzündlich (ohne Gefahrensymbol).
R11 Leichtentzündlich.
R12 Hochentzündlich.

Stoffbeispiele

Hochentzündlich	Leichtentzündlich	Entzündlich
Diethylether	Aceton	Terpentinöl
Kollodium	Wundbenzin	Essigsäure (90–100 %)
Acetaldehyd	Ethanol > 77 % Vol. (70 % m/m)	Ethanol < 77 % Vol.
	Isopropylalkohol > 48 % Vol. (40 % m/m)	Isopropylalkohol < 48 % Vol.
	Etherweingeist (Hoffmannstropfen)	Verschiedene ätherische Öle
	Baldriantinktur	

Während von den „nur“ entzündlichen Substanzen eine relativ geringe Gefahr ausgeht, da die Flammpunkte bei der üblichen Lagerung wohl nicht erreicht werden, ist vor allem bei der Verwendung von hochentzündlichen Flüssigkeiten besondere Vorsicht geboten.

Unter Teil C, ▸Kap. 10.4 wird auf die Berechnung der zulässigen Lagermengen und der entsprechenden Sicherheitsvorschriften – angepasst an die Einstufungskriterien nach „neuem“ Recht – detailliert eingegangen.

b) Brandfördernde Stoffe

Als brandfördernd werden Gefahrstoffe eingestuft, wenn sie durch Sauerstoffabgabe die Brandgefahr und die Heftigkeit eines Brandes beträchtlich erhöhen können. Sie sind selbst nicht brennbar, können aber einen Brand auch ohne Zutritt von Luftsauerstoff durch die Abgabe des chemisch gebundenen Sauerstoffs weiter unterhalten.

Stoffbeispiele

- Natriumchlorat
- Kaliumchlorat
- Kaliumnitrat
- Kaliumpermanganat
- Natriumnitrit
- Natriumnitrat

3.4.4 Einstufung aufgrund umweltschädigender Eigenschaften

Ein Gefahrstoff wird als „umweltgefährlich" eingestuft, wenn er in der Lage ist, auf schädliche Weise Wasser, Boden, Luft sowie Tiere, Pflanzen und Mikroorganismen zu beeinträchtigen.

Stoffbeispiele

- Zinkoxid
- Wundbenzin
- Silbernitrat
- Konz. Ammoniaklösung
- Kaliumpermanganat
- Terpentinöl

4 Neue Einstufung und Kennzeichnung nach EG-CLP-Verordnung

4.1 Gefahrenklassen und Gefahrenkategorien

Nach EG-CLP-VO werden die unterschiedlichen Gefahren in 28 verschiedene Gefahrenklassen eingeteilt. Dabei stehen 16 Gefahrenklassen für physikalische und chemische Gefahren, 10 Gefahrenklassen beschreiben Gefahren für die menschliche Gesundheit (toxische Eigenschaften, Gesundheitsgefahren) und die übrigen 2 Gefahrenklassen konkretisieren Umweltgefahren mit den Schwerpunkten des Schutzes der Gewässer und der Ozonschicht.

Die einzelnen Gefahrenklassen unterteilen sich weiter in ein bis sieben verschiedene Gefahrenkategorien, um eine Abstufung des Schweregrads der Gefährdung zu erreichen.

Gefahrenklassen und -kategorien werden in den einschlägigen Unterlagen zur Einstufung und Kennzeichnung von Gefahrstoffen mit einem Abkürzungscode dargestellt. Da man bei Rechercheergebnissen zu konkreten Gefahrstoffen oft die englischen Abkürzungen vorfindet, werden in ◘ Tab. 4.1 sowohl die deutschen als auch die englischen Abkürzungscodes nebeneinander aufgeführt.

◘ **Tab. 4.1** Übersicht der Gefahrenklassen mit zugehörigen Abkürzungscodes

Gefahrenklassen	Gefahrenklassen und -kategorien (Codes)		
	deutsch	englisch	
Explosive Stoffe/Gemische und Erzeugnisse mit Explosivstoff	Inst. Expl. Expl. 1.1 Expl. 1.2 Expl. 1.3 Expl. 1.4 Expl. 1.5 Expl. 1.6	Unst. Expl. Expl. 1.1 Expl. 1.2 Expl. 1.3 Expl. 1.4 Expl. 1.5 Expl. 1.6	Physikalische Gefahren
Entzündbare Gase	Flam. Gas 1 Flam. Gas 2 Chem. Unst. Gas A Chem. Unst. Gas B	Flam. Gas 1 Flam. Gas 2 Chem. Inst. Gas A Chem. Inst. Gas B	

Tab. 4.1 Übersicht der Gefahrenklassen mit zugehörigen Abkürzungscodes (Fortsetzung)

Gefahrenklassen	Gefahrenklassen und -kategorien (Codes)		
	deutsch	englisch	
Aerosole	Aerosol 1 Aerosol 2 Aerosol 3	Aerosol 1 Aerosol 2 Aerosol 3	Physikalische Gefahren
Oxidierende Gase	Oxid. Gas 1	Ox. Gas 1	
Gase unter Druck	Pressgas	Press. Gas	
Entzündbare Flüssigkeiten	Entz. Fl. 1 Entz. Fl. 2 Entz. Fl. 3	Flam. Liq. 1 Flam. Liq. 2 Flam. Liq. 3	
Entzündbare Feststoffe	Entz. Festst. 1 Entz. Festst. 2	Flam. Sol. 1 Flam. Sol. 2	
Selbstzersetzliche Stoffe oder Gemische	Selbstzers. A Selbstzers. B Selbstzers. CD Selbstzers. EF Selbstzers. G	Self-react. A Self-react. B Self-react. CD Self-react. EF Self-react. G	
Pyrophore Flüssigkeiten	Pyr. Fl. 1	Pyr. Liq. 1	
Pyrophore Feststoffe	Pyr. Festst. 1	Pyr. Sol. 1	
Selbsterhitzungsfähige Stoffe oder Gemische	Selbsterh. 1 Selbsterh. 2	Self-heat 1 Self-heat 2	
Stoffe oder Gemische, die bei Berührung mit Wasser entzündbare Gase abgeben	Wasserreakt. 1 Wasserreakt. 2 Wasserreakt. 3	Water-react. 1 Water-react. 2 Water-react. 3	
Oxidierende Flüssigkeiten	Oxid. Fl. 1 Oxid. Fl. 2 Oxid. Fl. 3	Ox. Liq. 1 Ox. Liq. 2 Ox. Liq. 3	
Oxidierende Feststoffe	Oxid. Festst. 1 Oxid. Festst. 2 Oxid. Festst. 3	Ox. Sol. 1 Ox. Sol. 2 Ox. Sol. 3	
Organische Peroxide	Org. Perox. A Org. Perox. B Org. Perox. CD Org. Perox. EF Org. Perox. G	Org. Perox. A Org. Perox. B Org. Perox. CD Org. Perox. EF Org. Perox. G	
Auf Metalle korrosiv wirkende Stoffe oder Gemische	Met. korr. 1	Met. Corr. 1	

4

Tab. 4.1 Übersicht der Gefahrenklassen mit zugehörigen Abkürzungscodes (Fortsetzung)

Gefahrenklassen	Gefahrenklassen und -kategorien (Codes)		
	deutsch	**englisch**	
Akute Toxizität	Akut. Tox. 1 Akut. Tox. 2 Akut. Tox. 3 Akut. Tox. 4	Acute Tox. 1 Acute Tox. 2 Acute Tox. 3 Acute Tox. 4	Gesund-heitsge-fahren
Ätz-/Reizwirkung auf die Haut	Hautätz. 1A Hautätz. 1B Hautätz. 1C Hautätz. 2	Skin corr. 1A Skin corr. 1B Skin corr. 1C Skin corr. 2	
Schwere Augenschädigung/ Augenreizung	Augenschäd. 1 Augenreiz. 2	Eye Dam. 1 Eye Irrit. 2	
Sensibilisierung der Atemwege/ Haut	Sens. Atemw. 1 Sens. Haut 1	Resp. Sens. 1 Skin Sens. 1	
Keimzell-Mutagenität	Mutag. 1A[1)] Mutag. 1B[1)] Mutag. 2	Muta. 1A Muta. 1B Muta. 2	
Karzinogenität	Karz. 1A[1)] Karz. 1B[1)] Karz. 2	Carc. 1A Carc. 1B Carc. 2	
Reproduktionstoxizität	Repr. 1A[1)] Repr. 1B[1)] Repr. 2 Lakt.	Repr. 1A Repr. 1B Repr. 2 Lact.	
Spezifische Zielorgan-Toxizität (einmalige Exposition)	STOT einm. 1 STOT einm. 2 STOT einm. 3	STOT SE 1 STOT SE 2 STOT SE 3	
Spezifische Zielorgan-Toxizität (wiederholte Exposition)	STOT wdh. 1 STOT wdh. 2	STOT RE 1 STOT RE 2	
Aspirationsgefahr	Asp. 1	Asp. Tox. 1	
Gewässergefährdend	Aqu. akut 1 Aqu. chron. 1 Aqu. chron. 2 Aqu. chron. 3 Aqu. chron. 4	Aquatic Acute 1 Aquatic chronic 1 Aquatic chronic 2 Aquatic chronic 3 Aquatic chronic 4	Umweltge-fahren
Die Ozonschicht schädigend	Ozon	Ozone	

[1)] In der VO (EU) 487/2013, Anhang I, wurden in den drei CMR-Gefahrenklassen die allgemeinen Konzentrationsgrenzen für die relevanten Stoffe in Gemischen für die jeweiligen Kategorien 1A und 1B vereinheitlicht, so dass de facto 1A und 1B zu einer Kategorie 1 verschmelzen (Karz. 1, Mutag. 1, Repr. 1). Dies ist in ▶ Kap. 4.5 in den ◘ Tab. 4.22, ◘ Tab. 4.23 und ◘ Tab. 4.24 umgesetzt.

4.2 Gefahrenpiktogramme und Signalwörter

4.2.1 Gefahrenpiktogramme

Die **Gefahrenpiktogramme** nach EG-CLP-VO sind rot umrandete Rauten mit schwarzen Symbolen auf weißem Grund. Sie geben einen ersten augenfälligen Hinweis auf Art und Schwere der zu erwartenden Gefahr. Die Beschreibung der Piktogramme erfolgt im Gegensatz zum alten System nicht mehr mit Gefahrenbezeichnungen (z. B. giftig, hochentzündlich) sondern mit einem international einheitlichem Code (z. B. GHS06 für Totenkopf mit gekreuzten Knochen).

Codierung der Piktogramme

GHS01

GHS04

GHS07

GHS02

GHS05

GHS08

GHS03

GHS06

GHS09

Bezeichnung der Piktogramme

GHS01	Explodierende Bombe
GHS02	Flamme
GHS03	Flamme über einem Kreis
GHS04	Gasflasche
GHS05	Ätzwirkung
GHS06	Totenkopf mit gekreuzten Knochen
GHS07	Ausrufezeichen
GHS08	Gesundheitsgefahr
GHS09	Umwelt

Die Piktogramme GHS04, GHS07 und GHS08 wurden neu in die Kennzeichnungsvorschriften eingeführt.

Das im „alten" System verwendete Andreaskreuz für weniger schwere Gefahren (Xn, Xi) wird nicht mehr verwendet. Aufgrund abweichender Einstufungsgrenzen (z. B. LD_{50}) können diese Stoffe und Gemische jetzt mit GHS05, GHS06, GHS07 und/oder GHS08 gekennzeichnet sein.

4.2.2 Signalwörter

Neben den Gefahrenpiktogrammen geben die **Signalwörter** einen Hinweis auf die Schwere der zu erwartenden Gefahr. Die zwei Signalwörter „Gefahr" (engl. „Danger", Abk. „Dgr.") und „Achtung" (engl. „Warning", Abk. „Wng.") ersetzen dabei die im alten System gebräuchlichen Gefahrenbezeichnungen (z. B. giftig, leichtentzündlich).

Das Signalwort **„Gefahr"** steht dabei für schwerwiegende Gefahren; mit dem Signalwort **„Achtung"** werden die übrigen, weniger schwerwiegenden Gefahren bezeichnet. Die Kennzeichnung erfolgt immer nur mit **einem** Signalwort, da die Aufbringung des Wortes „Gefahr" die Deklarierung des Wortes „Achtung" erübrigt.

4.3 Gefahrenhinweise (H-Sätze)

Die Gefahrenhinweise (H-Sätze, engl. Hazard Statements) beschreiben die Art und ggf. den Schweregrad einer Gefahr, die von einem Stoff oder einem Gemisch ausgehen kann. Sie ersetzen die bisherigen R-Sätze und sind jeweils bestimmten Gefahrenklassen und -kategorien zugeordnet (▸Kap. 4.5).

Die H-Sätze entstammen der weltweit geltenden GHS-Systematik. Sie werden mit dem Buchstaben „H" und durch dreistellige Nummerncodes dargestellt, die nach folgender Systematik geordnet sind:

DEFINITION

H2xx → Physikalische Gefahren
H3xx → Gesundheitsgefahren
H4xx → Umweltgefahren

Darüber hinaus wurden für den Bereich des Europäischen Wirtschaftsraums noch ehemalige R-Sätze aus den abzulösenden EG-Richtlinien in das EG-CLP-System übernommen, für die es im GHS-System keine Entsprechung gibt. Diese sogenannten „Left overs" bzw. ergänzenden Gefahrenmerkmale werden mit dem Buchstabenkürzel „EUH" und der Nummer der ehemaligen R-Sätze beschrieben (z. B. EUH 001 „In trockenem Zustand explosiv."). Die EUH-Sätze ab Nr. EUH201 gelten als ergänzende Kennzeichnungselemente ausschließlich für Gemische.

Bei entsprechender Einstufung muss grundsätzlich **jeder H-Satz im Wortlaut auf dem Etikett** des Gefahrstoffgebindes deklariert werden. Kombinationen aus verschiedenen H-Sätzen sind grundsätzlich nicht vorgesehen; die einzige Ausnahme bilden die H-Sätze der Gefahrenklasse „Akute Toxizität", die in der vorgegebenen Weise miteinander kombiniert werden können. Die Gefahrenhinweise werden direkt aus dem Ergebnis der Einstufung übernommen.

Wenn eindeutig Doppelungen vorliegen oder einzelne Gefahrenhinweise eindeutig überflüssig sind, dann können diese H-Sätze weggelassen werden (z. B. H241 kann H240 und H242 ersetzen).

Eine besondere Ausdifferenzierung erfahren die H-Sätze H360 und H361 durch den Zusatz der Buchstaben F und/oder D. Der Zusatz F („fertility") erfolgt, wenn die Schädigung der Fortpflanzungsfähigkeit (Sexualfunktion und Fruchtbarkeit) in den Kategorien 1A und 1B belegt ist; der Zusatz D („development") steht für die Entwicklungstoxizität des Embryos bzw. Fetus in den Kategorien 1A und 1B. Die Kleinbuchstaben „f" und „d" symbolisieren die entsprechenden Gefährdungen in der Kategorie 2 (f = Kann **vermutlich** die Fruchtbarkeit beeinträchtigen.).

4.3.1 H-Sätze, ergänzende Gefahrenmerkmale und Kennzeichnungselemente

H200-Reihe: Physikalische Gefahren

H200	Instabil, explosiv.
H201	Explosiv, Gefahr der Massenexplosion.
H202	Explosiv, große Gefahr durch Splitter, Spreng- und Wurfstücke.
H203	Explosiv, Gefahr durch Feuer, Luftdruck oder Splitter, Spreng- und Wurfstücke.
H204	Gefahr durch Feuer oder Splitter, Spreng- und Wurfstücke.
H205	Gefahr der Massenexplosion bei Feuer.
H220	Extrem entzündbares Gas.
H221	Entzündbares Gas.
H222	Extrem entzündbares Aerosol.
H223	Entzündbares Aerosol.
H224	Flüssigkeit und Dampf extrem entzündbar.
H225	Flüssigkeit und Dampf leicht entzündbar.
H226	Flüssigkeit und Dampf entzündbar.
H228	Entzündbarer Feststoff.
H229	Behälter steht unter Druck: kann bei Erwärmung bersten.
H230	Kann auch in Abwesenheit von Luft explosionsartig reagieren.
H231	Kann auch in Abwesenheit von Luft bei erhöhtem Druck und/oder erhöhter Temperatur explosionsartig reagieren.
H240	Erwärmung kann Explosion verursachen.
H241	Erwärmung kann Brand oder Explosion verursachen.
H242	Erwärmung kann Brand verursachen.
H250	Entzündet sich in Berührung mit Luft von selbst.
H251	Selbsterhitzungsfähig; kann in Brand geraten.
H252	In großen Mengen selbsterhitzungsfähig; kann in Brand geraten.
H260	In Berührung mit Wasser entstehen entzündbare Gase, die sich spontan entzünden können.
H261	In Berührung mit Wasser entstehen entzündbare Gase.
H270	Kann Brand verursachen oder verstärken; Oxidationsmittel.
H271	Kann Brand oder Explosion verursachen; starkes Oxidationsmittel.
H272	Kann Brand verstärken; Oxidationsmittel.
H280	Enthält Gas unter Druck; kann bei Erwärmung explodieren.
H281	Enthält tiefgekühltes Gas; kann Kälteverbrennungen oder -verletzungen verursachen.
H290	Kann gegenüber Metallen korrosiv sein.

H300-Reihe: Gesundheitsgefahren

H300	Lebensgefahr bei Verschlucken.
H301	Giftig bei Verschlucken.
H302	Gesundheitsschädlich bei Verschlucken.
H304	Kann bei Verschlucken und Eindringen in die Atemwege tödlich sein.
H310	Lebensgefahr bei Hautkontakt.
H311	Giftig bei Hautkontakt.
H312	Gesundheitsschädlich bei Hautkontakt.
H314	Verursacht schwere Verätzungen der Haut und schwere Augenschäden.
H315	Verursacht Hautreizungen.
H317	Kann allergische Hautreaktionen verursachen.
H318	Verursacht schwere Augenschäden.
H319	Verursacht schwere Augenreizung.
H330	Lebensgefahr bei Einatmen.
H331	Giftig bei Einatmen.
H332	Gesundheitsschädlich bei Einatmen.
H334	Kann bei Einatmen Allergie, asthmaartige Symptome oder Atembeschwerden verursachen.
H335	Kann die Atemwege reizen.
H336	Kann Schläfrigkeit und Benommenheit verursachen.
H340	Kann genetische Defekte verursachen. <*Expositionsweg angeben, sofern schlüssig belegt ist, dass diese Gefahr bei keinem anderen Expositionsweg besteht*>.
H341	Kann vermutlich genetische Defekte verursachen <*Expositionsweg angeben, sofern schlüssig belegt ist, dass diese Gefahr bei keinem anderen Expositionsweg besteht*>.
H350	Kann Krebs erzeugen <*Expositionsweg angeben, sofern schlüssig belegt ist, dass diese Gefahr bei keinem anderen Expositionsweg besteht*>.
H350i	Kann bei Einatmen Krebs erzeugen.
H351	Kann vermutlich Krebs erzeugen. <*Expositionsweg angeben, sofern schlüssig belegt ist, dass diese Gefahr bei keinem anderen Expositionsweg besteht*>.
H360	Kann die Fruchtbarkeit beeinträchtigen oder das Kind im Mutterleib schädigen<*konkrete Wirkung angeben, sofern bekannt*> <*Expositionsweg angeben, sofern schlüssig belegt ist, dass die Gefahr bei keinem anderen Expositionsweg besteht*>.
H360F	Kann die Fruchtbarkeit beeinträchtigen.
H360D	Kann das Kind im Mutterleib schädigen.
H360FD	Kann die Fruchtbarkeit beeinträchtigen. Kann das Kind im Mutterleib schädigen.
H360Fd	Kann die Fruchtbarkeit beeinträchtigen. Kann vermutlich das Kind im Mutterleib schädigen.
H360Df	Kann das Kind im Mutterleib schädigen. Kann vermutlich die Fruchtbarkeit beeinträchtigen.
H361	Kann vermutlich die Fruchtbarkeit beeinträchtigen oder das Kind im Mutterleib schädigen <*konkrete Wirkung angeben, sofern bekannt*> <*Expositionsweg angeben, sofern schlüssig belegt ist, dass die Gefahr bei keinem anderen Expositionsweg besteht*>.

H361f	Kann vermutlich die Fruchtbarkeit beeinträchtigen.
H361d	Kann vermutlich das Kind im Mutterleib schädigen.
H361fd	Kann vermutlich die Fruchtbarkeit beeinträchtigen. Kann vermutlich das Kind im Mutterleib schädigen.
H362	Kann Säuglinge über die Muttermilch schädigen.
H370	Schädigt die Organe *<oder alle betroffenen Organe nennen, sofern bekannt><Expositionsweg angeben, sofern schlüssig belegt ist, dass diese Gefahr bei keinem anderen Expositionsweg besteht>*.
H371	Kann die Organe schädigen *<oder alle betroffenen Organe nennen, sofern bekannt> <Expositionsweg angeben, sofern schlüssig belegt ist, dass diese Gefahr bei keinem anderen Expositionsweg besteht>*.
H372	Schädigt die Organe *<alle betroffenen Organe nennen>* bei längerer oder wiederholter Exposition *<Expositionsweg angeben, wenn schlüssig belegt ist, dass diese Gefahr bei keinem anderen Expositionsweg besteht>*.
H373	Kann die Organe schädigen *<alle betroffenen Organe nennen, sofern bekannt>* bei längerer oder wiederholter Exposition *<Expositionsweg angeben, wenn schlüssig belegt ist, dass diese Gefahr bei keinem anderen Expositionsweg besteht>*.

Kombinations-H-Sätze für Akut-Toxizitätsgefahren

H300+H310	Lebensgefahr bei Verschlucken oder Hautkontakt.
H300+H330	Lebensgefahr bei Verschlucken oder Einatmen.
H300+H310+H330	Lebensgefahr bei Verschlucken, Hautkontakt oder Einatmen.
H301+H311	Giftig bei Verschlucken oder Hautkontakt.
H301+H331	Giftig bei Verschlucken oder Einatmen.
H301+H311+H331	Giftig bei Verschlucken, Hautkontakt oder Einatmen.
H302+H312	Gesundheitsschädlich bei Verschlucken oder Hautkontakt.
H302+H332	Gesundheitsschädlich bei Verschlucken oder Einatmen.
H302+H312+H332	Gesundheitsschädlich bei Verschlucken, Hautkontakt oder Einatmen.
H310+H330	Lebensgefahr bei Hautkontakt oder Einatmen.
H311+H331	Giftig bei Hautkontakt oder Einatmen.
H312+H332	Gesundheitsschädlich bei Hautkontakt oder Einatmen.

H400-Reihe: Umweltgefahren

H400	Sehr giftig für Wasserorganismen.
H410	Sehr giftig für Wasserorganismen mit langfristiger Wirkung.
H411	Giftig für Wasserorganismen, mit langfristiger Wirkung.
H412	Schädlich für Wasserorganismen, mit langfristiger Wirkung.
H413	Kann für Wasserorganismen schädlich sein, mit langfristiger Wirkung.
H420	Schädigt die öffentliche Gesundheit und die Umwelt durch Ozonabbau in der äußeren Atmosphäre.

Ergänzende Gefahrenmerkmale und Kennzeichnungselemente (EUH-Sätze)

EUH001	In trockenem Zustand explosionsgefährlich.
EUH014	Reagiert heftig mit Wasser.
EUH018	Kann bei Verwendung explosionsfähige/entzündbare Dampf/Luft-Gemische bilden.
EUH019	Kann explosionsfähige Peroxide bilden.
EUH029	Entwickelt bei Berührung mit Wasser giftige Gase.
EUH031	Entwickelt bei Berührung mit Säure giftige Gase.
EUH032	Entwickelt bei Berührung mit Säure sehr giftige Gase.
EUH044	Explosionsgefahr bei Erhitzen und Einschluss.
EUH066	Wiederholter Kontakt kann zu spröder oder rissiger Haut führen.
EUH070	Giftig bei Berührung mit den Augen.
EUH071	Wirkt ätzend auf die Atemwege.

EUH201	Enthält Blei. Nicht für den Anstrich von Gegenständen verwenden, die von Kindern gekaut oder gelutscht werden könnten. Achtung! Enthält Blei.
EUH201A	Achtung! Enthält Blei.
EUH202	Cyanacrylat. Gefahr. Klebt innerhalb von Sekunden Haut und Augenlider zusammen. Darf nicht in die Hände von Kindern gelangen.
EUH203	Enthält Chrom(VI). Kann allergische Reaktionen hervorrufen.
EUH204	Enthält Isocyanate. Kann allergische Reaktionen hervorrufen.
EUH205	Enthält epoxidhaltige Verbindungen. Kann allergische Reaktionen hervorrufen.
EUH206	Achtung! Nicht zusammen mit anderen Produkten verwenden, da gefährliche Gase (Chlor) freigesetzt werden können.
EUH207	Achtung! Enthält Cadmium. Bei der Verwendung entstehen gefährliche Dämpfe. Hinweise des Herstellers beachten. Sicherheitsanweisungen einhalten.
EUH208	Enthält <*Name des sensibilisierenden Stoffes*>. Kann allergische Reaktionen hervorrufen.
EUH209	Kann bei Verwendung leicht entzündbar werden.
EUH209 A	Kann bei Verwendung entzündbar werden.
EUH210	Sicherheitsdatenblatt auf Anfrage erhältlich.
EUH401	Zur Vermeidung von Risiken für Mensch und Umwelt die Gebrauchsanleitung einhalten.

4.4 Sicherheitshinweise (P-Sätze)

Die Sicherheitshinweise (P-Sätze, engl. Precautionary Statements) geben in standardisierter Form Auskunft über die Vermeidung von Gefahren, die richtige Reaktion im Falle eines ungewollten Kontakts mit dem Gefahrstoff sowie die Lagerung und Entsorgung. Sie treten an die Stelle der bisherigen S-Sätze (Sicherheitsratschläge).

Die P-Sätze werden mit dem Buchstaben „P“ und einem dreistelligen Nummerncode codiert. Diese Nummern sind nach folgender Systematik geordnet:

DEFINITION
P1xx → Allgemeines
P2xx → Prävention
P3xx → Reaktion
P4xx → Lagerung
P5xx → Entsorgung

Die Sicherheitshinweise werden nach den in Anhang IV Teil 1 der EG-CLP-Verordnung festgelegten Kriterien vom Herstellenden/Abgebenden dem zu erwartenden Anwendungszweck entsprechend ausgewählt, wobei sowohl die Gefahrenhinweise (H-Sätze) als auch die **beabsichtigten oder ermittelten Verwendungen** des Stoffs oder Gemischs zu berücksichtigen sind. Dies ist eine Abkehr von der bisherigen Praxis, nach der die S-Sätze bei einer europaweit einheitlichen Einstufung in der EG-Stoffliste für alle Handelsstufen unabhängig von Anwendungszweck und Verpackungsgröße des Gefahrstoffs einheitlich verbindlich waren.

Es sind somit für den gleichen Gefahrstoff je nach Art des Endabnehmers (gewerbliche Verwendung, privater Endverbraucher) deutliche Unterschiede in der Deklaration der P-Sätze möglich. Die komplette Übersicht der für den konkreten Gefahrstoff möglichen P-Sätze ergibt sich aus der Zuordnung zu den ermittelten H-Sätzen in den Tabellen aus Anhang I Teile 2 bis 5 der EG-CLP-VO (▸Kap. 4.5 und ▸Kap. 4.6).

Bei der Kennzeichnung sollen **nicht mehr als sechs Sicherheitshinweise** aufgeführt werden, es sei denn, die Schwere der Gefahren macht eine größere Anzahl erforderlich. Sollten bestimmte Sicherheitshinweise aufgrund des Stoffs, Gemischs oder seiner Verpackung eindeutig überflüssig oder unnötig sein, werden sie nicht in das Kennzeichnungsetikett aufgenommen (z. B. P242 „Nur funkenfreies Werkzeug verwenden" bei der Abgabe von 100 ml Aceton an einen Endverbraucher). Die klare Lesbarkeit und Übersichtlichkeit des Etiketts hat Vorrang vor einer Überfrachtung mit überflüssigen Informationen.

Wird der Stoff oder das Gemisch an die breite Öffentlichkeit abgegeben, trägt das Kennzeichnungsetikett immer dann einen Sicherheitshinweis zur Entsorgung des Stoffs oder Gemischs sowie zur Entsorgung der Verpackung (**P501** „Inhalt/Behälter *<dem zuständigen Entsorgungsunternehmen>* zuführen"), wenn dieser Entsorgungshinweis mit einem H-Satz der Gefahreneinstufung dieses Gefahrstoffs verknüpft ist. In ◘Tab. 4.2 bis ◘Tab. 4.29 (▸Kap. 4.5) kann nachvollzogen werden, welchen H-Sätzen P501 zugeordnet ist.

Im Gegensatz zu den H-Sätzen sind bei P-Sätzen grundsätzlich Kombinationssätze möglich (z. B. P301+P310). Die auffällige Schreibweise in **GROSSBUCHSTABEN** bei P-Sätzen der 300er Reihe (z. B. P301 BEI VERSCHLUCKEN:) ist in der EG-CLP-VO so vorgegeben und damit verbindlich.

Mit der VO EU 487/2013 vom 08. Mai 2013 wurden insbesondere bei den P-Sätzen sowohl einige inhaltliche Änderungen, Streichungen und Ergänzungen vorgenommen als auch z. T. neue variable Elemente (eckige Klammern, Schrägstrich, drei Punkte) eingeführt.

Steht ein Textteil eines Sicherheitshinweises in eckigen Klammern [...], so bedeutet dies, dass der in eckigen Klammern stehende Text nicht in jedem Fall zutrifft und nur unter bestimmten Voraussetzungen angewandt werden sollte. Enthält ein Sicherheitshinweis einen umgekehrten Schrägstrich oder einen Schrägstrich [/], so bedeutet dies, dass eine Wahl zwischen den Ausdrücken, die durch diese Zeichen getrennt werden, getroffen werden muss. Enthält der Text eines Sicherheitshinweises drei Punkte [...], so bedeutet dies, dass Einzelheiten zu den bereitzustellenden Informationen in Spalte 5 der entsprechenden Tabellen im Anhang IV der EG-CLP-VO enthalten sind.

4.4.1 Übersicht aller derzeit definierten P-Sätze

P100-Reihe: Allgemeines

P101	Ist ärztlicher Rat erforderlich, Verpackung oder Kennzeichnungsetikett bereithalten.
P102	Darf nicht in die Hände von Kindern gelangen.
P103	Vor Gebrauch Kennzeichnungsetikett lesen.

P200-Reihe: Prävention

P201	Vor Gebrauch besondere Anweisungen einholen.
P202	Vor Gebrauch alle Sicherheitshinweise lesen und verstehen.
P210	Von Hitze, heißen Oberflächen, Funken, offenen Flammen sowie anderen Zündquellenarten fernhalten. Nicht rauchen.
P211	Nicht gegen offene Flamme oder andere Zündquelle sprühen.
P220	Von Kleidung/.../brennbaren Materialien fernhalten/entfernt aufbewahren.
P221	Mischen mit brennbaren Stoffen/... unbedingt verhindern.
P222	Kontakt mit Luft nicht zulassen.
P223	Keinen Kontakt mit Wasser zulassen.
P230	Feucht halten mit ...
P231	Unter inertem Gas handhaben.
P232	Vor Feuchtigkeit schützen.
P233	Behälter dicht verschlossen halten.
P234	Nur im Originalbehälter aufbewahren.
P235	Kühl halten.
P240	Behälter und zu befüllende Anlage erden.
P241	Explosionsgeschützte elektrische Betriebsmittel/Lüftungsanlagen/Beleuchtung/... verwenden.
P242	Nur funkenfreies Werkzeug verwenden.
P243	Maßnahmen gegen elektrostatische Aufladungen treffen.
P244	Ventile und Ausrüstungsteile öl- und fettfrei halten.
P250	Nicht schleifen/stoßen/.../reiben.
P251	Nicht durchstechen oder verbrennen, auch nicht nach Gebrauch.
P260	Staub/Rauch/Gas/Nebel/Dampf/Aerosol nicht einatmen.
P261	Einatmen von Staub/Rauch/Gas/Nebel/Dampf/Aerosol vermeiden.
P262	Nicht in die Augen, auf die Haut oder auf die Kleidung gelangen lassen.
P263	Kontakt während der Schwangerschaft/und der Stillzeit vermeiden.
P264	Nach Gebrauch ... gründlich waschen.
P270	Bei Gebrauch nicht essen, trinken oder rauchen.
P271	Nur im Freien oder in gut belüfteten Räumen verwenden.
P272	Kontaminierte Arbeitskleidung nicht außerhalb des Arbeitsplatzes tragen.
P273	Freisetzung in die Umwelt vermeiden.
P280	Schutzhandschuhe/Schutzkleidung/Augenschutz/Gesichtsschutz tragen.

P282	Schutzhandschuhe/Gesichtsschild/Augenschutz mit Kälteisolierung tragen.
P283	Schwer entflammbare/flammhemmende Kleidung tragen.
P284	[Bei unzureichender Belüftung] Atemschutz tragen.

Kombinationen

P231+P232	Unter inertem Gas handhaben. Vor Feuchtigkeit schützen.
P235+P410	Kühl halten. Vor Sonnenbestrahlung schützen.

P300-Reihe: Reaktion

P301	BEI VERSCHLUCKEN:
P302	BEI BERÜHRUNG MIT DER HAUT:
P303	BEI BERÜHRUNG MIT DER HAUT (oder dem Haar):
P304	BEI EINATMEN:
P305	BEI KONTAKT MIT DEN AUGEN:
P306	BEI KONTAMINIERTER KLEIDUNG:
P308	BEI Exposition oder falls betroffen:
P310	Sofort GIFTINFORMATIONSZENTRUM/Arzt/... anrufen.
P311	GIFTINFORMATIONSZENTRUM/Arzt/... anrufen.
P312	Bei Unwohlsein GIFTINFORMATIONSZENTRUM/Arzt/... anrufen.
P313	Ärztlichen Rat einholen/ärztliche Hilfe hinzuziehen.
P314	Bei Unwohlsein ärztlichen Rat einholen/ärztliche Hilfe hinzuziehen.
P315	Sofort ärztlichen Rat einholen/ärztliche Hilfe hinzuziehen.
P320	Besondere Behandlung dringend erforderlich (siehe ... auf diesem Kennzeichnungsetikett).
P321	Besondere Behandlung (siehe ... auf diesem Kennzeichnungsetikett).
P330	Mund ausspülen.
P331	KEIN Erbrechen herbeiführen.
P332	Bei Hautreizung:
P333	Bei Hautreizung oder -ausschlag:
P334	In kaltes Wasser tauchen/nassen Verband anlegen.
P335	Lose Partikel von der Haut abbürsten.
P336	Vereiste Bereiche mit lauwarmem Wasser auftauen. Betroffenen Bereich nicht reiben.
P337	Bei anhaltender Augenreizung:
P338	Eventuell vorhandene Kontaktlinsen nach Möglichkeit entfernen. Weiter ausspülen.
P340	Die Person an die frische Luft bringen und für ungehinderte Atmung sorgen.
P342	Bei Symptomen der Atemwege:
P351	Einige Minuten lang behutsam mit Wasser ausspülen.
P352	Mit viel Wasser/... waschen.
P353	Haut mit Wasser abwaschen/duschen.
P360	Kontaminierte Kleidung und Haut sofort mit viel Wasser abwaschen und danach Kleidung ausziehen.
P361	Alle kontaminierten Kleidungsstücke sofort ausziehen.

P362	Kontaminierte Kleidung ausziehen.
P363	Kontaminierte Kleidung vor erneutem Tragen waschen.
P364	Und vor erneutem Tragen waschen.
P370	Bei Brand:
P371	Bei Großbrand und großen Mengen:
P372	Explosionsgefahr bei Brand.
P373	KEINE Brandbekämpfung, wenn das Feuer explosive Stoffe/Gemische/Erzeugnisse erreicht.
P374	Brandbekämpfung mit üblichen Vorsichtsmaßnahmen aus angemessener Entfernung.
P375	Wegen Explosionsgefahr Brand aus der Entfernung bekämpfen.
P376	Undichtigkeit beseitigen, wenn gefahrlos möglich.
P377	Brand von ausströmendem Gas: Nicht löschen, bis Undichtigkeit gefahrlos beseitigt werden kann.
P378	… zum Löschen verwenden.
P380	Umgebung räumen.
P381	Alle Zündquellen entfernen, wenn gefahrlos möglich.
P390	Verschüttete Mengen aufnehmen, um Materialschäden zu vermeiden.
P391	Verschüttete Mengen aufnehmen.

Kombinationen

P301+P310	BEI VERSCHLUCKEN: Sofort GIFTINFOMATIONSZENTRUM/Arzt/… anrufen.
P301+P312	BEI VERSCHLUCKEN: Bei Unwohlsein GIFTINFORMATIONS-ZENTRUM/Arzt/… anrufen.
P301+P330+P331	BEI VERSCHLUCKEN: Mund ausspülen. KEIN Erbrechen herbeiführen.
P302+P334	BEI KONTAKT MIT DER HAUT: In kaltes Wasser tauchen/nassen Verband anlegen.
P302+P352	BEI BERÜHRUNG MIT DER HAUT: Mit viel Wasser/… waschen.
P303+P361+P353	BEI BERÜHRUNG MIT DER HAUT (oder dem Haar): Alle kontaminierten Kleidungsstücke sofort ausziehen. Haut mit Wasser abwaschen/duschen.
P304+P340	BEI EINATMEN: Die Person an die frische Luft bringen und für ungehinderte Atmung sorgen.
P305+P351+P338	BEI KONTAKT MIT DEN AUGEN: Einige Minuten lang behutsam mit Wasser spülen. Vorhandene Kontaktlinsen nach Möglichkeit entfernen. Weiter spülen.
P306+P360	BEI KONTAKT MIT DER KLEIDUNG: Kontaminierte Kleidung und Haut sofort mit viel Wasser abwaschen und danach Kleidung ausziehen.
P308+P311	BEI Exposition oder falls betroffen: GIFTINFORMATIONSZENTRUM/Arzt/… anrufen.

P308+P313	BEI EXPOSITION ODER FALLS BETROFFEN: Ärztlichen Rat einholen/ärztliche Hilfe hinzuziehen.
P332+P313	Bei Hautreizung: Ärztlichen Rat einholen/ärztliche Hilfe hinzuziehen.
P333+P313	Bei Hautreizung oder -ausschlag: Ärztlichen Rat einholen/ärztliche Hilfe hinzuziehen.
P335+P334	Lose Partikel von der Haut abbürsten. In kaltes Wasser tauchen/nassen Verband anlegen.
P337+P313	Bei anhaltender Augenreizung: Ärztlichen Rat einholen/ärztliche Hilfe hinzuziehen.
P342+P311	Bei Symptomen der Atemwege: GIFTINFORMATIONSZENTRUM/ Arzt /… anrufen.
P361+P364	Alle kontaminierten Kleidungsstücke sofort ausziehen und vor erneutem Tragen waschen.
P362+P364	Kontaminierte Kleidung ausziehen und vor erneutem Tragen waschen.
P370+P376	Bei Brand: Undichtigkeit beseitigen, wenn gefahrlos möglich.
P370+P378	Bei Brand: … zum Löschen verwenden.
P370+P380	Bei Brand: Umgebung räumen.
P370+P380+P375	Bei Brand: Umgebung räumen. Wegen Explosionsgefahr Brand aus der Entfernung bekämpfen.
P371+P380+P375	Bei Großbrand und großen Mengen: Umgebung räumen. Wegen Explosionsgefahr Brand aus der Entfernung bekämpfen.

P400-Reihe: Lagerung

P401	… aufbewahren.
P402	An einem trockenen Ort aufbewahren.
P403	An einem gut belüfteten Ort aufbewahren.
P404	In einem geschlossenen Behälter aufbewahren.
P405	Unter Verschluss aufbewahren.
P406	In korrosionsbeständigem/… Behälter mit korrosionsbeständiger Auskleidung aufbewahren.
P407	Luftspalt zwischen Stapeln/Paletten lassen.
P410	Vor Sonnenbestrahlung schützen.
P411	Bei Temperaturen von nicht mehr als … °C/… aufbewahren.
P412	Nicht Temperaturen über 50 °C/122 °F aussetzen.
P413	Schüttgut in Mengen von mehr als … kg bei Temperaturen von nicht mehr als … °C aufbewahren.
P420	Von anderen Materialien entfernt aufbewahren.
P422	Inhalt in/unter … aufbewahren.

Kombinationen

P402+P404	In einem geschlossenen Behälter an einem trockenen Ort aufbewahren.
P403+P233	Behälter dicht verschlossen an einem gut belüfteten Ort aufbewahren.
P403+P235	Kühl an einem gut belüfteten Ort aufbewahren.
P410+P403	Vor Sonnenbestrahlung schützen. An einem gut belüfteten Ort aufbewahren.
P410+P412	Vor Sonnenbestrahlung schützen. Nicht Temperaturen über 50 °C/122 °F aussetzen.
P411+P235	Kühl und bei Temperaturen von nicht mehr als … °C aufbewahren.

P500-Reihe: Entsorgung

P501	Inhalt/Behälter … zuführen.
P502	Informationen zur Wiederverwendung/Wiederverwertung beim Hersteller/Lieferanten erfragen.

Hinweis: Bei einigen P-Sätzen müssen noch Ergänzungen eingefügt werden, z. B. geeignete Löschmittel, Temperaturangaben, Mengenangaben, Bezeichnung des Entsorgungsunternehmens usw. Diese Angaben findet man in den jeweiligen Sicherheitsdatenblättern oder man erfragt sie, wie im Falle der Entsorgung, bei der zuständigen Stelle in der örtlichen Verwaltung.

4.5 Kennzeichnungstabellen der einzelnen Gefahrenklassen nach Anhang I EG-CLP-VO

In der Liste der harmonisierten Einstufung und Kennzeichnung gefährlicher Stoffe (EG-Stoffliste, Anhang VI EG-CLP-VO) sind alle europaweit harmonisiert eingestuften Stoffe mit Namen, Produktidentifikatoren (Index-Nr., EG-Nr., CAS-Nr.), Gefahrenklassen und -kategorien, Gefahrenpiktogrammcode, Signalwort, den Codes für die H-Sätze, den Codierungen der ergänzenden Gefahrenmerkmale (EUH-Sätze) und den spezifischen Konzentrationsgrenzen angegeben.

Im Gegensatz zur EG-Stoffliste nach „altem" Recht gibt es keine einheitliche Vorgabe für die Sicherheitshinweise (P-Sätze). Diese sind vom Abgebenden dem Verwendungszweck und Zielkundenkreis (gewerblich, privat…) entsprechend auszuwählen.

Die für einen konkreten Gefahrstoff möglichen P-Sätze der Prävention (P2xx), Reaktion (P3xx), Lagerung (P4xx) und Entsorgung (P5xx) kann man nach Kenntnis der H-Sätze bzw. der Gefahrenklasse und -kategorie aus den unten angeführten Kennzeichnungstabellen entnehmen. Die allgemeinen P-Sätze (P1xx) gelten unabhängig von den Gefahrenklassen und -kategorien und sind in den Tabellen nicht explizit mit aufgeführt.

Ein Beispiel für die praktische Vorgehensweise bei der Auswahl der P-Sätze wird im Anschluss an die Kennzeichnungstabellen (◘ Tab. 4.2 bis 4.29) beschrieben (▸ Kap. 4.6).

4.5.1 Physikalische Gefahren

Tab. 4.2 Explosive Stoffe/Gemische und Erzeugnisse mit Explosivstoff

Einstufung	Gefahren-piktogramme	Signal-wort	Gefahren-hinweis	Sicherheitshinweise			
				Präven-tion	Reaktion	Lage-rung	Entsor-gung
Instabil, explosiv		Gefahr	H200	P201, P202, P281	P372, P373, P380	P401	P501
Unterklasse 1.1		Gefahr	H201	P210, P230, P240, P250, P280	P370+P380, P372, P373	P401	P501
Unterklasse 1.2		Gefahr	H202	P210, P230, P240, P250, P280	P370+P380, P372, P373	P401	P501
Unterklasse 1.3		Gefahr	H203	P210, P230, P240, P250, P280	P370+P380, P372, P373	P401	P501
Unterklasse 1.4		Achtung	H204	P210, P240, P250, P280	P370+P380, P372, P373	P401	P501
Unterklasse 1.5	–	Gefahr	H205	P210, P230, P240, P250, P280	P370+P380, P372, P373	P401	P501
Unterklasse 1.6	–	–	–	–	–	–	–

Quelle: Leitfaden zur Anwendung der GHS-Verordnung. Das neue Einstufungs- und Kennzeichnungssystem für Chemikalien nach GHS – kurz erklärt. Umweltbundesamt, Dessau-Roßlau, 2009
http://www.umweltbundesamt.de/publikationen/neue-einstufungs-kennzeichnungssystem-fuer
Ergänzt und verändert vom Autor auf Grundlage der Folgeverordnungen zur EG-CLP-VO bis August 2013.

Tab. 4.3 Entzündbare Gase (einschließlich chemisch instabiles Gas)

Einstufung	Gefahren-piktogramme	Signal-wort	Gefahren-hinweis	Sicherheitshinweise			
				Präven-tion	Reaktion	Lage-rung	Entsor-gung
Entzündbares Gas							
Kategorie 1		Gefahr	H220	P210	P377, P381	P403	–
Kategorie 2	–	Achtung	H221	P210	P377, P381	P403	–
Chemisch instabiles Gas							
Kategorie A	Kein zusätzliches Piktogramm	Kein zusätzliches Signalwort	H230	P202	–	–	–
Kategorie B	Kein zusätzliches Piktogramm	Kein zusätzliches Signalwort	H231	P202	–	–	–

Tab. 4.4 Entzündbare Aerosole

Einstufung	Gefahren-piktogramme	Signal-wort	Gefahren-hinweis	Sicherheitshinweise			
				Präven-tion	Reaktion	Lage-rung	Entsor-gung
Kategorie 1		Gefahr	H222, H229	P210, P211, P251	–	P410+ P412	–
Kategorie 2		Achtung	H223, H229	P210, P211, P251	–	P410+ P412	–
Kategorie 3	–	Achtung	H229	P210, P251	–	P410+ P412	–

Tab. 4.5 Oxidierende Gase

Einstufung	Gefahren-piktogramme	Signal-wort	Gefahren-hinweis	Sicherheitshinweise			
				Präven-tion	Reaktion	Lage-rung	Entsor-gung
Kategorie 1		Achtung	H270	P220, P244	P370+ P376	P403	–

Tab. 4.6 Gase unter Druck

Einstufung	Gefahren-piktogramme	Signal-wort	Gefahren-hinweis	Sicherheitshinweise			
				Präven-tion	Reaktion	Lage-rung	Entsor-gung
Verdichtetes Gas		Achtung	H280	–	–	P410+ P403	–
Verflüssig-tes Gas		Achtung	H280	–	–	P410+ P403	–
Tiefgekühlt verflüssig-tes Gas		Achtung	H281	P282	P336, P315	P403	–
Gelöstes Gas		Achtung	H280	–	–	P410+ P403	–

Tab. 4.7 Entzündbare Flüssigkeiten

Einstufung	Gefahren-piktogramme	Signal-wort	Gefahren-hinweis	Sicherheitshinweise			
				Präven-tion	Reaktion	Lage-rung	Entsor-gung
Kategorie 1		Gefahr	H224	P210, P233, P240, P241, P242, P243, P280	P303+ P361+ P353, P370+ P378	P403+ P235	P501
Kategorie 2		Gefahr	H225	P210, P233, P240, P241, P242, P243, P280	P303+ P361+ P353, P370+ P378	P403+ P235	P501
Kategorie 3		Achtung	H226	P210, P233, P240, P241, P242, P243, P280	P303+ P361+ P353, P370+ P378	P403+ P235	P501

Tab. 4.8 Entzündbare Feststoffe

Einstufung	Gefahren-piktogramme	Signal-wort	Gefahren-hinweis	Sicherheitshinweise			
				Präven-tion	Reaktion	Lage-rung	Entsor-gung
Kategorie 1		Gefahr	H228	P210, P240, P241, P280	P370+ P378	–	–
Kategorie 2		Achtung	H228	P210, P240, P241, P280	P370+ P378	–	–

Tab. 4.9 Selbstzersetzliche Stoffe und Gemische

Einstufung	Gefahren-piktogramme	Signal-wort	Gefahren-hinweis	Sicherheitshinweise			
				Präven-tion	Reaktion	Lage-rung	Entsor-gung
Typ A		Gefahr	H240	P210, P220, P234, P280	P370+P378, P370+P380+ P375	P403+ P235, P411, P420	P501
Typ B	 	Gefahr	H241	P210, P220, P234, P280	P370+P378, P370+P380+ P375	P403+ P235, P411, P420	P501
Typ C & D		Gefahr	H242	P210, P220, P234, P280	P370+P378	P403+ P235, P411, P420	P501
Typen E & F		Achtung	H242	P210, P220, P234, P280	P370+P378	P403+ P235, P411, P420	P501
Typ G	–	–	–	–	–	–	–

Tab. 4.10 Pyrophore Flüssigkeiten

Einstufung	Gefahren-piktogramme	Signal-wort	Gefahren-hinweis	Sicherheitshinweise			
				Präven-tion	Reaktion	Lage-rung	Entsor-gung
Kategorie 1		Gefahr	H250	P210, P222, P280	P302+P334, P370+P378	P422	–

Tab. 4.11 Pyrophore Feststoffe

Einstufung	Gefahren-piktogramme	Signal-wort	Gefahren-hinweis	Sicherheitshinweise			
				Präven-tion	Reaktion	Lage-rung	Entsor-gung
Kategorie 1		Gefahr	H250	P210, P222, P280	P335+P334, P370+P378	P422	–

Tab. 4.12 Selbsterhitzungsfähige Stoffe und Gemische

Einstufung	Gefahren-piktogramme	Signal-wort	Gefahren-hinweis	Sicherheitshinweise			
				Präven-tion	Reaktion	Lage-rung	Entsor-gung
Kategorie 1		Gefahr	H251	P235+ P410, P280	–	P407, P413, P420	–
Kategorie 2		Achtung	H252	P235+ 410, P280	–	P407, P413, P420	–

Tab. 4.13 Stoffe und Gemische, die in Berührung mit Wasser entzündbare Gase entwickeln

Einstufung	Gefahren-piktogramme	Signal-wort	Gefahren-hinweis	Sicherheitshinweise			
				Präven-tion	Reaktion	Lage-rung	Entsor-gung
Kategorie 1		Gefahr	H260	P223, P231+ P232, P280	P335+P334, P370+P378	P402+ P404	P501
Kategorie 2		Gefahr	H261	P223, P231+ P232, P280	P335+P334, P370+P378	P402+ P404	P501
Kategorie 3		Achtung	H261	P231+ P232, P280	P370+P378	P402+ P404	P501

Tab. 4.14 Oxidierende Flüssigkeiten

Einstufung	Gefahrenpiktogramme	Signalwort	Gefahrenhinweis	Sicherheitshinweise			
				Prävention	Reaktion	Lagerung	Entsorgung
Kategorie 1		Gefahr	H271	P210, P220, P221, P280, P283	P306+P360, P371+P380+ P375, P370+ P378	–	P501
Kategorie 2		Gefahr	H272	P210, P220, P221, P280	P370+P378	–	P501
Kategorie 3		Achtung	H272	P210, P220, P221, 280	P370+P378	–	P501

Tab. 4.15 Oxidierende Feststoffe

Einstufung	Gefahrenpiktogramme	Signalwort	Gefahrenhinweis	Sicherheitshinweise			
				Prävention	Reaktion	Lagerung	Entsorgung
Kategorie 1		Gefahr	H271	P210, P220, P221, P280, P283	P306+P360, P371+P380+ P375, P370+ P378	–	P501
Kategorie 2		Gefahr	H272	P210, P220, P221, P280	P370+P378	–	P501
Kategorie 3		Achtung	H272	P210, P220, P221, P280	P370+P378	–	P501

Tab. 4.16 Organische Peroxide

Einstufung	Gefahrenpiktogramme	Signalwort	Gefahrenhinweis	Sicherheitshinweise			
				Prävention	Reaktion	Lagerung	Entsorgung
Typ A		Gefahr	H240	P210, P220, P234, P280	–	P411+ P235, P410, P420	P501
Typ B	 	Gefahr	H241	P210, P220, P234, P280	–	P411+ P235, P410, P420	P501
Typen C & D		Gefahr	H242	P210, P220, P234, P280	–	P411+ P235, P410, P420	P501
Typen E & F		Achtung	H242	P210, P220, P234, P280	–	P411+ P235, P410, P420	P501
Typ G	–	–	–	–	–	–	–

Tab. 4.17 Korrosiv gegenüber Metallen

Einstufung	Gefahrenpiktogramme	Signalwort	Gefahrenhinweis	Sicherheitshinweise			
				Prävention	Reaktion	Lagerung	Entsorgung
Kategorie 1		Achtung	H290	P234	P390	P406	–

4.5.2 Gesundheitsgefahren

Tab. 4.18 Akute Toxizität

Einstufung	Gefahren-piktogramme	Signal-wort	Gefahren-hinweis	Sicherheitshinweise			
				Präven-tion	Reaktion	Lage-rung	Entsor-gung
Kategorie 1 – oral		Gefahr	H300	P264, P270	P301+P310, P321, P330	P405	P501
Kategorie 1 – dermal		Gefahr	H310	P262, P264, P270, P280	P302+P352, P310, P321, P361+P364	P405	P501
Kategorie 1 – inhalativ		Gefahr	H330	P260, P271, P284	P304+P340, P310, P320	P403+ P233, P405	P501
Kategorie 2 – oral		Gefahr	H300	P264, P270	P301+P310, P321, P330	P405	P501
Kategorie 2 – dermal		Gefahr	H310	P262, P264, P270, P280	P302+P352, P310, P321, P361+P364	P405	P501
Kategorie 2 – inhalativ		Gefahr	H330	P260, P271, P284	P304+P340, P310, P320	P403+ P233, P405	P501
Kategorie 3 – oral		Gefahr	H301	P264, P270	P301+P310, P321, P330	P405	P501
Kategorie 3 – dermal		Gefahr	H311	P280	P302+P352, P312, P321, P361+P364	P405	P501
Kategorie 3 – inhalativ		Gefahr	H331	P261, P271	P304+P340, P311, P321	P403+ P233, P405	P501
Kategorie 4 – oral		Achtung	H302	P264, P270	P301+P312, P330	–	P501
Kategorie 4 – dermal		Achtung	H312	P280	P302+P352, P311, P322, P362+P364	–	P501
Kategorie 4 – inhalativ		Achtung	H332	P261, P271	P304+P340, P312	–	–

Tab. 4.19 Ätz-/Reizwirkung auf die Haut

Einstufung	Gefahren-piktogramme	Signal-wort	Gefahren-hinweis	Sicherheitshinweise			
				Präven-tion	Reaktion	Lage-rung	Entsor-gung
Kategorie 1A, 1B, 1C		Gefahr	H314	P260, P264, P280	P301+P330+P331, P303+P361+P353, P363, P304+P340, P310, P321, P305+P351+ P338	P405	P501
Kategorie 2		Ach-tung	H315	P264, P280	P302+P352, P321, P332+P313, P362+P364	–	–

Tab. 4.20 Schwere Augenschädigung/Augenreizung

Einstufung	Gefahren-piktogramme	Signal-wort	Gefahren-hinweis	Sicherheitshinweise			
				Präven-tion	Reaktion	Lage-rung	Entsor-gung
Kategorie 1		Gefahr	H318	P280	P305+P351+ P338, P310	–	–
Kategorie 2		Achtung	H319	P264, P280	P305+P351+ P338, P337+P313	–	–

Tab. 4.21 Sensibilisierung der Atemwege oder der Haut

Einstufung	Gefahren-piktogramme	Signal-wort	Gefahren-hinweis	Sicherheitshinweise			
				Präven-tion	Reaktion	Lage-rung	Entsor-gung
Sensibilisierung der Atemwege Kategorie 1 und Unterkategorien 1A und 1B		Gefahr	H334	P261, P284	P304+P340, P342+P311	–	P501
Sensibilisierung der Haut Kate-gorie 1 und Unterkategorien 1A und 1B		Achtung	H317	P261, P272, P280	P302+P352, P333+P313, P321, P362+P364	–	P501

Tab. 4.22 Keimzellmutagenität

Einstufung	Gefahren-piktogramme	Signal-wort	Gefahren-hinweis	Sicherheitshinweise			
				Präven-tion	Reaktion	Lage-rung	Entsor-gung
Kategorie 1 (Kategorien 1A, 1B)		Gefahr	H340	P201, P202, P280	P308+P313	P405	P501
Kategorie 2		Achtung	H341	P201, P202, P280	P308+P313	P405	P501

Tab. 4.23 Karzinogenität

Einstufung	Gefahren-piktogramme	Signal-wort	Gefahren-hinweis	Sicherheitshinweise			
				Präven-tion	Reaktion	Lage-rung	Entsor-gung
Kategorie 1 (Kategorien 1A, 1B)		Gefahr	H350	P201, P202, P280	P308+P313	P405	P501
Kategorie 2		Achtung	H351	P201, P202, P280	P308+P313	P405	P501

Tab. 4.24 Reproduktionstoxizität

Einstufung	Gefahren-piktogramme	Signal-wort	Gefahren-hinweis	Sicherheitshinweise			
				Präven-tion	Reaktion	Lage-rung	Entsor-gung
Kategorie 1 (Kategorien 1A, 1B)		Gefahr	H360	P201, P202, P280	P308+P313	P405	P501
Kategorie 2		Achtung	H361	P201, P202, P280	P308+P313	P405	P501
Zusatzkate-gorie für Wirkungen auf/über Laktation	–	–	H362	P201, P260, P263, P264, P270	P308+P313	–	–

Tab. 4.25 Spezifische Zielorgan-Toxizität (einmalige Exposition)

Einstufung	Gefahren-piktogramme	Signal-wort	Gefahren-hinweis	Sicherheitshinweise			
				Präven-tion	Reaktion	Lage-rung	Entsor-gung
Kategorie 1		Gefahr	H370	P260, P264, P270	P308+P311, P321	P405	P501
Kategorie 2		Achtung	H371	P260, P264, P270	P308+P311	P405	P501
Kategorie 3 Atemwegs-reizung		Achtung	H335	P261, P271	P304+P340, P312	P403+ P233, P405	P501
Kategorie 3 Betäubende Wirkung		Achtung	H336	P261, P271	P304+P340, P312	P403+ P233, P405	P501

Tab. 4.26 Spezifische Zielorgan-Toxizität (wiederholte Exposition)

Einstufung	Gefahren-piktogramme	Signal-wort	Gefahren-hinweis	Sicherheitshinweise			
				Präven-tion	Reaktion	Lage-rung	Entsor-gung
Kategorie 1		Gefahr	H372	P260, P264, P270	P314	–	P501
Kategorie 2		Achtung	H373	P260	P314	–	P501

Tab. 4.27 Aspirationsgefahr

Einstufung	Gefahren-piktogramme	Signal-wort	Gefahren-hinweis	Sicherheitshinweise			
				Präven-tion	Reaktion	Lage-rung	Entsor-gung
Kategorie 1		Gefahr	H304	–	P301+ P310, P331	P405	P501

4.5.3 Umweltgefahren

Tab. 4.28 Gewässergefährdend

Einstufung	Gefahren-piktogramme	Signal-wort	Gefahren-hinweis	Sicherheitshinweise			
				Präven-tion	Reak-tion	Lage-rung	Entsor-gung
Akut Kategorie 1		Achtung	H400	P273	P391	–	P501
Chronisch Kategorie 1		Achtung	H410	P273	P391	–	P501
Chronisch Kategorie 2		–	H411	P273	P391	–	P501
Chronisch Kategorie 3	–	–	H412	P273	–	–	P501
Chronisch Kategorie 4	–	–	H413	P273	–	–	P501

Tab. 4.29 Die Ozonschicht schädigend[1)]

Einstufung	Gefahren-piktogramme	Signal-wort	Gefahren-hinweis	Sicherheitshinweise			
				Präven-tion	Reak-tion	Lage-rung	Entsor-gung
Die Ozon-schicht schädigend		Achtung	H420	–	–	–	P502

[1)] Die Kennzeichnungselemente sind auf dem Kennzeichnungsschild im Bereich für ergänzende Informationen anzuordnen.

4.6 Auswahl der P-Sätze (Beispiel Aceton)

In der Legaleinstufung eines Stoffes (EG-Stoffliste) werden die Gefahrenklasse und -kategorie, das Gefahrenpiktogramm, das Signalwort und die H-Sätze vorgegeben. Für die praktische Auswahl der P-Sätze geht man über den H-Satz-Code in die einzelnen Kennzeichnungstabellen und kann die Komplettauswahl der P-Sätze der Gruppen P2xx bis P5xx zusammentragen. Am Beispiel des Acetons soll die sachgerechte Auswahl der P-Sätze beschrieben werden (◘ Tab. 4.30).

◘ **Tab. 4.30** Aceton, 250 ml, Verwendungszweck Nagellackentfernung, Fleckentfernung in kleinem Umfang – Auflistung der maximal möglichen P-Sätze.

Gefahrenklasse und -kategorie	Gefahrenpiktogramm Signalwort	H-Sätze	Mögliche P-Sätze aus den Kennzeichnungstabellen
Entz. Fl. 2	 Gefahr	H225	P210, P233, P240, P241, P242, P243, P280, P303+361+353, P370+378, P403+235, P501
Augenreiz. 2	 Achtung	H319	P264, P280, P305+351+338, P337+313
STOT einm. 3	 Achtung	H336	P261, P271, P304+340, P312, P403+233, P405, P501

Vor dem Abgebenden steht nun die Entscheidung, welche der möglichen P-Sätze dem zu erwartenden Anwendungszweck am besten entsprechen.

Die Auswahl besteht aus folgenden Textbausteinen:

P210	Von Hitze/Funken/offener Flamme/heißen Oberflächen fernhalten. Nicht rauchen.
P233	Behälter dicht verschlossen halten.
P240	Behälter und zu befüllende Anlage erden.
P241	Explosionsgeschützte elektrische Betriebsmittel/Lüftungsanlagen/Beleuchtung/… verwenden.
P242	Nur funkenfreies Werkzeug verwenden.
P243	Maßnahmen gegen elektrostatische Aufladung treffen.
P261	Einatmen von Staub/Rauch/Nebel/Gas/Dampf/Aerosol vermeiden.
P264	Nach Gebrauch … gründlich waschen.
P271	Nur im Freien oder in gut belüfteten Räumen verwenden.
P280	Schutzhandschuhe/Schutzkleidung/Augenschutz/Gesichtsschutz tragen.

P312	Bei Unwohlsein GIFTINFORMATIONSZENTRUM oder Arzt anrufen.
P303+361+353	BEI KONTAKT MIT DER HAUT (oder dem Haar): Alle beschmutzten, getränkten Kleidungsstücke sofort ausziehen. Haut mit Wasser abwaschen/duschen.
P304+340	BEI EINATMEN: An die frische Luft bringen und in einer Position ruhigstellen, die das Atmen erleichtert.
P305+351+338	BEI KONTAKT MIT DEN AUGEN: Einige Minuten lang behutsam mit Wasser spülen. Vorhandene Kontaktlinsen nach Möglichkeit entfernen. Weiter spülen.
P337+313	Bei anhaltender Augenreizung: Ärztlichen Rat einholen/ärztliche Hilfe hinzuziehen.
P370+378	Bei Brand: … zum Löschen verwenden.
P403+233	Behälter dicht verschlossen an einem gut belüfteten Ort aufbewahren.
P403+235	Kühl an einem gut belüfteten Ort aufbewahren.
P405	Unter Verschluss aufbewahren.
P501	Inhalt/Behälter … zuführen.

Unter der Maßgabe der oben angegebenen Mengen und des Verwendungszwecks könnten die fett markierten P-Sätze (**P210, P271, P305+351+338, P403+233, P501**) angemessen sein.

Obligatorisch bei der Abgabe an die breite Öffentlichkeit ist **P501**, da dieser P-Satz mindestens einem der für das Aceton relevanten H-Sätze zugeordnet ist. Dabei sollte der zuständige Entsorger möglichst konkret genannt werden (z. B. kommunale Sondermüllannahme). Dringend empfehlenswert sind bei der Abgabe an Privatpersonen aus der Reihe der allgemeinen P-Sätze (100er Reihe) der Satz **P102** „Darf nicht in die Hände von Kindern gelangen." und ggf. auch der Satz **P101** „Ist ärztlicher Rat erforderlich, Verpackung oder Kennzeichnungsetikett bereithalten.".

Insgesamt sollen nicht mehr als 6 P-Sätze deklariert werden und offensichtlich überflüssige Informationen können entfallen. Die Kombinationen gelten dabei als ein P-Satz. Der Andruck der Textbausteine in GROSSBUCHSTABEN ist wegen der gewünschten Signalwirkung unbedingt zu beachten.

Konkrete Beispiele für die Erstellung von Kennzeichnungsetiketten werden in ▸ Kap. 8.5 beschrieben.

5 EG-Stoffliste – apothekenrelevante Beispiele

Ein zentrales Element im gewerbsmäßigen Umgang mit Gefahrstoffen ist die EG-Stoffliste. Sie enthält die europaweit einheitlich und verbindlich eingestuften Stoffe.

In der aktuellen Übergangsphase gibt es die EG-Stoffliste mit „alter" und „neuer" Einstufung und Kennzeichnung. Die Liste mit den bisherigen Einstufungen befand sich ursprünglich im Anhang I der RL 64/548/EWG und bildet jetzt die Tabelle 3.2 im Anhang VI der EG-CLP-VO; die neue Einstufung nach GHS-System befindet sich in Tabelle 3.1 der EG-CLP-VO.

5.1 Liste nach RL 67/548/EWG und RL 1999/45 EG („alt")

In der nachfolgenden Auflistung sind die Einstufungen und Kennzeichnungen für einige apothekenrelevante Stoffe und Zubereitungen nach „altem" Recht angegeben (◘ Tab. 5.1). Die Einstufungen sind für Entscheidungen im Umgang mit den Gefahrstoffen (z. B. Aufbewahrung unter Verschluss) und die Abgabevorschriften nach Chemikalienverbotsverordnung bis zum 01.06.2015 bedeutsam. Darüber hinaus können bis zu diesem Zeitpunkt auch Zubereitungen noch nach „altem" Recht gekennzeichnet werden.

Tab. 5.1 Auszug aus der EG-Stoffliste mit apothekenrelevanten Stoffen nach alter Einstufung/Kennzeichnung*

Stoffidentität		Stoff		Zubereitungen	
Bezeichnung	EG-Nr. (EINECS-Nummer)	Einstufung	Kennzeichnung	Konzentrationsgrenzen	Einstufung/Kennzeichnung
1	2	3	4	5	6
Aceton	200-662-2	F; R11 Xi; R36 R66-67	Symb.: F; Xi R: 11-36-66-67 S: 2-9-16-26		
Aluminiumchlorid, wasserfrei	231-208-1	C; R34	Symb.: C R: 34 S: 1/2-7/8-28-45		
Ameisensäure ... % Anm. B	200-579-1	C; R35	Symb.: C R: 35 S: 1/2-23-26-45	C 90 %	C; R: 35 S: 1/2-23-26-45
				10 % ≤ C < 90 %	C; R: 34 S: 1/2-26-45
				2 % ≤ C < 10 %	Xi; R: 36/38 S: 2-26-46
Ammoniak ... % Anm. B	215-647-6	C; R34 N; R50	Symb.: C; N R: 34-50 S: 1/2-26-36/37/39-45-61	C 25 %	C, N; R: 34-50 S: 1/2-26-36/37/39-45-61
				10 % ≤ C < 25 %	C; R:34 S: 1/2-26-36/37/39-45
				5 % ≤ C < 10 %	Xi; R: 36/37/38 S: 2-23-26-46
Benzin (Wundbenzin DAB)	265-151-9	F; R11 Xn; R65 N; R51/53	Symb.: F; Xn; N R: 11-51/53-65-67 S: 2-9-16-23-24-33-61-62		

Tab. 5.1 Auszug aus der EG-Stoffliste mit apothekenrelevanten Stoffen nach alter Einstufung/Kennzeichnung* (Fortsetzung)

Stoffidentität		Stoff		Zubereitungen	
Bezeichnung	EG-Nr. (EINECS-Nummer)	Einstufung	Kennzeichnung	Konzentrationsgrenzen	Einstufung/Kennzeichnung
1	2	3	4	5	6
Calciumchlorid	233-140-8	Xi; R36	Symb.: Xi R: 36 S: 2-22-24		
Chloralhydrat (Trichloracetaldehydbis-monohydrat)	206-117-5	T; R25 Xi; R36/38	Symb.: T R: 25-36/38 S: 1/2-25-45		
Coffein (Trimethylxanthin)	200-362-1	Xn; R22	Symb.: Xn R: 22 S: 2		
Diethylether („Äther“)	200-467-2	F^+; R12 R19 Xn; R22 R66 R67	Symb.: F^+; Xn R: 12-19-22-66-67 S: 2-9-16-29-33		
Essigsäure ... % Anm. B	200-580-7	C; R10 R35	Symb.: C R: 10-35 S: 1/2-23-26-45	$C \geq 90\,\%$	C; R: 35 S: 1/2-23-26-45
				$25\,\% \leq C < 90\,\%$	C; R: 34 S: 1/2-23-26-45
				$10\,\% \leq C < 25\,\%$	Xi; R: 36/38 S: 2-23-26-46
Ethanol	200-578-6	F; R11	Symb.: F R: 11 S: 2-7-16	$C \geq 70\,\%$ (= 77 % Vol.)	F; R11

Formaldehyd ... % Anm. B	200-001-8	Carc. Cat. 3; R40 T; R23/24/25 C; R34 R43	Symb.: T R: 23/24/25-34-40-43 S: 1/2-26-36/37/39-45-51	C ≥ 25 %	T; R: 23/24/25-34-40-43 S: 1/2-26-36/37/39-45-51
				5 % ≤ C < 25 %	Xn; R: 20/21/22-36/37/38-40-43 S: 2-26-36/37-46-51
				1 % ≤ C < 5 %	Xn; R: 40-43 S: 2-26-36/37-46-51
				0,2 % ≤ C < 1 %	Xi; R: 43 S: 2-24-37-46
Isopropylalkohol siehe Propan-2-ol					
Iod	231-442-4	Xn; R20/21 N; R50	Symb.: Xn; N R: 20/21-50 S: 2-23-25-61		
Kaliumhydroxid	215-181-3	Xn; R22 C; R35	Symb.: C R: 22-35 S: 1/2-26-37/39-45	C ≥ 25 %	C; R: 22-35 S: 1/2-26-37/39-45
				5 % ≤ C < 25 %	C; R: 35 S: 1/2-26-37/39-45
				2 % ≤ C < 5 %	C; R: 34 S: 1/2-26-37/39-45
				0,5 % ≤ C < 2 %	Xi; R: 36/38 S: 2-26-37-46
Kaliumpermanganat	231-760-3	O; R8 Xn; R22 N; R50-53	Symb.: O; Xn; N R: 8-22-50/53 S: 2-60-61		

5

Tab. 5.1 Auszug aus der EG-Stoffliste mit apothekenrelevanten Stoffen nach alter Einstufung/Kennzeichnung* (Fortsetzung)

Stoffidentität		Stoff		Zubereitungen	
Bezeichnung	EG-Nr. (EINECS-Nummer)	Einstufung	Kennzeichnung	Konzentrationsgrenzen	Einstufung/Kennzeichnung
1	2	3	4	5	6
Methanol	200-659-6	F; R11 T; R23/24/25–39/23/24/25	Symb.: F; T R: 11–23/24/25–39/23/24/25 S: 1/2-7-16-36/37–45	C ≥ 20 %	F; T; R: 11–23/24/25–39/23/24/25 S: 1/2-7-16-36/37–45
				10 % ≤ C < 20 %	T; R: 20/21/22–39/23/24/25 S: 1/2–36/37–45
				3 % ≤ C < 10 %	Xn; R: 20/21/22–68/20/21/22 S: 2–36/37–46
Natriumcarbonat	207-838-8	Xi; R36	Symb.: Xi R: 36 S: 2-22-26		
Natriumfluorid	231-667-8	T; R25 Xi; R36/38 R32	Symb.: T R: 25-32-36/38 S: 1/2-22-36-45		
Natriumhydroxid	215-185-5	C; R35	Symb.: C R: 35 S: 1/2-26-37/39–45	C ≥ 5 %	C; R:35 S: 26–37/39–45
				2 % ≤ C < 5 %	C; R: 34 S: 26–37/39–45
				0,5 % ≤ C < 2 %	Xi; R: 36/38 S: 2-26-37-46
Natriumhypochloritlösung ... % Aktivchlor[1)] Anm. B	231-668-3	C; R34 R31 N; R50	Symb.: C; N R: 31-34-50 S: 1/2-28-45-50-61	C ≥ 25 %	C; N; R: 31-34-50 S: 1/2-28-45-50-61
				10 % ≤ C < 25 %	C; R: 31–34 S: 1/2-28-45-50
				5 % ≤ C < 10 %	Xi; R: 31–36/38 S: 2-26-46

Phosphorsäure ... % Anm. B	231-633-2	C; R34	Symb.: C R:34 S1/2-26-45	C ≥ 25 %	C; R:34 S: 1/2-26-45
				10 % ≤ C < 25 %	Xi; R: 36/38 S:2-26-46
Propan-2-ol (Isopropylalkohol)	200-661-7	F; R11 Xi; R36 R67	Symb.: F; Xi R: 11-36-67 S: 2-7-16-24/25-26	C ≥ 40 % (= 48% Vol.)	F; Xi; R: 11-36-67 S: 2-7-16-24/25-26-46
				20 % ≤ C < 40 %	Xi; R: 36-67 S: 2-24/25-26
Salpetersäure ...% Anm. B	231-714-2	O; R8 C; R35	Symb.: O; C R: 8-35 S: 1/2-23-26-36-45	C ≥ 20 %	C; R:35 S: 1/2-23-26 36-45
				5 % ≤ C < 20 %	C; R: 34 S: 1/2-23-26-36-45
				C ≥ 70 %	O; R: 8
Salzsäure ... % Anm. B	231-595-7	C; R34 Xi; R37	Symb.: C R: 34-37 S: 1/2-26-45	C ≥ 25 %	C; R: 34-37 S: 1/2-26-45
				10 %≤ C < 25 %	Xi; R: 36/37/38 S: 2-26-46
Schwefelsäure ... % Anm. B	231-639-5	C; R35	Symb.: C R: 35 S: 1/2-26-30-45	C ≥ 15 %	C; R:35 S: 1/2-26-30-45
				5 % ≤ C < 15 %	Xi; R: 36/38 S: 2-26-46
Silbernitrat	231-853-9	C; R34 N; R50-53	Symbol.: C; N R: 34-50-53 S: 1/2-26-45-60-61		

Tab. 5.1 Auszug aus der EG-Stoffliste mit apothekenrelevanten Stoffen nach alter Einstufung/Kennzeichnung* (Fortsetzung)

Stoffidentität		Stoff		Zubereitungen	
Bezeichnung	EG-Nr. (EINECS-Nummer)	Einstufung	Kennzeichnung	Konzentrationsgrenzen	Einstufung/Kennzeichnung
1	2	3	4	5	6
Terpentinöl	232-350-7	Xn; R10 R20/21/22-65 Xi; R36/38 R43 N; R51-53	Symb.: Xn; N R: 10-20/21/22-36/38-43-51/53-65 S: 2-36/37-46-61-62		
Thymol	201-944-8	Xn; R22 C; R34 N; R51-53	Symb.: C; N R: 22-34-51/53 S: 1/2-26-28-36/37/39-45-61		
Xylol Anm. C	215-535-7	R: 10 Xn; R20/21 Xi; R38	Symb.: Xn R: 10-20/21-38 S: 2-25	C ≥ 20 %	Xn; R: 20/21-38 S: 2-25-46
				12,5 % ≤ C < 20 %	Xn; R: 20/21 S: 2-25-46
Wasserstoffperoxid in Lösung … % Anm. B	231-765-0	R: 5 O; R8 C; R35 Xn; R20/22	Symb.: O; C R: 5-8-20/22-35 S: 1/2-17-26-28-36/37/39-45	50 % ≤ C < 70 %	C; O; R: 8-20/22-34 S: 1/2-17-26-28-36/37/39-45
				35 % ≤ C < 50 %	Xn; R: 22-37/38-41 S: 2-26-36/37/39-46
				8 % ≤ C < 35 %	Xn; R: 22-41 S: 2-26-36/37/39-46
				5 % ≤ C < 8 %	Xi; R: 36 S: 2-26-46
Zinkoxid	215-222-5	N; R50-53	Symb.: N R: 50/53 S: 60-61		
Zinksulfat	231-793-3	Xn; R22-41 N; R50-53	Symb.: Xn; N R: 22-41-50/53 S: 2-22-26-39-46-60-61		

[1] Bei Natriumhypochloritlösungen ab einer Konzentration von 1 % Aktivchlor ist zusätzlich der folgende Hinweis aufzutragen: „Vorsicht! Nicht zusammen mit anderen Produkten verwenden, da gefährliche Gase (Chlor) freigesetzt werden können". Außerdem lautet der S-Satz 50 hier: „Nicht mischen mit Säuren", der S-Satz 28: „Bei Berührung mit der Haut sofort abwaschen mit viel Wasser"

5.1.1 Erklärung zu den Spalten 1–6 der Tabelle

Spalte 1: In Spalte 1 erfolgt die alphabetische Auflistung der Stoffe; „Anm. B“ steht für Stoffe, die in wässriger Lösung in verschiedenen Konzentrationen in den Handel gebracht werden. Die Angabe der Konzentration in Masseprozenten ist verpflichtend (z. B. Ammoniak 20 %). Die Einstufung und Kennzeichnung dieser Stoffe ist konzentrationsabhängig.

Spalte 2 enthält die auf dem Etikett des Abgabegefäßes anzugebende EG-Nummer des jeweiligen Stoffs.

Spalte 3 umfasst die Einstufung der Stoffe und ist Basis für alle Entscheidungen zum Umgang mit den Gefahrstoffen (Arbeitsschutzmaßnahmen, Gefährdungsbeurteilungen, Lagerungsvorschriften) und kann je nach betrieblichem Erfordernis in diesen Dokumenten bis zum 01.06.2015 genutzt werden.

Spalte 4 enthält Angaben zur Kennzeichnung von Reinstoffen, die auf das Etikett zu übernehmen sind. Dies gilt seit dem 01.12.2010 nur noch für vor diesem Zeitpunkt gekennzeichnete Stoffe. Die Kennbuchstaben (T, T^+, Xn usw.) bezeichnen die anzubringenden Gefahrensymbole mit der jeweiligen Gefahrenbezeichnung. Die R- und S-Sätze sind wortgetreu zu übernehmen.

Kombinierte Sätze sind an den Schrägstrichen zu erkennen; einzelne Sätze sind durch Bindestriche getrennt. R25–48/23 bedeutet somit, dass der R-Satz 25 und der kombinierte R-Satz 48/23 aufzutragen sind.

Spalte 5 und 6 enthalten Angaben zur Einstufung und Kennzeichnung von Zubereitungen, d. h. hier von Verdünnungen mit Wasser. Die Gefährlichkeit von Gefahrstoffen hängt von deren Konzentration ab. Spalte 5 gibt Konzentrationsbereiche an, für die in Spalte 6 auf gleicher Zeilenhöhe die Einstufung abgelesen werden kann. Zur Beachtung: „C“ in Spalte 5 bedeutet „Konzentration“, in Spalte 6 handelt es sich bei „C“ um den Kennbuchstaben für die Gefahrenbezeichnung „ätzend“. Im Gegensatz zu den Stoffen macht die EG-Stoffliste bei den Zubereitungen (Verdünnungen) keine Angabe zu den anzugebenden S-Sätzen. Diese müssen selbst mithilfe eines Leitfadens ausgewählt werden und wurden vom Verfasser ergänzt.

5.2 Liste nach Anhang VI der EG-CLP-VO Nr. 1272/2008 („neu")

Nachfolgend werden die Einstufungs- und Kennzeichnungsvorschriften nach der EG-CLP-VO für einige apothekenrelevante Gefahrstoffe zusammengefasst (◘ Tab. 5.2). Als Datenbasis und Grundlage dient die *Liste der harmonisierten Einstufung und Kennzeichnung gefährlicher Stoffe* im Anhang VI, Tabelle 3.1 der EG-CLP-VO.

Die Stoffidentität wird mit der deutschen Bezeichnung der Gefahrstoffe und den verfügbaren Nummern – Index-Nr., EG-Nr. und CAS-Nr. – dargestellt.

Die Gefahrenklassen und -kategorien sowie die Piktogramme und Signalwörter sind bei den konzentrationsunabhängig eingestuften Stoffen (ohne …%-Angabe) der EG-Liste entnommen; die H-Sätze der Einstufung und Kennzeichnung sowie die EUH-Sätze wurden in einer Spalte zusammengefasst. Falls H-Sätze nur der Einstufung, aber nicht der Kennzeichnung dienen (z. B. H400), ist dies extra vermerkt.

Bei Stoffen, die in wässriger Lösung in unterschiedlicher Konzentration in den Handel gebracht werden (z. B. Salzsäure …%, Anmerkung B), wurden anhand der spezifischen Konzentrationsgrenzen die Kennzeichnungsempfehlungen ermittelt. So lassen sich ausgehend von den Konzentrationsstufen in der jeweiligen Zeile die Einstufungs- und Kennzeichnungsvorschriften ablesen.

Die Sicherheitshinweise (P-Sätze) wurden vom Autor unter der Annahme ausgewählt, dass eine Abgabe apothekentypischer Kleinmengen an Endverbraucher/Anwender erfolgt. Dies kann nur eine allgemeine Empfehlung sein, da die Auswahl der P-Sätze nicht der Legaleinstufung unterliegt, sondern vom Abgebenden/Lieferanten für jeden zu erwartenden Anwendungszweck individuell vorzunehmen ist. Einzig der Hinweis auf eine sachgerechte Entsorgung (P501) ist gemäß EG-CLP-VO grundsätzlich Pflicht bei der Abgabe von Gefahrstoffen an eine **breite Öffentlichkeit**. Auf die Angabe von P501 darf hier nur verzichtet werden, wenn dieser nicht mit den H-Sätzen der Gefahreneinstufung verknüpft ist (z. B. bei H315 und H319 ist die Angabe von P501 nicht erforderlich) (▸ Kap. 8.2).

Der Hinweis auf die Angabe von P102 („Darf nicht in die Hände von Kindern gelangen.") erfolgte stoffunabhängig bei jedem Gefahrstoff. Bei der Abgabe von Gefahrstoffen an Privathaushalte sollte dieser P-Satz unbedingt mit deklariert werden.

CMR-Stoffe der Gefahrenkategorien Mutag. 1A/1B, Karz. 1A/1B und Repr. 1A/1B (bisher als CMR-Stoffe Kat. 1 und 2 bezeichnet) wurden nicht mit in die Tabelle aufgenommen, da deren Abgabe an private Endverbraucher gemäß Chemikalienverbotsverordnung untersagt ist.

Tab. 5.2 Einstufungs- und Kennzeichnungsvorschriften auf der Basis von Anhang VI, Tabelle 3.1 der EG-CLP-VO

Stoffidentität		Einstufung und Kennzeichnung					
Bezeichnung Deutsch	Index-Nr. EG-Nr. CAS-Nr.	Gefahrenklasse, Gefahrenkategorie	Piktogramme Signalwörter	Gefahrenhinweise (H-Sätze) und ergänzende Gefahrenmerkmale (EUH-Sätze)	Sicherheitshinweise (P-Sätze) Empfehlungen	Spezifische Konzentrationsgrenzen[1)]	Anmerkungen gemäß Liste der harmonisierten Einstufung
1	2	3	4	5	6	7	8
Aceton	606-001-00-8 200-662-2 67-64-1	Entz. Fl. 2 Augenreiz. 2 STOT einm. 3	GHS02 GHS07 Gefahr	H225, H319, H336, EUH066	(P102), P210, P271, P305+351+338, P403+233, P501		
Aluminiumchlorid, wasserfrei	013-003-00-7 231-208-1 7446-70-0	Hautätz. 1B	GHS05 Gefahr	H314	(P102), P260, P280, P303+P361+P353, P305+P351+P338, P405, P501		
Ameisensäure ... %	607-001-00-0 200-579-1 64-18-6	Hautätz. 1A	GHS05 Gefahr	H314	(P102), P260, P280, P303+P361+P353, P305+P351+P338, P405, P501	Hautätz. 1A; H314: C ≥ 90 %	B
		Hautätz. 1B	GHS05 Gefahr	H314	(P102), P260, P280, P303+P361+P353, P305+P351+P338, P405, P501	Hautätz. 1B; H314: 10 % ≤ C < 90 %	
		Hautreiz. 2 Augenreiz. 2	GHS07 Achtung	H315, 319	(P102), P280, P302+P352, P305+P351+P338, P337+P313	Hautreiz. 2; H315: 2 % ≤ C < 10 % Augenreiz. 2; H319: 2 % ≤ C < 10 %	
Ammoniak ... %	007-001-01-2 215-647-6 1336-21-6	Hautätz. 1B Aqu. akut 1 STOT einm. 3	GHS05 GHS07 GHS09 Gefahr	H314, H400, H335	(P102), P260, P273, P280, P304+P340, P305+P351+P338, P405, P501	STOT einm. 3; H335: C ≥ 5 %	B
		Hautätz. 1B Aqu. akut 1	GHS05 GHS09 Gefahr	H314, H400	(P102), P260, P273, P280, P305+P351+P338, P405, P501	C < 5 %	

Tab. 5.2 Einstufungs- und Kennzeichnungsvorschriften auf der Basis von Anhang VI, Tabelle 3.1 der EG-CLP-VO (Fortsetzung)

Stoffidentität		Einstufung und Kennzeichnung					
Bezeichnung Deutsch	Index-Nr. EG-Nr. CAS-Nr.	Gefahrenklasse, Gefahrenkategorie	Piktogramme Signalwörter	Gefahrenhinweise (H-Sätze) und ergänzende Gefahrenmerkmale (EUH-Sätze)	Sicherheitshinweise (P-Sätze) Empfehlungen	Spezifische Konzentrationsgrenzen[1]	Anmerkungen gemäß Liste der harmonisierten Einstufung
1	2	3	4	5	6	7	8
Benzin (Wundbenzin DAB)	649-328-00-1 265-151-9 64742-49-0	(Karz. 1B)[2] Asp. 1	GHS08 Gefahr	(H350)[2], H304	(P102), P210, P260, P262, P281, P301+P310, P331, P403+P235, P501		HP[2]
		Entz. Fl 2 Hautreiz. 2 STOT einm. 3 Aqu. chron. 2	GHS02 GHS07 GHS09	H225, H315, H336, H411			Ergänzungen zur Legaleinstufung nach Hersteller-SDB
Calciumchlorid	017-013-00-2 233-140-8 10043-52-4	Augenreiz. 2	GHS07 Achtung	H319	(P102), P280, P305+P351+P338		
Chloralhydrat	605-014-00-6 206-117-5 302-17-0	Akut Tox. 3 Augenreiz. 2 Hautreiz. 2	GHS06 Gefahr	H301, H319, H315	(P102), P280, P301+P310, P330, P305+P351+P338, P405, P501		
Coffein	613-086-00-5 200-362-1 58-08-2	Akut Tox. 4	GHS07 Achtung	H302	(P102), P264, P301+P312, P330, P501		
Diethylether	603-022-00-4 200-467-2 60-29-7	Entz. Fl. 1 Akut Tox. 4 STOT einm. 3	GHS02 GHS07 Gefahr	H224, H302, H336	(P102), P210, P280, P303+P361+P353, P304+P340, P403+P235, P501		

Essigsäure ...%	607-002-00-6 200-580-7 64-19-7	Entz. Fl. 3 Hautätz. 1A	GHS02 GHS05 Gefahr	H226, H314	(P102), P260, P280, P303+P361+P353, P305+P351+P338, P405, P501	Hautätz. 1A; H314: C ≥ 90 %	B
		Entz. Fl. 3 Hautätz. 1B	GHS02 GHS05 Gefahr	H226, H314	(P102), P260, P280, P303+P361+P353, P305+P351+P338, P405, P501	Hautätz. 1B; H314: 25 % ≤ C < 90 %	
		Hautreiz. 2 Augenreiz. 2	GHS07 Achtung	H315, H319	(P102), P280, P302+P352, P305+P351+P338, P337+P313	Hautreiz. 2; H315: 10 % ≤ C < 25 % Augenreiz. 2; H319: 10 % ≤ C < 25 %	
Ethanol	603-002-00-5 200-578-6 64-17-5	Entz. Fl. 2	GHS02 Gefahr	H225	(P102), P210, P403+P235, P501	C ≥ 67 % V/V[3)]	
		Entz. Fl. 3	GHS02 Achtung	H226	(P102), P210, P403+P235, P501	7 ≤ C < 67,0 % V/V[3)]	
Formaldehyd ... %	605-001-00-5 200-001-8 50-00-0	Karz. 2 Akut Tox. 3 Hautätz. 1B Sens. Haut 1 STOT einm. 3	GHS06 GHS08 GHS05 Gefahr	H351, H331, H311, H301, H314, H317, H335	(P102), P261, P280, P305+P351+P338, P333+P313, P363, P403+P233, P501	Hautätz. 1B; H314: C ≥ 25 % STOT einm. 3; H335: C ≥ 5 % Sens. Haut 1; H317: C ≥ 0,2 %	B D
		Karz. 2 Akut Tox. 3 Hautreiz. 2 Augenreiz. 2 Sens. Haut 1 STOT einm. 3	GHS06 GHS08 Gefahr	H351, H331, H311, H301, H315, H319, H317, H335	(P102), P261, P280, P305+P351+P338, P333+P313, P363, P403+P233, P501	Hautreiz. 2; H315: 5 % ≤ C < 25 % Augenreiz. 2; H319: 5 % ≤ C < 25 % STOT einm. 3; H335: C ≥ 5 % Sens. Haut 1; H317: C ≥ 0,2 %	
		Karz. 2 Akut Tox. 3 Sens. Haut 1	GHS06 Gefahr	H351, H331, H311, H301, H317	(P102), P261, P280, P305+P351+P338, P333+P313, P363, P403+P233, P501	Sens. Haut 1; H317: C ≥ 0,2 %; 0,2 % ≤ C < 5 %	

5

Tab. 5.2 Einstufungs- und Kennzeichnungsvorschriften auf der Basis von Anhang VI, Tabelle 3.1 der EG-CLP-VO (Fortsetzung)

Stoffidentität		Einstufung und Kennzeichnung					
Bezeichnung Deutsch 1	Index-Nr. EG-Nr. CAS-Nr. 2	Gefahren-klasse, Gefahren-kategorie 3	Pikto-gramme Signal-wörter 4	Gefahrenhinweise (H-Sätze) und ergän-zende Gefahrenmerk-male (EUH-Sätze) 5	Sicherheitshinweise (P-Sätze) Empfehlungen 6	Spezifische Konzentrati-onsgrenzen[1)] 7	Anmerkungen gemäß Liste der harmonisierten Einstufung 8
Iod	053-001-00-3 231-442-4 7553-56-2	Akut Tox. 4 Aqu. akut 1	GHS07 GHS09 Achtung	H312, H313, H400	(P102), P261, P273, P280, P302+P352, P391, P501		
Kalium-hydroxid	019-002-00-8 215-181-3 310-58-3	Akut Tox. 4 Hautätz. 1A	GHS05 GHS07 Gefahr	H302, H314	(P102), P260, P280, P303+P361+P353, P305+P351+P338, P405, P501	Hautätz. 1A; H314: C ≥ 5 %	
		Akut Tox. 4 Hautätz. 1B	GHS05 GHS07 Gefahr	H302, H314	(P102), P260, P280, (P102), P303+P361+P353, P305+P351+P338, P405, P501	Hautätz. 1B; H314: 2 % ≤ C < 5 %	
		Akut Tox. 4 Hautreiz. 2 Augenreiz. 2	GHS07 Achtung	H302, H315, H319	(P102), P280, P302+P352, P305+P351+P338, P337+P313, P501	Hautreiz. 2; H315: 0,5 % ≤ C < 2 % Augenreiz. 2; H319: 0,5 % ≤ C < 2 %	
Kaliumper-manganat	025-002-00-9 231-760-3 7722-64-7	Oxid. Festst. 2 Akut Tox. 4 Aqu. akut 1 Aqu. chron. 1	GHS03 GHS07 GHS09 Gefahr	H272, H302, H400 (nur Einstufung), H410	(P102), P210, P221, P280, P273, P391, P501		
Methanol	603-001-00-X 200-659-6 67-56-1	Entz. Fl. 2 Akut Tox. 3 STOT einm. 1	GHS02 GHS06 GHS08 Gefahr	H225, H331, H311, H301, H370	(P102), P210, P261, P271, P280, P301+P310, P403+P233, P501,	STOT einm. 1; H370: C ≥ 10 %	
		Akut Tox. 3 STOT einm. 2	GHS06 GHS08 Gefahr	H331, H311, H301, H371	(P102), P261, P271, P280, P301+P310, P403+P233, P501	STOT einm. 2; H371: 3 % ≤ C < 10 %	

Natrium- carbonat	011-005-00-2 207-838-8 497-19-8	Augenreiz. 2	GHS07 Achtung	H319	(P102), P280, P305+351+P338, P337+P313		
Natriumfluorid	009-004-00-7 231-667-8 7681-49-4	Akut Tox. 3 Augenreiz. 2 Hautreiz. 2	GHS06 Gefahr	H301, H319, H315	(P102), P280, P301+P310, P305+P351+P338, P405, P501		
Natrium- hydroxid	011-002-00-6 215-185-5 1310-73-2	Hautätz. 1A	GHS05 Gefahr	H314	(P102), P260, P280, P303+P361+P353, P305+P351+P338, P405, P501	Hautätz. 1A; H314: C ≥ 5 %	
		Hautätz. 1B	GHS05 Gefahr	H314	(P102), P260, P280, P303+P361+P353, P305+P351+P338, P405, P501	Hautätz. 1B; H314: 2 % ≤ C < 5 %	
		Hautreiz. 2 Augenreiz. 2	GHS07 Achtung	H315, H319	(P102), P280, P302+P352, P305+P351+P338, P337+P313	Hautreiz. 2; H315: 0,5 % ≤ C < 2 % Augenreiz. 2; H319: 0,5 % ≤ C < 2 %	
Natriumhypo- chloritlösung ...% Aktivchlor	017-011-00-1 231-668-3 7681-52-9	Hautreiz. 1B Aqu. akut 1	GHS05 GHS09 Gefahr	H314, H400	(P102), P273, P280, P303+P361+P353, P305+P351+P338, P391, P405, P501	EUH031: C ≥ 5 %	B
Phosphorsäure ...%	015-011-00-6 231-633-2 7664-38-2	Hautreiz. 1B	GHS05 Gefahr	H314	(P102), P260, P280, P303+P361+P353, P305+P351+P338, P405, P501	Hautätz. 1B; H314: C ≥ 25 %	B
		Hautreiz. 2 Augenreiz. 2	GHS07 Achtung	H315, H319	(P102), P280, P302+P352, P305+P351+P338, P337+P313	Hautreiz. 2; H315: 10 % ≤ C < 25 % Augenreiz. 2; H319: 10 % ≤ C < 25 %	

5

Tab. 5.2 Einstufungs- und Kennzeichnungsvorschriften auf der Basis von Anhang VI, Tabelle 3.1 der EG-CLP-VO (Fortsetzung)

Stoffidentität		Einstufung und Kennzeichnung					
Bezeichnung Deutsch	Index-Nr. EG-Nr. CAS-Nr.	Gefahren-klasse, Gefahren-kategorie	Pikto-gramme Signal-wörter	Gefahrenhinweise (H-Sätze) und ergänzende Gefahrenmerkmale (EUH-Sätze)	Sicherheitshinweise (P-Sätze) Empfehlungen	Spezifische Konzentrationsgrenzen[1]	Anmerkungen gemäß Liste der harmonisierten Einstufung
1	2	3	4	5	6	7	8
Propan-2-ol Isopropyl-alkohol	603-117-00-0 200-661-7 67-63-0	Entz. Fl. 2 Augenreiz. 2 STOT einm. 3 narkotisch	GHS02 GHS07 Gefahr	H225, H319, H336	(P102), P210, P280, P304+P340, P305+P351+P338, P403+P233, P501	$C \geq 38\,\%$ V/V[3]	
		Entz. Fl. 3 Augenreiz. 2 STOT einm. 3 narkotisch	GHS02 GHS07 Achtung	H226, H319, H336	(P102), P210, P280, P304+P340, P305+P351+P338, P403+P233, P501	$3 \leq C < 38\,\%$ V/V[3]	
Salpetersäure ...%	007-004-00-1 231-714-2 7697-37-2	Oxid. Fl. 3 Hautätz. 1A	GHS03 GHS05 Gefahr	H272, H314	(P102), P221, P260, P280, P303+P361+P353, P305+P351+P338, P405, P501	Hautätz. 1A; H314: $C \geq 20\,\%$ Oxid. Fl. 3; H272: $C \geq 65\,\%$	B
		Hautätz. 1A	GHS05 Gefahr	H314	(P102), P260, P280, P303+P361+P353, P305+P351+P338, P405, P501	Hautätz. 1A; H314: $C \geq 20\,\%$	
		Hautätz. 1B	GHS05 Gefahr	H314	(P102), P260, P280, P303+P361+P353, P305+P351+P338, P405, P501	Hautätz. 1B; H314: $5\,\% \leq C < 20\,\%$	

Salzsäure ...%	017-002-01-X 231-595-7 –	Hautätz. 1B STOT einm. 3	GHS05 GHS07 Gefahr	H314, H335	(P102), P260, P280, P303+P361+P353, P305+P351+P338, P405, P501	Hautätz. 1B; H314: C ≥ 25 % STOT einm. 3; H335: C ≥ 10 %	B
		Hautreiz. 2 Augenreiz 2STOT einm. 3	GHS07 Achtung	H315, H319, H335	(P102), P280, P302+P352, P304+P340, P305+P351+P338, P337+P313, P501	Hautreiz. 2; H315: 10 % ≤ C < 25 % Augenreiz 2; H319: 10 % ≤ C < 25 % STOT einm. 3; H335: C ≥ 10 %	
Schwefelsäure ...%	016-020-00-8 231-639-5 7664-93-9	Hautätz. 1A	GHS05 Gefahr	H314	(P102), P260, P280, P303+P361+P353, P305+P351+P338, P405, P501	Hautätz. 1A; H314: C ≥ 15 %	B
		Hautreiz. 2 Augenreiz. 2	GHS07 Achtung	H315, H319	(P102), P280, P302+P352, P305+P351+P338, P337+P313	Hautreiz. 2; H315: 5 % ≤ C < 15 % Augenreiz. 2; H319: 5 % ≤ C < 15 %	
Silbernitrat	047-001-00-2 231-853-9 7761-88-8	Hautätz. 1B Aqu. akut 1 Aqu. chr. 1	GHS05 GHS09 Gefahr	H314, H400 (nur Einstufung), H410	(P102), P273, P280, P303+P361+P353, P305+P351+P338, P391, P501		
Terpentinöl	650-002-00-6 232-350-7 8006-64-2	Entz. Fl. 3 Akut Tox. 4 Asp. 1 Augenreiz. 2 Hautreiz. 2 Sens. Haut 1 Aqu. chron. 2	GHS02 GHS08 GHS07 GHS09 Gefahr	H226, H332, H312, H302, H304, H319, H315, H317, H411	(P102), P210, P273, P302+P352, P305+P351+P338, P403+P235, P501		

□ Tab. 5.2 Einstufungs- und Kennzeichnungsvorschriften auf der Basis von Anhang VI, Tabelle 3.1 der EG-CLP-VO (Fortsetzung)

Stoffidentität		Einstufung und Kennzeichnung					
Bezeichnung Deutsch 1	Index-Nr. EG-Nr. CAS-Nr. 2	Gefahren-klasse, Gefahren-kategorie 3	Pikto-gramme Signal-wörter 4	Gefahrenhinweise (H-Sätze) und ergän-zende Gefahrenmerk-male (EUH-Sätze) 5	Sicherheitshinweise (P-Sätze) Empfehlungen 6	Spezifische Konzentrati-onsgrenzen[1)] 7	Anmerkungen gemäß Liste der harmonisierten Einstufung 8
Thymol	604-032-00-1 201-944-8 89-83-8	Akut Tox. 4 Hautätz. 1B Aqu. chron. 2	GHS05 GHS07 GHS09 Gefahr	H302, H314, H411	(P102), P273, P280, P303+P361+P353, P305+P351+P338, P391, P501		
Xylol	601-022-00-9 215-535-7 1330-20-7	Entz. Fl. 3 Akut Tox. 4 Hautreiz. 2	GHS02 GHS07 Achtung	H226, H332, H312, H315	(P102), P210, P302+P352, P304+P340, P305+P351+P338, P403+P235, P501		C
Wasserstoff-peroxid-Lösung ...%	008-003-00-9 231-765-0 7722-84-1	Oxid. Fl. 1 Akut Tox. 4 Hautätz. 1A STOT einm. 3	GHS03 GHS05 GHS07 Gefahr	H271, H302, H332, H314, H335	(P102), P210, P221, P280, P303+P361+P353, P305+P351+P338, P403+P233, P501	Oxid. Fl. 1; H271: C ≥ 70 % Hautätz. 1A; H314: C ≥ 70 % STOT einm. 3; H335; C ≥ 35 %	B
		Oxid. Fl. 2 Akut Tox. 4 Hautätz. 1B STOT einm. 3	GHS03 GHS05 GHS07 Gefahr	H272, H302, H332, H314, H335	(P102), P210, P221, P280, P303+P361+P353, P305+P351+P338, P403+P233, P501	Oxid. Fl. 2; H272: 50 % ≤ C < 70 % Hautätz. 1B; H314: 50 % ≤ C < 70 % STOT einm. 3; H335; C ≥ 35 %	

		Akut Tox. 4 Hautreiz. 2 Augenschäd. 1 STOT einm. 3	GHS05 GHS07 Gefahr	H302, H332, H315, H318, H335	(P102), P280, P303+P361+P353, P305+P351+P338, P403+P233, P501	Hautreiz. 2; H315: 35 % ≤ C < 50 % Augenschäd. 1; H318: 8 % ≤ C < 50 % STOT einm. 3; H335; C ≥ 35 %
		Akut Tox. 4 Augenschäd. 1	GHS05 GHS07 Gefahr	H302, H332, H318	(P102), P280, P303+P361+P353, P305+P351+P338, P501	Augenschäd. 1; H318: 8 % ≤ C < 50 %; 8 % ≤ C < 35 %
		Akut Tox. 4 Augenreiz 2	GHS07 Achtung	H302, H332, H319	(P102), P280, P303+P361+P353, P305+P351+P338, P501	Augenreiz. 2; H319: 5 % ≤ C < 8 %
Zinkoxid	030-013-00-7 215-222-5 1314-13-2	Aqu. akut 1 Aqu. chron. 1	GHS09 Achtung	H400 (nur Einstufung), H410	(P102), P273, P391, P501	
Zinksulfat	030-006-00-9 231-793-3 7446-19-7	Akut tox. 4 Augenschäd. 1 Aqu. akut 1 Aqu. chron. 1	GHS05 GHS07 GHS09 Gefahr	H302, H318, H400 (nur Einstufung), H410	(P102), P273, P280, P301+P312, P305+P351+P338, P391, P501	

[1] Konzentrationsbereiche vom Autor ergänzt und transparenter gemacht.

[2] Da der Benzolgehalt im Wundbenzin nach Arzneibuchqualität unter 0,1 % liegt, kann die Gefahreneinstufung Karz. 1B und H350 entfallen (Anmerkung P).

[3] Konzentrationsbereiche aus Schulz, A.: Hörath-Gefahrstoffverzeichnis, 9. Auflage 2013

5.2.1 Erklärung zu den Anmerkungen (Spalte 8 der Tabelle) aus Anhang VI, Teil 1 der EG-CLP-VO

Anmerkung B

Manche Stoffe (Säuren, Basen usw.) werden als wässrige Lösungen in unterschiedlichen Konzentrationen in Verkehr gebracht; dies erfordert auch eine unterschiedliche Einstufung und Kennzeichnung, da von den verschiedenen Konzentrationen unterschiedliche Gefahren ausgehen können. In den Gefahrstoff-Tabellen haben Einträge mit der Anmerkung B allgemeine Bezeichnungen wie „Salpetersäure … %". In diesem Fall muss der Lieferant die Konzentration in Prozent auf dem Kennzeichnungsetikett angeben. Unter % ist ohne anderslautende Angabe stets der Gewichtsprozentsatz zu verstehen.

Anmerkung C

Manche organischen Stoffe können entweder in einer genau definierten isomeren Form oder als Gemisch mehrerer Isomere in Verkehr gebracht werden. In diesem Fall muss der Lieferant auf dem Kennzeichnungsetikett angeben, ob es sich um ein bestimmtes Isomer oder um ein Isomerengemisch handelt.

Anmerkung D

Bestimmte Stoffe, die spontan polymerisieren oder sich zersetzen können, werden normalerweise in stabilisierter Form in Verkehr gebracht. Sie werden in dieser Form in Teil 3 aufgeführt. Allerdings werden solche Stoffe manchmal auch in nicht stabilisierter Form in Verkehr gebracht. In diesem Fall muss der Lieferant auf dem Kennzeichnungsetikett nach dem Namen des Stoffes die Bezeichnung „nicht stabilisiert" anfügen.

Anmerkung H

Die für diesen Stoff aufgeführte Einstufung und Kennzeichnung gilt für die gefährliche/-n Eigenschaft/-en, auf die der/die Gefahrenhinweis/-e im Zusammenhang mit der/den betreffenden Gefahrenklasse/-n und -kategorie/-n verweist/-en. Die Vorschriften von Artikel 4 für Hersteller, Importeure oder nachgeschaltete Anwender dieses Stoffes gelten für alle anderen Gefahrenklassen und -kategorien. Für Gefahrenklassen, bei denen der Expositionsweg oder die Art der Wirkungen zu einer Differenzierung der Einstufung der Gefahrenklasse führt, muss der Hersteller, Importeur oder nachgeschaltete Anwender diejenigen Expositionswege oder Wirkungsarten berücksichtigen, die noch nicht berücksichtigt worden sind.

Anmerkung P

Die Einstufung als karzinogen oder keimzellmutagen ist nicht zwingend, wenn nachgewiesen werden kann, dass der Stoff weniger als 0,1 Gewichtsprozent Benzol (EINECS-Nr. 200-753-7) enthält. Ist der Stoff nicht als karzinogen eingestuft, so sind zumindest die Sicherheitshinweise P (102-)260-262-301+310–331 anzuwenden.

6 Sicherheitsdatenblätter (SDB)

Sicherheitsdatenblätter sind dazu bestimmt, dem Verwender die notwendigen Daten und Empfehlungen zu vermitteln, um die für den Gesundheitsschutz, die Sicherheit am Arbeitsplatz und den Schutz der Umwelt erforderlichen Maßnahmen treffen zu können.

Wer Gefahrstoffe an nichtprivate Anwender abgibt, hat bei der ersten Lieferung ein Sicherheitsdatenblatt beizulegen. Das bedeutet, dass auch Apotheken, die Gefahrstoffe bestellen, vom jeweiligen Lieferanten damit versorgt werden müssen. Sollte es nicht beiliegen, kann es angefordert werden. Andererseits müssen Apotheken, die Gefahrstoffe an Nicht-Privatpersonen abgeben, dem Empfänger ein aktuelles SDB mitliefern.

Die Verpflichtung zur sachkundigen Erstellung und Übermittlung des Sicherheitsdatenblattes für Hersteller, Einführer und erneute Inverkehrbringer sowie die Vorgaben zu seinen Inhalten wurden in der REACH-Verordnung (VO EG Nr. 1907/2006) erstmals für das „neue" Gefahrstoffrecht formuliert. Mit der Verabschiedung der Verordnung (EU) Nr. 453/2010 vom 20. Mai 2010 erhielten die Anforderungen an die Erstellung und Ausgestaltung der SDB's ihre heute gültige Form. Als konkretisierende Auslegungshilfe für die Umsetzung der EU-Vorgaben wurde ergänzend dazu die ehemaligen TRGS 220 überarbeitet und als BekGS 220 „Sicherheitsdatenblatt" vom AGS veröffentlicht.

Die Pflicht zur Übermittlung eines Sicherheitsdatenblatts ist nicht an eine bestimmte Mindestmenge des in Verkehr gebrachten Stoffs oder Gemischs gebunden, sondern besteht generell bei der ersten Lieferung an einen nichtprivaten Abnehmer.

In der aktuellen Umstellungsphase des Gefahrstoffrechts mit z. T. parallel geltenden alten und neuen Rechtsnormen kommt dem SDB die Bedeutung einer zentralen Informationsquelle zu. Seit dem 01.12.2010 bis mindestens zum 01.06.2015 sind die verantwortlichen Ersteller von SDB's bei **Stoffen** verpflichtet, sowohl die „neuen" als auch die „alten" Einstufungs- und Kennzeichnungsvorschriften parallel aufzuführen. Bei **Gemischen** ist diese Paralleldeklaration ebenfalls notwendig, wenn die Umstellung auf die EG-CLP-Verordnung vor dem 01.06.2015 erfolgt. Spätestens bis zum 01.06.2015 muss die Umstellung auf die GHS-CLP-Vorschriften komplett erfolgt sein.

Anhand der SDB's von Stoffen können somit Gefahrstoffe, die mit neuer Kennzeichnung geliefert werden, im Hinblick auf die Bewertungen zur Art des Umgangs mit ihnen in das System der noch bestehenden „alten" Rechtsnormen (Chemikalienverbotsverordnung, TRGS …) und Arbeitsschutzdokumente (Betriebsanweisungen, Gefährdungsbeurteilungen, Explosionsschutzdokument …) eingepasst werden. Die SDB's der Stoffe sind somit in der Übergangsphase die inhaltliche „Klammer" zwischen altem und neuem Recht. Entscheidend ist, dass das Schutzniveau der bisher geltenden Gefahrstoffverordnung bis zu ihrem Auslaufen zum 01.06.2015 zumindest beibehalten wird.

6.1 Aufbau der Sicherheitsdatenblätter

Sicherheitsdatenblätter sind einheitlich aufgebaut und enthalten gemäß VO (EU) 453/2010, Teil B die folgenden 16 Abschnitte gemäß Artikel 31 Absatz 6 VO (EG) 1907/2006 und zusätzlich die ebenfalls aufgeführten Unterabschnitte mit Ausnahme von Abschnitt 3, von dem je nach Fall lediglich der Unterabschnitt 3.1 oder 3.2 enthalten sein muss:

ABSCHNITT 1: Bezeichnung des Stoffs bzw. des Gemischs und des Unternehmens

- 1.1 Produktidentifikator
- 1.2 Relevante identifizierte Verwendungen des Stoffs oder Gemischs und Verwendungen, von denen abgeraten wird
- 1.3 Einzelheiten zum Lieferanten, der das Sicherheitsdatenblatt bereitstellt
- 1.4 Notrufnummer

ABSCHNITT 2: Mögliche Gefahren

- 2.1 Einstufung des Stoffs oder Gemischs
- 2.2 Kennzeichnungselemente
- 2.3 Sonstige Gefahren

ABSCHNITT 3: Zusammensetzung/Angaben zu Bestandteilen

- 3.1 Stoffe
- 3.2 Gemische

ABSCHNITT 4: Erste-Hilfe-Maßnahmen

- 4.1 Beschreibung der Erste-Hilfe-Maßnahmen
- 4.2 Wichtigste akute und verzögert auftretende Symptome und Wirkungen
- 4.3 Hinweise auf ärztliche Soforthilfe oder Spezialbehandlung

ABSCHNITT 5: Maßnahmen zur Brandbekämpfung

- 5.1 Löschmittel
- 5.2 Besondere vom Stoff oder Gemisch ausgehende Gefahren
- 5.3 Hinweise für die Brandbekämpfung

ABSCHNITT 6: Maßnahmen bei unbeabsichtigter Freisetzung

- 6.1 Personenbezogene Vorsichtsmaßnahmen, Schutzausrüstungen und in Notfällen anzuwendende Verfahren
- 6.2 Umweltschutzmaßnahmen
- 6.3 Methoden und Material für Rückhaltung und Reinigung
- 6.4 Verweis auf andere Abschnitte

ABSCHNITT 7: Handhabung und Lagerung

- 7.1 Schutzmaßnahmen zur sicheren Handhabung
- 7.2 Bedingungen zur sicheren Lagerung unter Berücksichtigung von Unverträglichkeiten
- 7.3 Spezifische Endanwendungen

ABSCHNITT 8: Begrenzung und Überwachung der Exposition/Persönliche Schutzausrüstungen

- 8.1 Zu überwachende Parameter
- 8.2 Begrenzung und Überwachung der Exposition

ABSCHNITT 9: Physikalische und chemische Eigenschaften

- 9.1 Angaben zu den grundlegenden physikalischen und chemischen Eigenschaften
- 9.2 Sonstige Angaben

ABSCHNITT 10: Stabilität und Reaktivität

- 10.1 Reaktivität
- 10.2 Chemische Stabilität
- 10.3 Möglichkeit gefährlicher Reaktionen
- 10.4 Zu vermeidende Bedingungen
- 10.5 Unverträgliche Materialien
- 10.6 Gefährliche Zersetzungsprodukte

ABSCHNITT 11: Toxikologische Angaben

- 11.1 Angaben zu toxikologischen Wirkungen

ABSCHNITT 12: Umweltbezogene Angaben

- 12.1 Toxizität
- 12.2 Persistenz und Abbaubarkeit
- 12.3 Bioakkumulationspotenzial
- 12.4 Mobilität im Boden
- 12.5 Ergebnisse der PBT- und vPvB-Beurteilung
- 12.6 Andere schädliche Wirkungen

ABSCHNITT 13: Hinweise zur Entsorgung

- 13.1 Verfahren der Abfallbehandlung

ABSCHNITT 14: Angaben zum Transport

- 14.1 UN-Nummer
- 14.2 Ordnungsgemäße UN-Versandbezeichnung
- 14.3 Transportgefahrenklassen
- 14.4 Verpackungsgruppe
- 14.5 Umweltgefahren
- 14.6 Besondere Vorsichtsmaßnahmen für den Verwender
- 14.7 Massengutbeförderung gemäß Anhang II des MARPOL-Übereinkommens 73/78 und gemäß IBC-Code

ABSCHNITT 15: Rechtsvorschriften

- 15.1 Vorschriften zu Sicherheit, Gesundheits- und Umweltschutz/spezifische Rechtsvorschriften für den Stoff oder das Gemisch
- 15.2 Stoffsicherheitsbeurteilung

ABSCHNITT 16: Sonstige Angaben

Unter dem Blickwinkel der Einstufung und Kennzeichnung sind insbesondere die Abschnitte 1, 2 und 15 bedeutsam.

In Abschnitt 1 sind der für die Deklaration verbindliche Name des Stoffs bzw. des Gemischs und die sogenannten Produktidentifikatoren (Index-Nr., EG-Nr., CAS-Nr.) aufgelistet. Eine dieser Nummern, vorzugsweise die EG-Nummer, ist Bestandteil des Kennzeichnungsetiketts.

In Abschnitt 2 werden die möglichen Gefahren anhand der Einstufung, der Kennzeichnungselemente und der Auflistung sonstiger Gefahren aufgezeigt.

In den Abschnitten 2 oder 15 findet man bei Stoffen bzw. bei Gemischen, die vor dem 01.06.2015 auf das neue Recht eingestuft und gekennzeichnet wurden, parallel die Einstufungs- und Kennzeichnungsvorschriften nach „altem" und „neuem" Recht. In solchen Fällen gehen Hersteller zunehmend dazu über, die Angaben nach altem Recht nur noch verbal anzugeben und die Gefahrensymbole nach altem Recht in den Sicherheitsdatenblättern wegzulassen.

WICHTIG Die Sicherheitsdatenblätter sind die Grundlage für die Bewertung der Gefährdung von Mitarbeitern. Sie enthalten die erforderlichen Angaben, mit deren Hilfe Schutzmaßnahmen festgelegt, Betriebsanweisungen erstellt und Unterweisungen durchgeführt werden können.

Die SDB's müssen immer dem aktuellen Stand der Wissenschaft entsprechen. Bei inhaltlichen Veränderungen haben die Hersteller, Einführer und erneuten Inverkehrbringer eine aktualisierte Version zur Verfügung zu stellen. Hier empfiehlt es sich dringend, die entsprechenden aktuellen Dokumente von den Internetseiten der einschlägigen Hersteller und Lieferanten (z. B. www.caelo.de, www.fagron.de, www.hedinger.de u. a. m.) herunterzuladen und auf dem Apothekenrechner zu speichern, damit der schnelle und unkomplizierte Zugriff für alle Mitarbeiter jederzeit gewährleistet ist.

Eine Zusammenstellung von Links auf die Homepages apothekenrelevanter Gefahrstofflieferanten findet man auf den Seiten der Bundesapothekerkammer unter www.abda.de/arbeitsschutzmassnahmen.html; eine weitere Quelle für apothekenrelevante SDB's ist das von den Pharmagroßhändlern initiierte Portal unter www.phagro-sdb.de.

Wertvolle Hilfe leisten auch die Gefahrstoffverzeichnisse, die von den Fachverlagen angeboten werden (z. B. Hörath Gefahrstoff-Verzeichnis, Deutscher Apotheker Verlag), die neben dem Gefahrstoffverzeichnis auch eine CD mit aktuellen SDB's der aufgeführten Stoffe und Gemische enthalten.

6.2 Auszug aus dem SDB von Aceton (Fa. Hedinger)

Version 017 | **Sicherheitsdatenblatt** gemäß Verordnung (EU) Nr. 453/2010 | Seite 1 von 9

ACETON

Ersetzt Version 016

Überarbeitet am: 16.04.2013
Gültig ab: 16.04.2013

1. Bezeichnung des Stoffs bzw. des Gemischs und des Unternehmens

1.1 Produktidentifikator

Stoffname/Handelsname: **Aceton**
Index-Nr.: 606-001-00-8
EG-Nr.: 200-662-2
CAS-Nr.: 67-64-1
REACH-Registrierungsnr.: 01-2119471330-49-XXXX
Andere Bezeichnungen: Propanon, Propan-2-on, Dimethylketon, 2-Propanon, Methylketon

1.2 Relevante identifizierte Verwendungen des Stoffs oder Gemischs und Verwendungen, von denen abgeraten wird

1.2.1 Relevante identifizierte Verwendungen des Stoffs oder Gemischs

Siehe hierzu: Expositionsszenarien im Anhang unter
http://www.hedinger.de/de/apotheken/expositionsszenarien

Neben der Verwendung als Lösungsmittel ist Aceton ein wichtiges Zwischenprodukt in der chemischen Industrie, z. B. für die Herstellung von Methylmethacrylat, Methylisobutylketon und Bisphenol A.

Identifizierte Verwendungen:

1. Herstellung, Verarbeitung und Vertrieb von Stoffen und Gemischen*
2. Einsatz in Laboratorien
3. Anwendungen in Beschichtungen
4. Verwendung als Binde- und Trennmittel
5. Gummiproduktion und -verarbeitung
6. Herstellung von Polymer
7. Polymerverarbeitung
9. Verwendung in Reinigungsmitteln
10. Verwendung im Bohr- und Förderbetrieb in Öl- und Gasfeldern
11. Treibmittel
12. Bergbau-Chemikalien

* Beispiele für die Verarbeitung:
Verwendung als Zwischenprodukt,
Verwendung als Monomer etc.,
Verwendung als Lösungsmittel,
Verwendung für die Herstellung von Harzen.

Bisherige benannte Verwendung(en): Pharmazeutische Produktion und Analytik, chemische Produktion, industrielles Lösungsmittel, naturwissenschaftlicher Unterricht.

1.2.2 Relevante identifizierte Verwendungen des Stoffs oder Gemischs, von denen abgeraten wird

Bisher liegen uns keine Informationen zu den identifizierten Verwendungen, von denen abgeraten wird, vom Lieferanten vor.

Version 017 | **Sicherheitsdatenblatt** | Seite 2 von 9

gemäß Verordnung (EU) Nr. 453/2010

ACETON

Ersetzt Version 016 | Überarbeitet am: 16.04.2013 | Gültig ab: 16.04.2013

1.3 Einzelheiten zum Lieferanten, der das Sicherheitsdatenblatt bereitstellt:
Hersteller/Lieferant
AUG. HEDINGER GmbH & Co. KG
Heiligenwiesen 26
D-70327 Stuttgart
Tel.: 0711/402050

Kontaktstelle für technische Information:
SHE-Management, Gefahrstoff@hedinger.de

1.4 Notrufnummer
Gemeinsames Giftinformationszentrum (GGIZ) Erfurt Tel.: 0361/730730
c/o Klinikum Erfurt, Nordhäuser Str. 74, 99089 Erfurt

---

2. Mögliche Gefahren

2.1 Einstufung des Stoffs oder Gemischs
Einstufung gemäß Verordnung (EG) Nr. 1272/2008:
Entzündbare Flüssigkeiten, Kategorie 2, H225,
Schwere Augenschädigung/Augenreizung, Kategorie 2, H319,
Spezifische Zielorgan-Toxizität (einmalige Exposition), ZNS, Kategorie 3, H336

Einstufung gemäß Richtlinie 67/548/EWG (Stoffe):
F – Leichtentzündlich; R11 Leichtentzündlich.
Xi – Reizend; R36 Reizt die Augen.
R66 Wiederholter Kontakt kann zu spröder oder rissiger Haut führen.
R67 Dämpfe können Schläfrigkeit und Benommenheit verursachen.

Wortlaut der H- und R-Sätze: siehe unter Abschnitt 2.2 oder Abschnitt 16.

2.2 Kennzeichnungselemente nach Verordnung (EG) Nr. 1272/2008

Piktogramme:
GHS02**,
GHS07

Signalwort: Gefahr

Gefahrenhinweise:

H225	Flüssigkeit und Dampf leicht entzündbar.
H319	Verursacht schwere Augenreizung.
H336	Kann Schläfrigkeit und Benommenheit verursachen.
EUH066	Wiederholter Kontakt kann zu spröder oder rissiger Haut führen.

Sicherheitshinweise:

P102*	Darf nicht in die Hände von Kindern gelangen.
P210	Von Hitze/Funken/offener Flamme/heißen Oberflächen fernhalten. Nicht rauchen.
P243	Maßnahmen gegen elektrostatische Aufladungen treffen.

Version 017 | **Sicherheitsdatenblatt** gemäß Verordnung (EU) Nr. 453/2010 | Seite 3 von 9

Ersetzt Version 016 | **ACETON** | Überarbeitet am: 16.04.2013 Gültig ab: 16.04.2013

P305 + P351 + P338	BEI KONTAKT MIT DEN AUGEN: Einige Minuten lang behutsam mit Wasser ausspülen. Vorhandene Kontaktlinsen nach Möglichkeit entfernen. Weiter spülen.
P301 + P315	BEI VERSCHLUCKEN: Sofort ärztlichen Rat einholen/ärztliche Hilfe hinzuziehen.
P501*	Inhalt/Behälter zugelassenem Entsorger oder kommunaler Sammelstelle zuführen.
*)	P-Satz ist nur erforderlich bei Abgabe an die allgemeine Öffentlichkeit, nicht aber bei beruflicher/industrieller Verwendung.
**)	**Hinweis zur Kennzeichnung:** Dieses Piktogramm kann gemäß GHS/CLP-VO Art. 33 (3) durch das entsprechende ADR-Symbol (s. Abschnitt 14) ersetzt werden.

2.3 Sonstige Gefahren

PBT- und vPvB-Eigenschaften: Nicht als PBT-Stoff registriert.
Keine weiteren Informationen verfügbar.

3. Zusammensetzung/Angaben zu Bestandteilen

3.1 Stoffe

Stoffname:	Aceton
Molmasse: 58,08 g;	Summenformel: C_3H_6O
Index-Nr.:	606-001-00-8
EG-Nr.:	200-662-2
CAS-Nr.:	67-64-1
REACH-Registrierungsnr.:	01-2119471330-49-XXXX

Verunreinigungen, stabilisierende Zusatzstoffe und einzelne Bestandteile:
Bisher liegen uns keine Informationen zu Zusatzstoffen und Verunreinigungen vom Lieferanten vor.

3.2 Gemische

Entfällt. Die Substanz ist ein Stoff.

4. Erste-Hilfe-Maßnahmen

4.1 Beschreibung der Erste-Hilfe-Maßnahme

Allgemeine Hinweise:
Ersthelfer: Auf Selbstschutz achten (Atemschutz, Schutzhandschuhe, s. Abschnitt 8)! Betroffenen an die frische Luft bringen. Kontaminierte Kleidung sofort ausziehen und entfernen. Beengende Kleidung lockern. Ruhig lagern. Vor Wärmeverlust schützen. Bei Bewusstlosigkeit Lagerung und Transport in stabiler Seitenlage.

Nach Hautkontakt:
Mit reichlich Wasser abwaschen. Kontaminierte Kleidung entfernen. Anschließend nach Möglichkeit Haut eincremen. Bei Hautreizungen Arzt hinzuziehen.

6

Version 017 | **Sicherheitsdatenblatt** gemäß Verordnung (EU) Nr. 453/2010 | Seite 4 von 9

ACETON

Ersetzt Version 016

Überarbeitet am: 16.04.2013
Gültig ab: 16.04.2013

Nach Augenkontakt:
Mindestens 15 Minuten bei geöffnetem Lidspalt mit reichlich Wasser spülen.
Sofort Augenarzt hinzuziehen.

Nach Verschlucken:
Nie einer ohnmächtigen Person etwas durch den Mund einflößen. Mund mit Wasser ausspülen. Bei erhaltenem Bewusstsein: Viel Wasser trinken lassen (maximal 2 Trinkgläser). Kein Erbrechen auslösen (Aspirationsgefahr). Bei Spontanerbrechen Kopf des Betroffenen in Bauchlage tief halten, um das Eindringen von Flüssigkeit in die Luftwege zu verhüten. Medizinalkohle geben (3 Esslöffel Medizinalkohle in 1 Glas Wasser aufgeschlämmt), um Resorptionsgefahr zu verringern. Sofort Arzt hinzuziehen und Verpackung oder Etikett vorweisen.

15. Rechtsvorschriften

15.1 Vorschriften zu Sicherheit, Gesundheits- und Umweltschutz/spezifische Rechtsvorschriften für den Stoff oder das Gemisch

Nationale Vorschriften z. B.

Wassergefährdungsklasse
WGK 1 – schwach wassergefährdend (Einstufung nach VwVwS, Stoff-Nr. 261)

Grundstoffüberwachung: EG-Verordnungen 273/2004, 111/2005 und 1277/2005:
Schwellenwert für die Registrierungspflicht bei Ausfuhr: 50 kg/Jahr
Literatur: PZ 25 + 33/2005 und LAK-Infos

Abgabedokumentation: Chemikalienverbotsverordnung
Eine Dokumentation der Abgabe in Anlehnung an §3 Chemikalienverbotsverordnung ist empfehlenswert.

Störfallverordnung (12. BImSchV)
Nr. 7b

Technische Anleitung zur Reinhaltung der Luft
Kapitel 5.2.5 Organische Stoffe, ausgenommen staubförmige organische Stoffe:
Im Abgasstrom dürfen folgende Werte (bezogen auf Gesamtkohlenstoff) nicht überschritten werden:
Im Massenstrom: 0,50 kg/h
Massenkonzentration: 50 mg/m^3
Bei Altanlagen mit einem jährlichen Massenstrom von bis zu 1,5 Mg/a, angegeben als Gesamtkohlenstoff, dürfen die Emissionen im Abgas den Massenstrom 1,5 kg/h nicht überschreiten.

TRGS 555 Betriebsanweisung und Information der Beschäftigten
Schulungshinweise: Unterweisungen über Gefahren und Schutzmaßnahmen anhand der TRGS 555. Die Unterweisungen müssen vor Beschäftigungsbeginn und danach mindestens einmal jährlich erfolgen.

Version 017 | **Sicherheitsdatenblatt** gemäß Verordnung (EU) Nr. 453/2010 | Seite 5 von 9

ACETON

Ersetzt Version 016

Überarbeitet am: 16.04.2013
Gültig ab: 16.04.2013

Vorschriften – EG-Mitgliedstaaten
Verordnung 1272/2008/EG (CLP/GHS) sowie Nachträge,
Verordnung 1907/2006/EG (REACH) sowie Nachträge,
Nachträge: Verordnungen 453/2010/EG (zu REACH), 790/2009/EG und 286/2011/EG (zu GHS/CLP),
Richtlinien RL 67/548/EWG (Stoffe),
Richtlinie 98/24/EG des Rates vom 7. April 1998 zum Schutz von Gesundheit und Sicherheit der Arbeitnehmer vor der Gefährdung durch chemische Arbeitsstoffe bei der Arbeit, mit Nachträgen Richtlinie 2008/98/EG des Europäischen Parlaments und des Rates vom 19. November 2008 über Abfälle.
Richtlinie 94/62/EG über Verpackungen und Verpackungsabfälle (Abfallrichtlinie).
RICHTLINIE 1999/13/EG DES RATES vom 11. März 1999 über die Begrenzung von Emissionen flüchtiger organischer Verbindungen, die bei bestimmten Tätigkeiten und in bestimmten Anlagen bei der Verwendung organischer Lösungsmittel entstehen, mit Nachträgen.

Weitere relevante Vorschriften
Gefahrstoffverordnung (2010)
TRGS 401: Gefährdung durch Hautkontakt Ermittlung – Beurteilung– Maßnahmen
TRGS 500: Schutzmaßnahmen
TRGS 510: Lagerung von Gefahrstoffen in ortsbeweglichen Behältern.
TRGS 526: Laboratorien
TRGS 800: Brandschutzmaßnahmen
TRGS 900: Arbeitsplatzgrenzwerte
TRGS 903: Biologische Grenzwerte
Beschäftigungsbeschränkungen nach dem Jugendarbeitsschutzgesetz (94/33/EG) und der Mutterschutzrichtlinienverordnung (für werdende und stillende Mütter) beachten.
BG Chemie:

- BGI 536 »Gefährliche chemische Stoffe« (ehemals M 051)
- BGI 564 »Umgang mit gesundheitsgefährlichen Stoffen« (ehemals M 050)
- BGI 595 »Reizende Stoffe/Ätzende Stoffe« (ehemals M 004)
- BGI 621 »Lösemittel« (ehemals M 017)
- BGI 623 »Umfüllen von Flüssigkeiten«
- BGI 660 »Allg. Arbeitsschutzmaßnahmen für den Umgang mit Gefahrstoffen« (ehemals M 053)
- BGV A 5 Unfallverhütungsvorschrift Erste Hilfe
- A 008: »Persönliche Schutzausrüstungen«
- ZH 1/566 »Merkblatt für Explosionsschutz-Maßnahmen an Lösemittel-Reinigungsanlagen«
- BGR 180 »Umgang mit Lösemitteln« (vorherige ZH 1/562)
- BGR 189 »Regeln für den Einsatz von Schutzkleidung« (vorherige ZH 1/105)
- BGR 190 »Regeln für den Einsatz von Atemschutzgeräten« (vorherige ZH 1/701)

6

Nationale Vorschriften – Schweiz

Gehalt an flüchtigen organischen Verbindungen (VOC):
100 Gew.-% = 790 g/l

Sonstige Beschränkungen und Verordnungen:
(gemäß Stoff-Positivliste der flüchtigen organischen Verbindungen (VOC), Version 8.10.2002, Dok. 814.018)

Nationale Vorschriften - Großbritannien

DG-EA-Code (Hazchem):
2YE

Nationale Vorschriften - EG Mitgliedstaaten

Gehalt an flüchtigen organischen Verbindungen (VOC):
100 Gew.-% = 790 g/l

Nationale Vorschriften - USA

TSCA Inventory: listed
TSCA HPVC: not listed
Clean Air Act:
SOCMI Chemical: yes
Other Environmental Laws:
CERCLA: RQ 5000 lbs.
RCRA Hazardous Wastes: Code U002
RCRA Groundwater Monitoring: Methods 8240/PQL 100
NIOSH Recommendations:
Occupational Health Guideline: 0004*
Gefahrbewertungssysteme
NFPA Hazard Rating:
Health: 1 (Slight)
Fire: 3 (Serious)
Reactivity: 0 (Minimal)
HMIS Version III Rating:
Health: 1 (Slight)
Flammability: 3 (Serious)
Physical Hazard: 0 (Minimal)
Personal Protection: X = Consult your supervisor

Nationale Vorschriften – Canada

CAS 67-64-1 is listed on Canada's DSL and Ingredient Disclosure Lists.
Classification: B2, D2B

Nationale Vorschriften – Japan

MITI: 2-542

15.2 Stoffsicherheitsbeurteilung

Für diesen Stoff wurde eine Stoffsicherheitsbeurteilung durchgeführt.

Version 017 | **Sicherheitsdatenblatt** gemäß Verordnung (EU) Nr. 453/2010 | Seite 7 von 9

ACETON

Ersetzt Version 016

Überarbeitet am: 16.04.2013
Gültig ab: 16.04.2013

16. Sonstige Angaben

Änderungen: wichtige Änderungen sind durch einen schwarzen Balken links gekennzeichnet

Änderungen gegenüber der letzten Version:
- Expositionsszenarien als eigene Datei im Internet unter http://www.hedinger.de/de/apotheken/expositionsszenarien

Änderungen gegenüber der Version 015:
- Abschnitt 2 + 3: Anpassung an VO 453/2010
- Abschnitt 15: Aktualisierung und Ergänzung Rechtsvorschriften
- Redaktionelle Überarbeitung

Änderungen gegenüber der Version 014:
- Abschnitt 14: Gefahrzettel eingefügt
- Allgemeine Überarbeitung

Änderungen gegenüber der Version 013:
- Berichtigung Übertragungsfehler P-Sätze

Änderungen gegenüber der Version 012:
- Anpassung an Verordnung (EU) Nr. 453/2010
- Allgemeine Überarbeitung

Abkürzungen:

AGW:	Arbeitsplatzgrenzwert
APHA:	American Public Health Association
BGW:	Biologischer Grenzwert
BOD:	Biochemical oxygen demand; Biochemischer Sauerstoffbedarf
CERCLA:	Comprehensive Environmental Response, Compensation, and Liability Act (USA)
CSB:	Chemischer Sauerstoffbedarf
DG-EA:	Gefahrgutnotfall – Einsatzcode DG-EA-Code
DNEL:	Derived No Effect Level
DSL:	Canadian Domestic Substances List – Kanadische inländische Substanzliste
HMIS:	Hazardous Materials Identification System
HPVC:	High Production Volume Chemical
IOELV:	Indicative Occupational Exposure Limit Values
MITI:	Ministry of International Trade and Industry (Ministerium für Internationalen Handel und Industrie, Japan)
NFPA:	National Fire Protection Association (USA)
NOEC:	No observed effect concentration
NIOSH:	National Institute for Occupational Safety and Health (USA)
OECD:	Organisation für wirtschaftliche Zusammenarbeit und Entwicklung
PBT:	persistent, bioakkumulierbar, toxisch
PNEC:	Predicted No Effect Concentration
RCRA:	Resource Conservation and Recovery Act

Version 017	Sicherheitsdatenblatt gemäß Verordnung (EU) Nr. 453/2010	Seite 8 von 9
Ersetzt Version 016	**ACETON**	Überarbeitet am: 16.04.2013 Gültig ab: 16.04.2013

RTECS: Registry of Toxic Effects of Chemical Substances
SOCMI: Synthetic Organic Chemical Manufacturing Industry
STEL: Kurzzeitiger Expositionsgrenzwert (Short Term Exposure Limit)
ThSB: Theoretischer Sauerstoffbedarf
TSCA: US. Toxic Substances Control Act (TSCA Giftstoff-Kontrollgesetz, U.S.-Verzeichnis)
TWA: Zeitlich gewichteter Mittelwert (time weighted average for an 8 hour shift)
VOC: Volatile organic compounds (flüchtige organische Substanzen)
vPvB: sehr persistent, sehr bioakkumulierbar

In diesem Sicherheitsdatenblatt sind nach unserem Wissen keine weiteren dem gewerblichen Anwender wenig oder unbekannten Abkürzungen verwendet worden.

Literaturangaben und Datenquellen

Informationen unseres Lieferanten, GESTIS Stoffdatenbank

Wortlaut der R-Sätze, Gefahrenhinweise, Sicherheitsratschläge und/oder Sicherheitshinweise auf die in Abschnitt 2 bis 15 Bezug genommen wird

Gemäß Verordnung (EG) Nr. 1272/2008 und Nachträge:

H225: Flüssigkeit und Dampf leicht entzündbar.
H319: Verursacht schwere Augenreizung.
H336: Kann Schläfrigkeit und Benommenheit verursachen.
EUH066: Wiederholter Kontakt kann zu spröder oder rissiger Haut führen.

Wortlaut sämtlicher den Gefahrenhinweisen dieses Stoffes zugeordneten Sicherheitshinweise gemäß VO (EG) 1272/2008 und Nachträgen:

P102:	Darf nicht in die Hände von Kindern gelangen.
P210:	Von Hitze/Funken/offener Flamme/heißen Oberflächen fernhalten. Nicht rauchen.
P233:	Behälter dicht verschlossen halten.
P240:	Behälter und zu befüllende Anlage erden.
P241:	Explosionsgeschützte elektrische Betriebsmittel/Lüftungsanlagen/Beleuchtung/... verwenden.
P242:	Nur funkenfreies Werkzeug verwenden.
P243:	Maßnahmen gegen elektrostatische Aufladungen treffen.
P261:	Einatmen von Staub/Rauch/Gas/Nebel/Dampf/Aerosol vermeiden.
P264:	Nach Gebrauch (zu waschende Körperteile vom Hersteller anzugeben) gründlich waschen.
P271:	Nur im Freien oder in gut belüfteten Räumen verwenden.
P280:	Schutzhandschuhe/Schutzkleidung/Augenschutz/Gesichtsschutz tragen.
P302 + P352:	BEI KONTAKT MIT DER HAUT: Mit viel Wasser und Seife waschen.
P303 + P361 + P353:	BEI BERÜHRUNG MIT DER HAUT (oder dem Haar): Alle beschmutzten, getränkten Kleidungsstücke sofort ausziehen. Haut mit Wasser abwaschen/duschen.

P304 + P340:	BEI EINATMEN: An die frische Luft bringen und in einer Position ruhigstellen, die das Atmen erleichtert.
P305 + P351 + P338:	BEI KONTAKT MIT DEN AUGEN: Einige Minuten lang behutsam mit Wasser ausspülen. Vorhandene Kontaktlinsen nach Möglichkeit entfernen. Weiter spülen.
P312:	Bei Unwohlsein GIFTINFORMATIONSZENTRUM oder Arzt anrufen.
P321:	Besondere Behandlung (siehe ... auf diesem Kennzeichnungs-etikett).
P332 + P313:	Bei Hautreizung: Ärztlichen Rat einholen/ärztliche Hilfe hinzuziehen.
P337 + P313:	Bei anhaltender Augenreizung: Ärztlichen Rat einholen/ärztliche Hilfe hinzuziehen.
P362:	Kontaminierte Kleidung ausziehen und vor erneutem Tragen waschen.
P370 + P378:	Bei Brand: Löschmittel gemäß Abschnitt 5 dieses Sicherheits-datenblattes zum Löschen verwenden.
P403 + P233:	Behälter dicht verschlossen an einem gut belüfteten Ort aufbewahren.
P403 + P235:	Kühl an einem gut belüfteten Ort aufbewahren.
P405:	Unter Verschluss aufbewahren.
P501:	Inhalt/Behälter zugelassenem Entsorger oder kommunaler Sammelstelle zuführen.

Gemäß Richtlinie 67/548/EWG und Nachträge:

R11:	Leichtentzündlich.
R36:	Reizt die Augen.
R66:	Wiederholter Kontakt kann zu spröder und rissiger Haut führen.
R67:	Dämpfe können Schläfrigkeit und Benommenheit verursachen.

Weitere Informationen

Allgemeine Hinweise:
Die Angaben stützen sich auf den heutigen Stand unserer Kenntnisse und dienen dazu, das Produkt im Hinblick auf die zu treffenden Sicherheitsvorkehrungen zu beschreiben. Sie stellen jedoch keine Zusicherung von Produkteigenschaften dar und begründen kein vertragliches Rechtsverhältnis.

Die aktuellen Fassungen unserer Sicherheitsdatenblätter finden Sie im Internet:
http://www.hedinger.de/de/apotheken/sicherheitsdatenblaetter

Die Expositionsszenarien finden Sie als eigenes Dokument unter:
http://www.hedinger.de/de/apotheken/expositionsszenarien

6

Teil B
Vorschriften für den Kundenverkehr

7 Verpackung von Gefahrstoffen

7.1 Allgemeines

Die Anforderungen an die Verpackung von Gefahrstoffen werden im Artikel 35 der EG-CLP-VO und in der Gefahrstoffverordnung beschrieben.

Die Materialien von Verpackungen und Verschlüssen müssen so ausgelegt sein, dass der Inhalt nicht austreten kann und sie nicht vom Inhalt beschädigt werden oder mit diesem zu gefährlichen Verbindungen reagieren können. Die Verpackungen und Verschlüsse sind hinsichtlich des Materials und der Herstellungsqualität so auszuwählen, dass sie sich nicht lockern und allen bei der Handhabung normalerweise auftretenden Belastungen und Verformungen zuverlässig standhalten können. Verpackungen mit Verschlüssen, welche nach der Öffnung erneut verwendbar sind, müssen so konstruiert sein, dass sie sich mehrfach zuverlässig neu verschließen lassen, ohne dass der Inhalt austreten kann.

Verpackungen von gefährlichen Stoffen oder Gemischen, die an die breite Öffentlichkeit abgegeben werden, dürfen weder eine Form noch ein Design haben, die die aktive Neugier von Kindern wecken oder anziehen oder die Verbraucher irreführen könnten. Insbesondere dürfen sie in Aufmachung und Design nicht solchen Verpackungen ähneln, wie sie für Lebensmittel, Futtermittel, Arzneimittel oder Kosmetika verwendet werden.

Angaben wie „ungiftig“, „unschädlich“, „umweltfreundlich“, „ökologisch“ oder alle sonstigen Hinweise, die auf das Nichtvorhandensein von Gefahreneigenschaften des Stoffs oder Gemischs hinweisen könnten oder nicht mit der Einstufung des Stoffs oder Gemischs im Einklang stehen, dürfen nicht auf dem Kennzeichnungsetikett oder der Verpackung des Stoffs oder Gemischs erscheinen.

7.2 Kindergesicherte Verschlüsse

7.2.1 Übergangsregelungen für Gefahrstoffe bis 2015

Während neu abgepackte Stoffe seit 01.12.2010 ausnahmslos nach EG-CPL-VO zu verpacken und zu kennzeichnen sind, gibt es für Zubereitungen bzw. Gemische noch bis zum 01.06.2015 die Möglichkeit der Verpackung und Kennzeichnung nach der Zubereitungsrichtlinie RL 1999/45/EG. Auch wenn in den allermeisten Apotheken die Umstellung auf die „neuen“ Kennzeichnungsregelungen schon erfolgt ist, so sind doch im sonstigen

Fachhandel (z. B. Baumärkte, Tankstellen usw.) unter Ausnutzung der Übergangsregelungen noch viele Zubereitungen/Gemische nach alter Kennzeichnung im Handel.

Nach dieser müssen Abgabegefäße, die sehr giftige, giftige oder ätzende Gefahrstoffe enthalten, ungeachtet ihres Fassungsvermögens, mit kindergesicherten Verschlüssen versehen werden, wenn sie an Privatpersonen abgegeben werden.

T+

Sehr giftig

T

Giftig

C

Ätzend

Ebenfalls von dieser Regelung betroffen sind Behälter mit Gefahrstoffen, wenn sie

- mit dem Symbol Xn (gesundheitsschädlich) und zusätzlich dem R-Satz 65 gekennzeichnet sind,
- 3 % oder mehr Methanol enthalten,
- 1 % oder mehr Dichlormethan enthalten.

7.2.2 Vorschriften nach EG-CLP-VO

Im Anhang II Teil 3 der EG-CLP-VO ist festgelegt, dass Verpackungen, die einen Stoff oder ein Gemisch enthalten, der/das **an die breite Öffentlichkeit** abgegeben wird und als akut toxisch der Kategorien 1 bis 3, spezifisch zielorgantoxisch (STOT einm. und STOT whd.) der Kategorie 1 oder hautätzend der Kategorie 1 eingestuft wird oder von dem eine Aspirationsgefahr ausgehen kann, unabhängig von ihrem Fassungsvermögen mit kindergesicherten Verschlüssen auszustatten sind. Dies betrifft in der Apotheke grundsätzlich die gleichen Stoffe wie bisher, lediglich die Ausdifferenzierung der Gefahrenklassen und -kategorien ist umfangreicher geworden (◘ Tab. 7.1).

Die Vorschriften für Methanol und Dichlormethan sind unverändert übernommen worden (▸ Kap. 7.2.1).

◘ **Tab. 7.1** Verpackungspflicht mit kindergesicherten Verschlüssen nach EG-CLP-VO

Gefahrenklassen und -kategorien	H-Satz-Code	Gefahrenpiktogramm	Kindergesicherter Verschluss
Asp. 1	H304		+
Akut Tox. 1, 2	H300, H310, H330		+
Akut Tox. 3	H301, H311, H331		+

Tab. 7.1 Verpackungspflicht mit kindergesicherten Verschlüssen nach EG-CLP-VO (Fortsetzung)

Gefahrenklassen und -kategorien	H-Satz-Code	Gefahrenpiktogramm	Kindergesicherter Verschluss
Hautätz. 1	H314		+
STOT einm. 1	H370		+
STOT wdh. 1	H372		+
Methanol ≥ 3 %			+
Dichlormethan ≥ 1 %			+

Quelle: Bundesapothekerkammer, www.abda.de/1135.html

7.3 Tastbare Gefahrenhinweise

7.3.1 Übergangsregelungen für Gefahrstoffe bis 2015

Analog zu den kindergesicherten Verschlüssen gilt auch bezüglich tastbarer Gefahrenhinweise noch bis zum 01.06.2015 die Möglichkeit der Verpackung und Kennzeichnung nach der Zubereitungsrichtlinie RL 1999/45/EG.

Dieser entsprechend müssen die Abgabebehältnisse mit einem für Blinde und Sehbehinderte ertastbaren Warnzeichen versehen werden, wenn sie an Privatpersonen abgegeben werden und die folgenden Stoffe enthalten:

T+

Sehr giftig

T

Giftig

Xn

Gesundheitsschädlich

C

Ätzend

F

Leichtentzündlich

F+

Hochentzündlich

Es spielt dabei keine Rolle, ob der Erwerber selbst sehbehindert ist oder nicht. Maßgebend ist die Einstufung des Gefahrstoffs unabhängig von der Füllmenge.

Das sogenannte Blindenwarnzeichen ist ein erhabenes, gleichschenkliges Dreieck mit einer Seitenlänge von 18 mm (bei sehr kleinen Gefäßen 9 mm), das ertastet werden kann. Dies kann schon in das Gefäß selbst eingeprägt sein oder muss als Aufkleber auf dem Abgabebehälter aufgebracht werden. Für die farbliche Gestaltung der Tastmarke gibt es keine bindenden Vorschriften. Die technischen Spezifikationen für die tastbaren Gefahrenhinweise müssen in jedem Fall der aktuellen Ausgabe der EN ISO-Norm 11683 „Verpackung – Tastbare Gefahrenhinweise – Anforderungen“ entsprechen.

7.3.2 Vorschriften nach EG-CLP-VO

Im Anhang II Teil 3 der EG-CLP-VO wird ausgeführt, dass Verpackungen, die einen Stoff oder ein Gemisch enthalten, der/das **an die breite Öffentlichkeit** abgegeben wird und als akut toxisch (alle Kategorien), als hautätzend, keimzellmutagen der Kategorie 2, karzinogen der Kategorie 2, reproduktionstoxisch der Kategorie 2, sensibilisierend für die Atemwege, toxisch für spezifische Zielorgane der Kategorien 1 oder 2, als aspirationsgefährlich, als entzündbares Gas, entzündbare Flüssigkeit der Kategorien 1 oder 2 oder entzündbarer Feststoff eingestuft ist, unabhängig von ihrem Fassungsvermögen mit einem tastbaren Gefahrenhinweis auszustatten sind.

Für die in der Apothekenpraxis relevanten Stoffe und Gemische bleibt diese Verpackungsvorschrift somit inhaltlich im Wesentlichen unverändert, lediglich die Bezeichnungen der betroffenen Gefahrenklassen und -kategorien ändern sich (◘ Tab. 7.2).

Eine Deklarationspflicht für karzinogene, mutagene oder reproduktionstoxische Gefahrstoffe der Kategorien 1A und 1B ist hier nicht aufgeführt, da deren Abgabe an Privatpersonen („breite Öffentlichkeit“) verboten und somit nur dem gewerblichen Abnehmer vorbehalten ist.

◘ **Tab. 7.2** Ausstattungspflicht der Verpackung mit Tastmarken nach EG-CLP-VO

Gefahrenklasse und -kategorie	H-Satz-Codes	Gefahrenpiktogramm	Tastbarer Gefahrenhinweis
Entz. Gas 1	H220		+
Entz. Gas 2	H221	–	+
Entz. Fl. 1	H224		+
Entz. Fl. 2	H225		+
Entz. Fest. 1, 2	H228		+
Asp. 1	H304		+

Tab. 7.2 Ausstattungspflicht der Verpackung mit Tastmarken nach EG-CLP-VO (Fortsetzung)

Gefahrenklasse und -kategorie	H-Satz-Codes	Gefahrenpiktogramm	Tastbarer Gefahrenhinweis
Akut Tox. 1, 2	H300, H310, H330		+
Akut Tox. 3	H301, H311, H331		+
Akut Tox. 4	H302, H312, H332		+
Hautätz. 1	H314		+
Sens. Atemw. 1	H334		+
Mutag. 2	H341		+
Karz. 2	H351		+
Repr. 2	H361		+
STOT einm. 1	H370		+
STOT einm. 2	H371		+
STOT wdh. 1	H372		+
STOT wdh. 2	H373		+

Quelle: Bundesapothekerkammer, www.abda.de/1135.html

8 Kennzeichnung von Abgabegefäßen

8.1 Übergangsbestimmungen für Zubereitungen bis 01.06.2015

Werden Gefahrstoffe **neu konfektioniert**, so müssen seit dem 01.12.2010 sämtliche **Stoffe** ausnahmslos nach EG-CLP-VO gekennzeichnet werden; nur für **Zubereitungen** (syn. Gemische) gilt eine Übergangsfrist bis zum 01.06.2015, in der noch die Bestimmungen nach „altem Recht" anwendbar sind.

Die Abgabebehältnisse der **Zubereitungen** müssen gut lesbar, in deutscher Sprache und dauerhaft (d. h. die Kennzeichnung muss den zu erwartenden Umgangsbedingungen mit dem Gefahrstoff standhalten) mit folgenden Angaben versehen sein:

- Name der Zubereitung.
- Bezeichnung der/des enthaltenen Stoffe(s).
- EG-Nummer mit dem Vermerk „EG-Kennzeichnung"; falls nicht europaweit eingestuft CAS-Nr.
- Gefahrensymbol und Gefahrenbezeichnung.
- Hinweise auf die besonderen Gefahren (R-Sätze).
- Sicherheitsratschläge (S-Sätze).
- Füllmenge.
- Name, Anschrift und Telefonnummer der Apotheke.
- Ggf. Hinweis „Achtung! Noch nicht vollständig geprüfter Stoff."

Bei der Abgabe von Gefahrstoffen an **Privatpersonen** sind grundsätzlich die folgenden S-Sätze mit allgemeinem Hinweischarakter aufzutragen, auch wenn sie in der Stoffliste oder in anderen Quellen nicht extra genannt sein sollten:

- Bei **allen** Gefahrstoffen:
  S2 Darf nicht in die Hände von Kindern gelangen.
- Bei sehr giftigen (T^+), giftigen (T) und ätzenden (C) Gefahrstoffen zusätzlich zu S2:
  S1 Unter Verschluss aufbewahren.
  S45 Bei Unfall oder Unwohlsein sofort Arzt zuziehen (wenn möglich, dieses Etikett vorzeigen).
- Bei allen übrigen Gefahrstoffen zusätzlich zu S2:
  S46 Bei Verschlucken sofort ärztlichen Rat einholen und Verpackung oder Etikett vorzeigen.

Bei sehr giftigen, giftigen und ätzenden Zubereitungen ist dem privaten Endabnehmer grundsätzlich eine Gebrauchsanweisung auszuhändigen.

CMR-Stoffe der Kategorien 1 und 2 sind in Zubereitungen ab einem Massegehalt von 0,1 % mit der Aufschrift „Nur für den gewerbsmäßigen Verwender" zu versehen. Damit verbunden ist ein Abgabeverbot der genannten Gefahrstoffzubereitungen an Privatpersonen.

8.2 Neue Kennzeichnungsvorschriften nach EG-CLP-VO

Die neuen Kennzeichnungen nach EG-CLP-VO ähneln vom prinzipiellen Aufbau her den bisherigen Vorschriften. Gemäß Artikel 17 der EG-CLP-VO sind ein Stoff oder Gemisch, der bzw. das als gefährlich eingestuft und verpackt ist, mit folgenden Kennzeichnungselementen zu versehen:

- Name, Anschrift und Telefonnummer der Apotheke.
- Nennmenge des Stoffs oder Gemischs in der Verpackung.
- Produktidentifikatoren (EG-Nr. oder Index-Nr. oder CAS-Nr.).
- Gefahrenpiktogramme.
- Signalwörter („Gefahr" oder „Achtung").
- Gefahrenhinweise (H-Sätze).
- Auswahl geeigneter Sicherheitshinweise (P-Sätze, grundsätzlich maximal 6).
- Besondere Kennzeichnungsvorschriften (z. B. EUH-Sätze) und ggf. ergänzende Informationen.

Sind die Gefahrstoffe europaweit harmonisiert eingestuft, können die erforderlichen Angaben mit Ausnahme der P-Sätze direkt der Stoffliste (Anhang VI EG-CLP-VO) entnommen werden. Im Unterschied zu den S-Sätzen des alten Systems, deren Deklaration einheitlich und ohne Differenzierungsmöglichkeit nach Menge und Verwendung des Gefahrstoffs vorgegeben war, erfolgt die Auswahl der P-Sätze im neuen System vom Inverkehrbringer individuell bezogen auf die Menge des abgegebenen Gefahrstoffs und angepasst an den zu erwartenden Anwendungszweck (▸Kap. 4.5 und ▸Kap. 4.6).

Es erscheinen grundsätzlich **nicht mehr als 6 P-Sätze** auf dem Etikett, es sei denn, die Art und Schwere der Gefahr macht dies im Einzelfall erforderlich. Die Kombinationssätze (z. B. P301+P310) gelten dabei als ein Satz. P-Sätze, die gemäß der Einstufungstabellen zwar möglich wären, aufgrund der Stoffeigenschaften und Verpackungsgröße aber eindeutig überflüssig oder unnötig sind, werden nicht deklariert.

Für einige apothekentypische Gefahrstoffe wurde in ▸Kap. 5.2 eine Auswahl plausibler P-Sätze zusammengestellt.

Wird der Stoff oder das Gemisch an die breite Öffentlichkeit (Privatpersonen) abgegeben, trägt das Kennzeichnungsetikett immer dann einen Sicherheitshinweis zur Entsorgung (**P501** Inhalt/Behälter … zuführen.), wenn P501 mit einem der auf dem Etikett gekennzeichneten H-Sätze verknüpft ist (▸Kap. 4.5, ◘Tab. 4.2 bis ◘Tab. 4.29). Nur bei H-Sätzen ohne Bezug auf P501 (z. B. H315, H319) kann dieser Hinweis entfallen. Weitere Pflichthinweise wie bei den S-Sätzen (z. B. „Darf nicht in die Hände von Kindern gelangen.") sind momentan nicht geregelt. Die Deklaration des gleichlautenden **P102 und ggf. auch des P101** wird aber aus haftungsrechtlichen und Sicherheitsgründen bei der Abgabe an Privatpersonen dringend empfohlen.

Einzelne P-Sätze müssen noch sachgerecht ergänzt werden (z. B. Angabe des Entsorgers bei P501, Angabe von Lagertemperaturen bei P411 oder Lagermengen bei P413).

Beim Aufdrucken der P-Sätze muss darauf geachtet werden, dass die in GROSSBUCHSTABEN vorgegebenen Textbausteine wegen der besseren Auffälligkeit auch so übernommen werden (z. B. BEI VERSCHLUCKEN…).

8.3 Reduzierte Kennzeichnungspflichten bei Gefäßen mit weniger als 125 ml Rauminhalt

8.3.1 Übergangsvorschriften bis 01.06.2015

Bei Gefäßen mit einem Rauminhalt bis einschließlich 125 ml **kann** auch bei der Abgabe an Privatpersonen auf die Angabe der R- und S-Sätze verzichtet werden, wenn es sich um reizende (Xi), brandfördernde (O) oder leichtentzündliche (F) **Zubereitungen** handelt.

Des Weiteren können die R- und S-Sätze auch bei gesundheitsschädlichen **Zubereitungen** (Xn) entfallen, wenn die Gefäße bis einschließlich 125 ml **nicht** an private Verwender abgegeben werden. Ist der R-Satz R41 „Gefahr ernster Augenschäden" erforderlich, müssen die R- und S-Sätze in jedem Fall angegeben werden.

Bei diesen Ausnahmeregelungen handelt es sich um „Kann-Bestimmungen"; das höhere Sicherheitsniveau ist mit der Volldeklaration der R- und S-Sätze immer gewährleistet.

Für **Stoffe** gilt bereits seit 01.12.2010 die EG-CLP-VO.

8.3.2 Regelungen nach EG-CLP-VO

Auch nach EG-CLP-VO können Kleinpackungen bis einschließlich 125 ml von der Kennzeichnungspflicht mit H- und P-Sätzen befreit sein; das Bewertungskriterium ist die Zuordnung zu einer bestimmten Gefahrenkategorie, die im H-Satz-Code ihren Ausdruck findet.

◘ Tab. 8.1 gibt einen Überblick zur Kennzeichnungspflicht von Gefäßen für die Abgabe an die breite Öffentlichkeit bis einschließlich 125 ml. Bei den meisten der aufgeführten Gefahrenkategorien kann auf die Angabe der H- und P-Sätze verzichtet werden. Es gibt jedoch Ausnahmen, bei denen nur die P-Sätze entfallen und die H-Sätze (H221, H362, H412, H413) deklariert werden müssen.

Werden Gefahrstoffe an **gewerbliche Anwender** abgegeben, dann gilt die reduzierte Kennzeichnungspflicht zusätzlich für folgende Gefahrenkategorien (◘ Tab. 8.2).

8.3.3 Sonderfall: Gefäße mit weniger als 10 ml Rauminhalt

In Anhang I der Verordnung (EG) Nr. 1272/2008, zuletzt geändert und ergänzt durch die VO (EU) Nr. 487/2013, sind besondere Kennzeichnungsbestimmungen für Kleinstgefäße mit weniger als 10 ml Rauminhalt formuliert. Diese dürfen grundsätzlich nur als innere Verpackungen von vollständig gekennzeichneten äußeren Verpackungen in Umlauf gebracht werden.

Tab. 8.1 Mindestkennzeichnung von Gefäßen bis einschließlich 125 ml Inhalt für die Abgabe an die breite Öffentlichkeit

Gefahrenkategorie	H-Satz-Code	Piktogramm	Signalwort	Kennzeichnungspflicht	
				H-Satz	P-Satz
Entz. Gas 2	H221	–	Achtung	H221	–
Entz. Fl. 2	H225		Gefahr	–	–
Entz. Fl. 3	H226		Achtung	–	–
Entz. Fest. 1	H228		Gefahr	–	–
Entz. Fest. 2			Achtung	–	–
Selbstzers. CD Org. Perox. CD	H242		Gefahr	–	–
Selbstzers. EF Org. Perox. EF			Achtung	–	–
Selbsterh. 2	H252		Achtung	–	–
Wasserreakt. 1	H260		Gefahr	–	–
Wasserreakt. 2	H261		Gefahr	–	–
Wasserreakt. 3	H261		Achtung	–	–
Oxid. Gas 1	H270		Gefahr	–	–
Oxid. Fl. 2 Oxid. Fest. 2	H272		Gefahr	–	–
Oxid. Fl. 3 Oxid. Fest. 3			Achtung	–	–
Pressgas	H280, H281		Achtung	–	–
Met. korr. 1	H290	–	Achtung	–	–
Hautreiz. 2	H315		Achtung	–	–

Tab. 8.1 Mindestkennzeichnung von Gefäßen bis einschließlich 125 ml Inhalt für die Abgabe an die breite Öffentlichkeit (Fortsetzung)

Gefahrenkategorie	H-Satz-Code	Piktogramm	Signalwort	Kennzeichnungspflicht	
				H-Satz	P-Satz
Augenreiz. 2	H319		Achtung	–	–
Lakt.	H362	–	Kein Signalwort	H362	–
Aqu. akut 1	H400		Achtung	–	–
Aqu. chron. 1	H410		Achtung	–	–
Aqu. chron. 2	H411		Kein Signalwort	–	–
Aqu. chron. 3	H412	–	Kein Signalwort	H412	–
Aqu. chron. 4	H413			H413	–

Quelle: modifiziert nach Bundesapothekerkammer, www.abda.de/1135.html

Tab. 8.2 Mindestkennzeichnung von Gefäßen bis einschließlich 125 ml Inhalt für die Abgabe an gewerbliche Abnehmer (nicht an die breite Öffentlichkeit)

Gefahrenkategorie	H-Satz-Code	Piktogramm	Signalwort	Kennzeichnungspflicht	
				H-Satz	P-Satz
STOT einm. 2	H371		Gefahr	–	–
STOT einm. 3	H335 H336		Achtung	–	–
STOT whd. 2	H373		Achtung	–	–

Innere Verpackungen müssen demnach die nach Artikel 17 der EG-CLP-VO vorgeschriebenen Kennzeichnungselemente nicht aufweisen, sofern

- die innere Verpackung nicht mehr als 10 ml enthält;
- der Stoff oder das Gemisch zur Lieferung an einen Händler oder an einen nachgeschalteten Anwender für wissenschaftliche Forschung und Entwicklung oder Qualitätskontrollanalysen in Verkehr gebracht wird und
- die innere Verpackung von einer äußeren Verpackung umgeben ist, die den Anforderungen nach Artikel 17 der VO (EG) Nr. 1272/2008 entspricht.

Ungeachtet dieser Kennzeichnungserleichterungen muss die Kennzeichnung auf der inneren Verpackung den Produktidentifikator und gegebenenfalls die Gefahrenpiktogramme GHS01, GHS05, GHS06 und/oder GHS08 enthalten. Werden mehr als zwei Piktogramme zugewiesen, so können GHS06 und GHS08 Vorrang vor GHS01 und GHS05 erhalten.

8.4 Arzneimittel, die Gefahrstoffe enthalten

Grundsätzlich sind Arzneimittel, auch wenn sie Gefahrstoffe als Wirk- oder Hilfsstoffe enthalten, von den gefahrstoffrechtlichen Vorschriften der Kennzeichnung und Verpackung nicht betroffen. Dies gilt definitionsgemäß für:

- Zulassungs- und registrierungspflichtige Fertigarzneimittel (auch Standardzulassungen),
- Defekturarzneimittel, die aufgrund häufiger ärztlicher oder zahnärztlicher Verschreibung ohne Zulassungspflicht im Voraus hergestellt werden können („Hunderterregel"),
- Sonstige Arzneimittel, die in einer zur Abgabe an den Verbraucher bestimmten Packung in den Verkehr gebracht werden (Rezepturarzneimittel).

Demzufolge unterliegen die **Rezeptursubstanzen**, die zwar von der Zweckbestimmung her Arzneimittel sind, sich aber noch im Vorratsgefäß (d. h. nicht im für den Verbraucher bestimmten Abgabegefäß) in der Rezeptur befinden, den Kennzeichnungs- und Verpackungsvorschriften des Gefahrstoffrechts.

8

8.4.1 Sonderfall Rezepturarzneimittel mit gefährlichen physikalischen Eigenschaften

Nach den Vorschriften der alten Apothekenbetriebsordnung in der bis Juni 2012 geltenden Fassung mussten Rezepturarzneimittel, die nach der damals gültigen Gefahreneinstufung als explosionsgefährlich (E), hochentzündlich (F^+), leichtentzündlich (F) oder brandfördernd (O) eingestuft worden waren, mit dem Gefahrensymbol, der Gefahrenbezeichnung sowie den R- und S-Sätzen gekennzeichnet werden. Diese Regelungen sind mit der neuen ApBetrO ab Juni 2012 ersatzlos entfallen. Damit wurde eine klare Trennung in der Kennzeichnung von Arzneimitteln und Gefahrstoffen bei der Abgabe an den Patienten/Kunden gezogen.

Da jedoch im § 14 Abs. 1 Nr. 8 der neugefassten ApBetrO gefordert wird, dass *„soweit erforderlich, Hinweise auf besondere Vorsichtsmaßnahmen, für die Aufbewahrung oder für die Beseitigung von nicht verwendeten Arzneimitteln oder sonstige besondere Vorsichtsmaß-*

nahmen, um Gefahren für die Umwelt zu vermeiden", auf dem Kennzeichnungsetikett aufzubringen sind, sollten diesbezügliche Hinweise auf die Entzündlichkeit oder brandfördernde Eigenschaften von Rezepturen unbedingt verbal deklariert werden.

In der Apothekenpraxis trifft dies beispielsweise auf Rezepturen zu, die Diethylether, Ethanol oder Isopropylalkohol enthalten.

Während bei dem extrem entzündbaren Diethylether ein entsprechender Hinweis immer erforderlich ist, hängt bei Ethanol und Isopropylalkohol die Art der Hinweise von deren Konzentration in wässriger Lösung ab.

Nach den alten Einstufungskriterien galten Ethanol > 77 % V/V und Isopropylalkohol > 48 % V/V als leichtentzündlich. Aufgrund neuer Einstufungskriterien nach Flammpunkt und Siedebeginn auf der Basis der EG-CLP-VO ist ein Hinweis auf die Eigenschaften „leicht entzündbar" oder „entzündbar" schon bei niedrigeren Konzentrationen erforderlich (▸ Kap. 5, ◘ Tab. 5.2)

Als „leicht entzündbar" gelten:

Ethanol	≥ 68 % V/V
Isopropylalkohol (2-Propanol)	≥ 38 % V/V.

Als „entzündbar" sind folgende Konzentrationsbereiche zu kennzeichnen:

Ethanol	7 ≤ C < 68 % V/V
Isopropylalkohol (2-Propanol)	3 ≤ C < 38 % V/V.

Dazu können als Formulierungshilfe passende Textbausteine aus geeigneten H- oder P-Sätzen verwendet werden. Eine Verwendung der **Gefahrenpiktogramme** oder sonstiger Elemente der Gefahrstoffkennzeichnung ist bei der Kennzeichnung von Arzneimitteln zur Abgabe **nicht** mehr vorgesehen.

8.5 Kennzeichnungsbeispiele für Abgabegefäße

8.5.1 Abgabe von Aceton für Reinigungszwecke

Die Kennzeichnung von Aceton zur Abgabe unterliegt ausnahmslos den EG-CLP-Bestimmungen. Wird Aceton an die breite Öffentlichkeit abgeben, dann müssen im Unterschied zu den bisherigen Vorschriften aufgrund von H336 die H- und P-Sätze unabhängig vom Gefäßvolumen immer deklariert werden. Nur bei der Abgabe an gewerbliche Abnehmer reicht die Mindestdeklaration mit Gefahrenpiktogramm und Signalwort aus.

Etikett für die Abgabe von Aceton an die breite Öffentlichkeit

ACETON 250 ml

EG-Nr.: 200-662-2
(Index-Nr. oder CAS-Nr. auch möglich)

Gefahr

Flüssigkeit und Dampf leicht entzündbar. Verursacht schwere Augenreizung. Kann Schläfrigkeit oder Benommenheit verursachen. Wiederholter Kontakt kann zu spröder oder rissiger Haut führen.

Darf nicht in die Hände von Kindern gelangen. Von Hitze/Funken/offener Flamme/heißen Oberflächen fernhalten. Nicht rauchen. Nur im Freien oder in gut belüfteten Räumen verwenden. BEI BERÜHRUNG MIT DEN AUGEN: Einige Minuten lang behutsam mit Wasser ausspülen. Eventuell vorhandene Kontaktlinsen nach Möglichkeit entfernen. Weiter ausspülen. An einem gut belüfteten Ort aufbewahren. Behälter dicht verschlossen halten. Inhalt/Behälter dem kommunalen Entsorgungssystem zuführen.

Gefahren-Apotheke, Chemikalienstraße 13, 04111 Ätzhausen, Tel.: 0341-111111

Die Codenummern der H- und P-Sätze müssen nicht mit deklariert werden; die Auswahl der P-Sätze erfolgte nach den Vorgaben in ▸Kap. 4.6.

Wenn Aceton in einer Menge bis 125 ml an gewerbliche Anwender abgegeben wird, kann auf die H- und P-Sätze und das tastbare Warndreieck verzichtet werden.

8.5.2 Abgabe von 1 Liter Natriumhydroxidlösung 5 % zum Abbeizen von Möbeln

Dieser Gefahrstoff ist ein Gemisch/eine Zubereitung und kann bis zum 01.06.2015 sowohl noch nach den alten Kennzeichnungsvorschriften als auch schon nach den neuen Regeln in den Verkehr gebracht werden.

Etikett nach „altem" Recht

Natriumhydroxidlösung 5 % **1 Liter**

C

Ätzend

EG-Kennzeichnung EG-Nummer 215-185-5
Verursacht schwere Verätzungen.
Unter Verschluss und für Kinder unzugänglich aufbewahren.
Bei Berührung mit den Augen sofort gründlich mit Wasser abspülen.
Arzt konsultieren.
Bei der Arbeit geeignete Schutzhandschuhe und Schutzbrille/Gesichtsschutz tragen.
Bei Unfall oder Unwohlsein sofort Arzt hinzuziehen; wenn möglich, dieses Etikett vorzeigen.

Gefahren-Apotheke, Chemikalienstraße 13,
04111 Ätzhausen, Tel.: 0341-111111

Hier ist eine vollständige Kennzeichnung erforderlich. Die Flasche muss außerdem mit einem kindergesicherten Verschluss versehen werden.

Etikett nach EG-CLP-VO

Natriumhydroxidlösung 5 % **1 Liter**

EG-Nr.: 215-185-5
(Index-Nr. oder CAS-Nr. auch möglich)

Gefahr

Verursacht schwere Verätzungen der Haut und schwere Augenschädigungen.

Darf nicht in die Hände von Kindern gelangen. Schutzhandschuhe/Schutzkleidung/Augenschutz/Gesichtsschutz tragen. BEI KONTAKT MIT DER HAUT (oder dem Haar): Alle beschmutzten, getränkten Kleidungsstücke sofort ausziehen. Haut mit Wasser abwaschen/duschen. BEI KONTAKT MIT DEN AUGEN: Einige Minuten lang behutsam mit Wasser spülen. Vorhandene Kontaktlinsen nach Möglichkeit entfernen. Weiter spülen. Unter Verschluss aufbewahren. Inhalt/Behälter der kommunalen Entsorgung zuführen.

Gefahren-Apotheke, Chemikalienstraße 13, 04111 Ätzhausen, Tel.: 0341-111111

In Anhang VI der EG-CLP-VO ist Natriumhydroxid ab einer Konzentration von ≥ 5 % in die Gefahrenkategorie Hautätz. 1 A mit H314 eingestuft. Dies führt zur möglichen Angabe der P-Sätze P260, P264, **P280**, P301 +P330 +P331, **P303 +P361 +P353**, P363, P304 +P340, P310, P321, **P305 +P351 +P338**, **P405** und **P501** (▸Kap. 4.5).

Die fett gedruckten und der allgemeine P-Satz **P102** wurden für das Beispieletikett unter Berücksichtigung der geplanten Anwendung ausgewählt.

Da das Gefäß an die breite Öffentlichkeit abgegeben wird, muss es mit dem tastbaren Warndreieck und einem kindergesicherten Verschluss versehen sein.

8.5.3 Isopropylalkohol 70 % Vol. als Chemikalie zu Reinigungszwecken (nicht als Arzneimittel)

Auch dieser Gefahrstoff gilt als Gemisch/Zubereitung und kann bis zum 01.06.2015 sowohl noch nach den „alten" Kennzeichnungsvorschriften als auch schon nach den neuen Regeln in den Verkehr gebracht werden.

Etikett nach „altem" Recht

Isopropylalkohol 70% Vol. 500 ml

F

Leichtentzündlich

Xi

Reizend

EG-Kennzeichnung
EG-Nummer 200-661-7

Reizt die Augen. Dämpfe können Schläfrigkeit und Benommenheit verursachen. Darf nicht in die Hände von Kindern gelangen. Behälter dicht geschlossen halten. Von Zündquellen fernhalten. Nicht rauchen. Berührung mit den Augen und der Haut vermeiden. Bei Berührung mit den Augen sofort gründlich mit Wasser abspülen und Arzt konsultieren. Bei Verschlucken sofort ärztlichen Rat einholen und Verpackung oder Etikett vorzeigen.

Gefahren-Apotheke
Chemikalienstraße 13
04111 Ätzhausen
Tel.: 0341-111111

Die vollständige Kennzeichnung ist erforderlich. Eine Blindentastmarke ist notwendig, wenn die Abgabe an Privatpersonen erfolgt.

Etikett nach EG-CLP-VO

Isopropylalkohol 70% Vol. **500 ml** EG-Nr.: 203-633-5
(Index-Nr. oder CAS-Nr. auch möglich)

Gefahr

Flüssigkeit und Dampf leicht entzündbar. Verursacht schwere Augenreizung. Kann Schläfrigkeit oder Benommenheit verursachen.

Darf nicht in die Hände von Kindern gelangen. Von Hitze/Funken/offener Flamme/heißen Oberflächen fernhalten. Nicht rauchen. Nur im Freien oder in gut belüfteten Räumen verwenden. BEI BERÜHRUNG MIT DEN AUGEN: Einige Minuten lang behutsam mit Wasser ausspülen. Eventuell vorhandene Kontaktlinsen nach Möglichkeit entfernen. Weiter ausspülen.

An einem gut belüfteten Ort aufbewahren. Behälter dicht verschlossen halten. Inhalt/Behälter dem kommunalen Entsorgungssystem zuführen.

Gefahren-Apotheke, Chemikalienstraße 13, 04111 Ätzhausen, Tel.: 0341-111111

Bei Isopropylalkohol ist aufgrund von H336 auch bei Mengen bis einschließlich 125 ml die vollständige Kennzeichnung mit H- und P-Sätzen und darüber hinaus die Ausstattung mit dem tastbaren Warnhinweis erforderlich, wenn die Abgabe an Privatpersonen erfolgt. Die Auswahl der P-Sätze erfolgt individuell; P501 ist Pflicht bei der Abgabe an die breite Öffentlichkeit.

8.5.4 Isopropylalkoholhaltiges Rezepturarzneimittel (70 % Vol.)

Etikett nach neuer Apothekenbetriebsordnung

Die neue Apothekenbetriebsordnung sieht bei Rezepturen hinsichtlich ihrer physikalisch-chemischen Gefahren keine zusätzliche Kennzeichnung nach Gefahrstoffrecht vor.

Jedoch wird allgemein ein verbaler Hinweis auf mögliche Gefahren bei der Anwendung, Aufbewahrung oder Entsorgung des Arzneimittels bzw. der Arzneimittelreste gefordert (▸ Kap. 8.4.1)

Das Arzneimittel im folgenden Beispiel enthält 70 % V/V Isopropylalkohol. Aufgrund dessen sollte der Hinweis, dass die Flüssigkeit leicht entzündbar ist und demzufolge von möglichen Zündquellen ferngehalten werden muss, unbedingt aufgebracht werden. Als Formulierungshilfe bieten sich die Textbausteine der einschlägigen H- und P-Sätze an.

Für: H. Muster Inhalt 200 g

Salicylsäure 2,0 g
Isopropylalkohol 124,7 g
Wasser 73,3 g
Lösung mehrmals täglich mit einem Wattebausch auf die betroffenen Hautstellen auftragen.
Hergestellt am: 02.06.14
Verwendbar bis: 01.06.15
Flüssigkeit leicht entzündbar. Von Hitze/Funken/offener Flamme/heißen Oberflächen fernhalten. Nicht rauchen. Arzneimittelreste der kommunalen Entsorgung zuführen.

Gefahren-Apotheke, Apotheke F. Pistill
Chemikalienstraße 13
04111 Ätzhausen
Tel.: 0341-111111

8.6 Ausführung der Kennzeichnung – Etikettengröße

Die allgemeinen Anforderungen an die Gestaltung und Beschaffenheit der Etiketten unterscheiden sich nach „altem" und „neuem" Recht nicht wesentlich.

In Artikel 31 der EG-CLP-VO wird ausgeführt, dass das Kennzeichnungsetikett fest auf einer oder mehreren Flächen der Verpackung, die den Stoff oder das Gemisch unmittelbar enthält, angebracht wird. Es muss waagerecht lesbar sein, wenn die Verpackung in üblicher Weise abgestellt wird.

Die Farbe und die Aufmachung des Kennzeichnungsetiketts sind so gestaltet, dass sich das Gefahrenpiktogramm deutlich abhebt. Die Kennzeichnungselemente werden deutlich lesbar und unverwischbar so angebracht, dass sie sich deutlich vom Untergrund abheben und ausreichend dimensioniert sind.

Die **Mindestgrößen für Etiketten** sind in „altem" und „neuem" Recht weitgehend vergleichbar. Neu ist, dass bei Gefäßen, die deutlich weniger als 3 Liter Fassungsvermögen haben, von der Mindestgröße der Etiketten von 52 mm × 74 mm abgewichen werden kann.

Einen Überblick zu den Mindestgrößen für Etiketten und Gefahrenpiktogramme nach VO (EU) 286/2011 gibt ◻ Tab. 8.3.

Die Gefahrensymbole nach „altem" Recht müssen in schwarzem Aufdruck auf orangefarbenem Untergrund mindestens **1 cm²** groß sein und mindestens **ein Zehntel** der Gesamtfläche der Kennzeichnung ausmachen.

Die Gefahrenpiktogramme nach „neuem" Recht tragen ein schwarzes Symbol auf weißem Hintergrund in einem roten Rahmen in Gestalt eines auf der Spitze stehenden Quadrats. Die Breite des Rahmens muss so bemessen sein, dass er deutlich sichtbar ist. Jedes Gefahrenpiktogramm muss mindestens **ein Fünfzehntel** der Fläche des Kennzeichnungsetiketts einnehmen und die Mindestfläche muss **1 cm²** betragen.

Das Etikett soll mit seiner ganzen Fläche auf dem Behältnis haften. Ist ein Gefäß allerdings zu klein für ein gut lesbares Etikett, kann auch ein auffaltbares Etikett verwendet werden. Dieses sollte dann möglichst großflächig mit dem Gefäß verbunden sein.

Tab. 8.3 Mindestabmessungen der Kennzeichnungsetiketten und Piktogramme

Fassungsvermögen der Verpackung	Abmessungen des Kennzeichnungsetiketts (in mm) für die nach Artikel 17 vorgeschriebenen Informationen (in mm)	Abmessungen des Piktogramms (in mm)
Bis 3 l	Wenn möglich mindestens 52 × 74	Nicht kleiner als 10 × 10, wenn möglich mindestens 16 × 16
Über 3 l bis höchstens 50 l	Mindestens 74 × 105	Mindestens 23 × 23
Über 50 l bis höchstens 500 l	Mindestens 105 × 148	Mindestens 32 × 32
Größer als 500 l	Mindestens 148 × 210	Mindestens 46 × 46

8.6.1 Etiketten- und Symbolgröße für ein Gefäß mit 1 Liter Füllvolumen nach „altem“ Recht

Gefahrstoff

F

Symbolgröße mindestens 1/10 der Etiketten-gesamtfläche und mindestens 1 cm^2

Leichtentzündlich

8.6.2 Etiketten- und Symbolgröße für ein Gefäß mit 1 Liter Füllvolumen nach EG-CLP-VO

Gefahrstoff

Symbolgröße mindestens 1/15 der Etiketten-gesamtfläche und mindestens 1 cm^2

Gefahr

9 Abgabe von Gefahrstoffen

9.1 Parallele Gültigkeit von „altem" und „neuem" Recht

Die Bestimmungen nach EG-CLP-VO führen zu einer **Neu**regelung der **Einstufung, Kennzeichnung** und **Verpackung** von Gefahrstoffen. Parallel dazu verbleiben die **Abgabe**stimmungen, die in der Chemikalienverbotsverordnung formuliert sind, noch in der Systematik des „alten" Rechts. Dies führt dazu, dass die Kennzeichnung der Stoffe nach GHS-CLP-System nicht unmittelbar deckungsgleich mit den Vorgaben der Chemikalienverbotsverordnung ist.

Um entscheiden zu können, ob und unter welchen Bedingungen ein neu gekennzeichneter Gefahrstoff auf der Grundlage der Chemikalienverbotsverordnung abgegeben werden kann, muss die „neue" Kennzeichnung in die „alte" Einstufung „übersetzt" werden.

Den Schlüssel dazu liefern die Sicherheitsdatenblätter. Hier ist jeder Inverkehrbringer von Stoffen verpflichtet, bis zum 31.05.2015 die Einstufung nach „altem" und „neuem" Recht parallel aufzuführen. Diese Informationen findet man im Abschnitt 2 und ergänzend im Abschnitt 15 des jeweiligen SDB's.

Bis zu einer Anpassung der Gefährlichkeitsmerkmale in der Gefahrstoffverordnung und der Chemikalienverbotsverordnung an die Gefahrenklassen und -kategorien des EG-CLP-Systems ist man als Abgebender von Gefahrstoffen mit der parallelen Existenz zweier Einstufungs- und Kennzeichnungssysteme konfrontiert.

Entscheidend für die Abgabe sind aktuell die Einstufungen nach „altem" Recht. Dieses hat insbesondere bei der Einstufung von Stoffen in die Kategorien „Giftig" oder „Gesundheitsschädlich" Bedeutung. In bestimmten LD_{50}-Bereichen werden Stoffe nach „altem" Recht noch als „Gesundheitsschädlich" (Xn), nach neuem Recht jedoch als Akut Tox. 3 mit dem Totenkopf als Gefahrenpiktogramm eingestuft.

9.2 Wer darf in der Apotheke Gefahrstoffe abgeben?

Eine Abgabe der in ▸ Kap. 9.3 genannten Gefahrstoffe darf nur durch Personen erfolgen, die die erforderliche „Sachkunde" erbracht haben. Das pharmazeutische Personal besitzt diese „Sachkunde". Andere Personen, die in der Apotheke tätig sind, müssen einen „Sachkundenachweis" erbringen.

Zur Beachtung: Praktikanten (Pharmazeuten im Praktikum, PTA-Praktikanten) besitzen noch keine „Sachkunde"; sie dürfen deshalb – auch unter Aufsicht – diese Stoffe nicht abgeben.

9.3 An wen dürfen Gefahrstoffe abgegeben werden?

in Verbindung mit R40, R62, R63 oder R68

Die Abgabe dieser Stoffe an Endabnehmer[1] ist nur unter folgenden Bedingungen erlaubt:

- Der Erwerber hat das 18. Lebensjahr vollendet.
- Der Gefahrstoff wird in erlaubter Weise verwendet und es bestehen keine Anhaltspunkte für eine unerlaubte Verwendung oder Weiterveräußerung.

Außerdem ist eine **Identitätsfeststellung** erforderlich, wenn es sich um Giftstoffe (T, T^+) oder um einen der folgenden Gefahrstoffe, die potentiell für die Herstellung von Explosivstoffen geeignete sind, handelt:

- Ammoniumnitrat
- Kaliumnitrat
- Kaliumchlorat
- Kaliumperchlorat
- Kaliumpermanganat
- Natriumchlorat
- Natriumnitrat
- Natriumperchlorat
- Wasserstoffperoxidlösung > 12 %

(Näheres zu den Stoffen ▸ Kap. 9.11)

9.4 Unterweisung bei der Abgabe

Wer die in ▸ Kap. 9.3 genannten Stoffe abgibt, muss den Erwerber zuvor mündlich unterrichten über:

- die mit der Verwendung verbundenen Gefahren,
- entsprechende Vorsichtsmaßnahmen,
- Maßnahmen bei versehentlichem Verschütten und zur ordnungsgemäßen Entsorgung.

1 Anmerkung: Auf eine Abgabe an Handelsgewerbetreibende wird hier nicht eingegangen, da dies für Apotheken keine Rolle spielen dürfte. Bei Bedarf kann in der Chemikalien-Verbotsverordnung § 3 Abs. 1 nachgelesen werden.

■ **HINWEIS** Es muss sich tatsächlich um eine **mündliche Unterweisung** handeln. Das bloße Aushändigen eines Schriftstückes, das die geforderten Angaben enthält, genügt nicht, denn es könnte ungelesen weggeworfen werden!

Seit der Änderung der Chemikalien-Verbotsverordnung vom 26. Juni 2000 sind ätzende Stoffe von den in ▸Kap. 9.3 genannten Abgabebeschränkungen ausgenommen, wenn sie kindergesichert verschlossen sind, was ohnehin verpflichtend vorgeschrieben ist (▸Kap. 7.2). Somit entfällt die gesetzliche Verpflichtung zur mündlichen Unterrichtung der Kunden. Es darf dabei allerdings nicht vergessen werden, dass das Apothekenpersonal damit nicht von seiner besonderen Sorgfaltspflicht entbunden ist. Der Autor empfiehlt deshalb, auch bei ätzenden Stoffen den Verwendungszweck zu prüfen und eine mündliche Unterrichtung durchzuführen.

9.4.1 Vorschlag für die praktische Durchführung der Unterweisung

Eine Unterweisung aus dem Stegreif durchzuführen, ist sicher zu viel verlangt. Es empfiehlt sich daher, den Kunden darüber zu informieren, dass der Gesetzgeber eine Unterweisung vorschreibt und mit ihm zusammen anhand einer Schriftvorlage die geforderten Punkte durchzusprechen. Als Vorlage können die entsprechenden Gebrauchsanweisungen oder die Sicherheitsdatenblätter verwendet werden. Bei einigen Zubereitungen/Gemischen ist es ohnehin Pflicht, zusätzlich eine Gebrauchsanweisung mitzugeben (▸Kap. 9.5).

Die einfachste Möglichkeit besteht sicherlich darin, die R-und S-Sätze bzw. die H- und P-Sätze mündlich zu formulieren. Dies könnte beispielsweise bei konzentrierter Salzsäure folgendermaßen geschehen:

„Bitte beachten Sie, dass Salzsäure ätzend ist, das heißt, dass sie Haut und Schleimhäute schädigen kann. Besonders gefährdet sind Ihre Augen. Es ist deshalb unerlässlich, dass Sie zum Arbeiten damit immer Schutzhandschuhe und eine Schutzbrille tragen. Verschüttete Salzsäure wischen Sie bitte mit reichlich Wasser auf, auch hierzu ist die Schutzkleidung zu tragen. Reste geben Sie bitte zum Sondermüll."

9.5 Gebrauchsanweisung

T^+

Sehr giftig

T

Giftig

C

Ätzend

Werden sehr giftige, giftige oder ätzende Zubereitungen an **private** Verbraucher abgegeben, muss eine schriftliche Gebrauchsanweisung mitgeliefert werden (§ 5 Abs. 3 GefStoffV). Es sind folgende Informationen aufzunehmen:

- Informationen zur bestimmungsgemäßen und sicheren Anwendung sowie Dosierung.
- Schädliche Auswirkungen auf die Gesundheit bei Missbrauch bzw. Fehlgebrauch.
- Geeignete Schutzmaßnahmen.

- Sofortmaßnahmen, Erste Hilfe bei Unfällen und ggf. Brandbekämpfung.
- Geeignete Aufbewahrung sowie Beseitigung bei unbeabsichtigter Freisetzung.
- Geeignete Entsorgung von Produktresten sowie ungereinigten Leerpackungen.

Die Gebrauchsanweisung ist auf der Verpackung anzugeben. Ist dies technisch nicht möglich, so ist sie als Packungsbeilage beizufügen. Die Formulierung muss allgemein verständlich sein.

Vorschläge für die praktische Durchführung

Diese Gebrauchsanweisung kann entweder selbst erstellt werden, oder man macht eine Kopie des Sicherheitsdatenblattes, da dieses alle geforderten Angaben ebenso enthält.

Mustervorschläge für Gebrauchsanweisungen, deren Vervielfältigung für die Abgabe an Privatpersonen in Apotheken erlaubt ist, finden sich in dem Werk Kaufmann/Schulz, GHS-Betriebsanweisungen, Deutscher Apotheker Verlag 2011.

9.6 Dokumentation der Abgabe

Die Abgabe ist zu dokumentieren, wenn es sich um Giftstoffe (T, T^+) oder um einen der folgenden Gefahrstoffe handelt:

- Ammoniumnitrat
- Kaliumnitrat
- Kaliumchlorat
- Kaliumperchlorat
- Kaliumpermanganat
- Natriumchlorat
- Natriumnitrat
- Natriumperchlorat
- Wasserstoffperoxidlösung > 12 %

Es sind folgende Angaben festzuhalten

- Art und Menge des Gefahrstoffs
- Datum der Abgabe
- Verwendungszweck
- Name und Anschrift des Erwerbers
- Name des Abgebenden
- Unterschrift des Erwerbers

Über die Form des Protokolls und die darin enthaltenen Aufzeichnungen gibt es keine Vorschrift, es muss lediglich alle oben genannten Angaben enthalten. Die Aufzeichnungen müssen fünf Jahre aufbewahrt werden.

Es ist nicht gefordert, darüber hinausgehende Aufzeichnungen anzufertigen. Der Autor schlägt aber trotzdem vor, einen Vordruck zu verwenden, in dem der Empfänger auch bestätigt, dass er vom Abgebenden unterwiesen wurde und sich dies zusammen mit dem Empfang und dem Verwendungszweck bestätigen zu lassen. Dafür geeignet ist der dazu entworfene Vordruck (Empfangsbestätigung). Es empfiehlt sich darüber hinaus, diesen Vordruck nicht nur für Gifte zu verwenden, sondern auch bei der Abgabe anderer gefährlicher Stoffe, Zubereitungen und Gemische, um im Schadensfalle darauf zurückgreifen zu können.

Empfangsbestätigung nach § 3 ChemVerbotsV

Frau/Herr ....

Adresse ....

hat am ....

in unserer Apotheke den folgenden Gefahrstoff erhalten: ....

Menge ....

Verwendungszweck ....

Die/Der Erwerber/in wurde über die mit dem Verwenden verbundenen Gefahren, notwendige Vorsichtsmaßnahmen beim bestimmungsgemäßen Gebrauch und für den Fall des unvorhergesehenen Verschüttens oder Freisetzens sowie über die ordnungsgemäße Entsorgung unterrichtet.

Die/Der Erwerber/in bestätigt, den Gefahrstoff nur für den angegebenen Zweck zu verwenden.

Name des Abgebenden ....

.........., den ....

....

Unterschrift des Erwerbers Apothekenstempel

Im Anhang 18 ist das Formular im DIN A5-Format abgedruckt. Es kann für die Abgabe in der Apotheke vervielfältigt werden.

9.7 Abgabe von Gefahrstoffen an Minderjährige

Außer der Abgabebeschränkung in ▸ Kap. 9.3 taucht dieses Thema in den gefahrstoffrechtlichen Vorschriften nicht auf. Zu bedenken ist allerdings, dass bei der Kennzeichnung nach „altem" Recht der S-Satz 2 „Darf nicht in die Hände von Kindern gelangen" immer aufgetragen werden musste und – wenn man die Übergangsfrist für die Kennzeichnung von Zubereitungen nach „altem" Recht auch noch bis 31.05.2015 weiter nutzt – auch weiterhin aufgetragen werden muss (▸ Kap. 8.1), sodass sich dadurch automatisch eine Abgabe an Kinder verbietet.

Da die Deklaration des wortgleichen **P102** nach „neuem" Recht in das verantwortungsvolle Ermessen des Abgebenden gestellt wurde, gibt es diesen Automatismus nicht mehr.

Wird allerdings ein kindergesicherter Verschluss verwendet, so kann davon ausgegangen werden, dass der Inhalt nicht in die Hände des Kindes gelangt und ggf. eine Abgabe möglich ist. So finden sich z. B. auch ätzende Haushaltsreiniger in den Freiwahlregalen der Drogeriemärkte. Die abgebende Person hat dies nach Abwägung der Gefahren zu entscheiden.

Jugendliche zwischen dem 14. und dem 18. Lebensjahr dürfen Gefahrstoffe erhalten, die nicht unter die in ▸ Kap. 9.3 aufgeführten Verbote fallen. Es ist allerdings zu beachten, dass diese möglicherweise für missbräuchliche Zwecke wie zur Sprengstoffherstellung oder Synthese illegaler Drogen etc. verwendet werden können (▸ Kap. 9.10 und ▸ Kap. 9.11). Über eine Abgabe ist im Einzelfall nach sorgfältiger Prüfung des Verwendungszwecks zu entscheiden. Im Zweifelsfalle ist die Abgabe zu verweigern, denn im Gegensatz zur Ausführung von Verschreibungen nach ApBetrO gibt es im Gefahrstoffrecht keinen Kontrahierungszwang!

9.8 Mitgabe des Sicherheitsdatenblatts

Wer Gefahrstoffe an **nicht private** Abnehmer abgibt (Arztpraxen, Krankenhäuser etc.), hat bei der ersten Lieferung ein „Sicherheitsdatenblatt“ kostenlos beizulegen, das mit dem Lieferdatum versehen ist.

Näheres zu Sicherheitsdatenblättern findet sich in ▸Kap. 6.

Aktuelle Sicherheitsdatenblätter stehen auf den Internetseiten verschiedener Firmen (z. B. Caelo.de, Hedinger.de, Fagron.de), dem Großhandelsportal www.phagro-sdb.de oder als Sammlung von Links zu Homepages einschlägiger Firmen unter www.abda.de/arbeitsschutzmassnahmen.html zum kostenlosen Download zur Verfügung.

9.9 Abgabeverbote

Die Chemikalienverbotsverordnung enthält eine Liste mit Stoffen, für die entweder ein eingeschränktes oder vollständiges Abgabeverbot besteht (vollständige Auflistung s. Anhang zur ChemVerbotsV). Es handelt sich um Stoffe, von denen die Gefahr einer akuten oder chronischen Vergiftung bzw. einer Umweltschädigung ausgeht. Diese Verbote gelten allerdings nicht für Arzneimittel, die die entsprechenden Stoffe enthalten. Die meisten der genannten Substanzen dürften für die Apotheke ohne Bedeutung sein, weswegen sich die folgenden Ausführungen auf wenige Beispiele beschränken lassen (im Zweifelsfalle ist in den Originaltexten nachzulesen).

Die Verbote der im Folgenden unter 1 bis 5 genannten Stoffe gelten auch nicht für die Abgabe zu Forschungs- und Analysezwecken in den dafür erforderlichen Mengen (§ 1 Abs. 2 Nr. 1 ChemVerbotsV).

9.9.1 Formaldehyd

Das Verbot des Inverkehrbringens beschränkt sich auf folgende Zubereitungen und Gegenstände, die Formaldehyd enthalten:

- bestimmte Holzwerkstoffe bzw. daraus hergestellte Möbel.
- Wasch-, Reinigungs- und Pflegemittel mit einem Gehalt über 0,2 %.

In Anfragen zur Interpretation des Gefahrstoffrechts wird öfter das Problem beschrieben, dass Kunden die Apotheke aufsuchen, um sich Formaldehydzubereitungen zu besorgen. Diese wurden ihnen vom Arzt zur Desinfektion von Schuhen und Socken bei Fußpilzerkrankung empfohlen. Einer Abgabe steht nichts im Wege, da es sich nicht um einen verbotenen Zweck handelt. Die Beratungspflicht macht es allerdings erforderlich, den Kunden über die Gefahren bei der Anwendung und die entsprechenden Vorsichtsmaßnahmen aufzuklären.

9.9.2 Benzol

Benzolzubereitungen mit einem Massengehalt ≥ 0,1 % dürfen nicht in Verkehr gebracht werden. Ausnahme: Lehr- und Ausbildungszwecke.

9.9.3 Quecksilberverbindungen, Arsenverbindungen

Es ist verboten, Quecksilberverbindungen, Arsenverbindungen und deren Zubereitungen u. a. als Antifoulingfarbe, zum Holzschutz oder zur Wasseraufbereitung etc. in Verkehr zu bringen.

9.9.4 Chloraliphaten

Die folgenden aliphatischen Chlorkohlenwasserstoffe sowie Zubereitungen, die 0,1 % oder mehr enthalten, dürfen nicht mehr abgegeben werden:

- Trichlormethan(Chloroform)
- Tetrachlormethan
- 1,1,1,2-Tetrachlorethan
- 1,1,2,2-Tetrachlorethan
- Pentachlorethan
- 1,1,1-Trichlorethan
- 1,1,2-Trichlorethan
- 1,1-Dichlorethen

Dieses Verbot gilt sowohl für die Abgabe an Privatpersonen als auch an nichtprivate Anwender wie Ärzte, Zahnärzte u. a., da die Verwendung dieser Substanzen nur noch in geschlossenen industriellen Anlage erlaubt ist.

Eine Ausnahme bildet auch hier die Abgabe adäquater Mengen für Forschungs- und Analysezwecke.

Chloroform (Trichlormethan) wird in seltenen Fällen zur Probenaufbereitung für die Labordiagnostik insbesondere im Krankenhausbereich benötigt. Für diese *Analysezwecke* ist die Abgabe entsprechend konfektionierter Kleinmengen erlaubt.

9.9.5 Krebserzeugende, erbgutverändernde und fortpflanzungsgefährdende Stoffe

Die Abgabe an private Endabnehmer ist verboten. Die betreffenden Stoffe sind nach der alten Einstufung zu erkennen an einem der folgenden Hinweise in der Spalte 3 der EG-Stoffliste („alt"): *Carc. Cat. 1 bzw. 2; Muta. Cat. 1 bzw. 2; Repr: Cat. 1 bzw. 2 bzw. an den R-Sätzen 45, 46, 49, 60 oder 61.*

Die adäquaten Gefahrenkategorien nach EG-CLP-VO sind Muta. 1A/1B, Carc. 1A/1B bzw. Repr. 1A/1B, codiert mit den H-Sätzen H340, H350 bzw. H360.

9.10 Ausgangsstoffe für die illegale Drogenherstellung – Grundstoffüberwachung

Deutschland ist nicht nur ein Land, in dem Rauschgiftdrogen verkauft und konsumiert werden, sondern es hat sich in geringem Maße auch zu einem Produktionsland für illegale synthetische Drogen entwickelt, deren Herstellung aufgrund umfangreicher Untergrundliteratur mit wenigen Geräten und Grundstoffen ohne komplexe chemische Verfahren auf relativ einfache Weise möglich ist. Kleinlabors in Hobbykellern oder Garagen sind angesichts der enormen Gewinnmöglichkeiten keine seltene Ausnahme mehr. Als Schlüssel für die Bewältigung der illegalen Drogenproduktion wird die Kontrolle der dringend für die Herstellung benötigten Grundstoffe angesehen.

Berichten der Apothekerkammern zufolge wird immer wieder versucht, über Apotheken Chemikalien zu beziehen, die für eine illegale Drogensynthese notwendig sind. Um dabei nicht auffällig zu werden, wird über eine größere Personenzahl jeweils eine kleine Menge besorgt. Diese vielen Kleinmengen laufen schließlich in verbotenen Labors zusammen.

Die Apotheken sind verpflichtet, im Rahmen der im Verkehr erforderlichen Sorgfalt Vorkehrungen zu treffen, um eine Abzweigung von Grundstoffen zur unerlaubten Herstellung von Betäubungsmitteln zu verhindern.

Typisches Verhalten verdächtiger Personen

- Es wird ein für den verlangten Stoff unplausibler Verwendungszweck angegeben.
- Der Verwendungszweck ist nicht bekannt, weil die Besorgung angeblich im Auftrag erfolgt.
- Der Kunde gibt an, kein Etikett zu benötigen.
- Es werden ungewöhnliche Mengen verlangt.
- Man zeigt sich bereit, den gewünschten Stoff zu bestellen, die Abholung kann in einigen Stunden erfolgen. Der Kunde wird darauf verzichten, aus Sorge, dass er dann von der Polizei erwartet wird.
- Angebot, einen höheren Preis für sofortige Lieferung zu entrichten.
- Kunde will seinen Namen nicht nennen.

9.10.1 Grundstoffüberwachung und erfasste Stoffe

Unter „Grundstoffüberwachung" versteht man gesetzliche Regelungen, die zum Ziel haben, die Kontrolle des Verkehrs mit Stoffen, die als Ausgangsstoffe für die illegale Rauschgiftsynthese verwendet werden, zu intensivieren und europaweit zu vereinheitlichen. Dadurch soll die Beschaffung verhindert bzw. eingeschränkt und deren strafrechtliche Verfolgung verbessert werden. Betroffen sind Stoffe, die direkt als Ausgangsmaterial für die Herstellung verwendet werden können, Substanzen, die der Derivatisierung dienen und zur Reaktion notwendige Lösungsmittel.

Zurzeit (Frühjahr 2014) sind 25 Stoffe der Grundstoffüberwachung unterstellt. Sie werden in drei Kategorien mit unterschiedlich strengen Kontroll- und Überwachungsmechanismen eingeteilt (◘ Tab. 9.1).

9.10.2 Inverkehrbringen von Grundstoffen der Kategorie 1

Nur Inhaber einer behördlichen Erlaubnis dürfen Grundstoffe der Kategorie 1 besitzen oder in Verkehr bringen (unter „in Verkehr bringen" wird definitionsgemäß verstanden: abgeben, lagern, herstellen, mit diesen Handel treiben, erzeugen, weiterverarbeiten). Außerdem darf die Abgabe nur an Personen erfolgen, die ebenfalls im Besitz dieser Erlaubnis sind.

Die Apothekenbetriebserlaubnis beinhaltet diese Erlaubnis für Tätigkeiten und Grundstoffmengen im apothekenüblichen Rahmen, d. h. Apotheken dürfen im Rahmen ihrer apothekenrechtlich festgelegten Aufgaben Grundstoffe der Kategorie 1 beziehen, lagern, weiterverarbeiten etc. sowie an Erlaubnisinhaber abgeben, ohne dafür eine extra Erlaubnis beantragen zu müssen. Eine Endverbleibserklärung (EVE) ist bei jeglicher Abgabe einzufordern (▸ Kap. 9.10.5).

Tab. 9.1 Stoffe, die der Grundstoffüberwachung unterstellt sind

Grundstoffe der Kategorie 1	**Synonyme Bezeichnung**	
N-Acetylanthranilsäure	2-Acetamidobenzoesäure	
Ephedrin		
Ephedra-Arten		
Ergomethrin	Ergobasin	
Ergotamin		
Isosafrol	5-(Prop-1-enyl)-1,3-benzodioxol	
Lysergsäure	1-(1,3-Benzodioxol-5-yl)propan-2-on	
3,4-Methylendioxyphenylpropan-2-on	Piperonylmethylketon	
Norephedrin	Phenylpropanolamin	
1-Phenyl-2-propanon	Phenylaceton	
Piperonal	Benzylmethylketon	
Pseudoephedrin	Heliotropin	
Safrol	4-Allyl-1,2-methylendioxybenzol	
Sassafrasöl		
– sowie die stereoisomeren Formen und Salze dieser Stoffe. Nicht betroffen ist (+)- Norpseudoephedrin und dessen Salze.		
Grundstoffe der Kategorie 2	**Synonyme Bezeichnung**	**Schwellenwert**
Essigsäureanhydrid	Acetanhydrid	100 l
Phenylessigsäure	2-Aminobenzoesäure	1 kg
Anthranilsäure		1 kg
Piperidin		0,5 kg
Kaliumpermanganat		100 kg
– sowie die Salze dieser Stoffe (falls solche existieren).		
Grundstoffe der Kategorie 3	**Synonyme Bezeichnung**	
Salzsäure	Chlorwasserstoff	
Schwefelsäure		
Toluol		
Ethylether	Diethylether	
Aceton	Dimethylketon	
Methylethylketon	2-Butanon	
– sowie die Salze dieser Stoffe, soweit diese existieren und es sich nicht um Salze der Schwefelsäure bzw. Salzsäure handelt.		

Quelle: Artikel 2, Buchstabe a und Anhang I der Verordnung (EG/Nr. 273/2004 des Europäischen Parlaments und des Rates vom 11. Februar 2009 betreffend Drogenausgangsstoffe

9.10.3 Inverkehrbringen von Grundstoffen der Kategorie 2

Für das Inverkehrbringen von Grundstoffen der Kategorie 2 ist eine „Registrierung" erforderlich, wenn bestimmte Jahresabgabemengen überschritten werden („Schwellenwerte", ◘ Tab. 9.1). Eine Abgabe dieser Stoffe ist erlaubt, wenn ein unerlaubter Verwendungszweck ausgeschlossen werden kann. Bei Überschreitung dieser Jahresmengen („Schwellenwerte") ist außerdem eine EVE erforderlich (▸ Kap. 9.10.5). Da eine Überschreitung dieser Werte in Apotheken nicht zu erwarten ist, wird hier nicht näher darauf eingegangen.

9.10.4 Inverkehrbringen von Grundstoffen der Kategorie 3

Für das Inverkehrbringen von Grundstoffen der Kategorie 3 ist keine besondere Genehmigung erforderlich (außer für die Ausfuhr). Eine EVE ist ebenfalls nicht vorgeschrieben. Die Abgabe in Apotheken ist möglich, wenn ein unerlaubter Verwendungszweck ausgeschlossen werden kann.

Zur Beachtung: Alle sonstigen Regeln für die Abgabe von Gefahrstoffen, wie sie in ▸ Kap. 9 dargestellt sind, bleiben davon unberührt!

9.10.5 Endverbleibserklärungen (EVE)

Bei einer Abgabe erfasster Stoffe der Kategorie 1 oder 2 muss vom Empfänger eine sogenannte „Endverbleibserklärung" ausgefüllt werden, die neben den Formalien des Empfängers den genauen Verwendungszweck enthält. Für Apotheken bedeutet dies:

- Eine EVE ist bei einer Abgabe vom Kunden abzuverlangen.
- Beim Bezug dieser Stoffe ist gegenüber dem Lieferanten eine EVE abzugeben.

Für Grundstoffe der Kategorie 1 gilt dies in jedem Falle. Für Grundstoffe der Kategorie 2 nur, wenn die Abgabemenge pro Jahr (bezogen auf die Apotheke) über dem sogenannten „Schwellenwert" (◘ Tab. 9.1) liegt; ansonsten kann darauf verzichtet werden.

Für jeden Stoff ist eine eigene EVE erforderlich. Das Original der EVE ist in der Apotheke nach Ablauf des Kalenderjahres für drei weitere Jahre aufzubewahren. Der Empfänger des Stoffes erhält eine Kopie mit Stempel und Datum ausgehändigt. Ein EVE-Mustervordruck steht im Anhang 1 als Kopiervorlage zur Verfügung (Formular Endverbleibserklärung für einmalige Vorgänge).

Zur Vereinfachung genügt eine **„Sammelerklärung"** bei der regelmäßigen Abgabe eines Grundstoffes der Kategorie 2 an denselben Empfänger, wenn dieser innerhalb des letzten Jahres den Stoff mindestens dreimal bezogen hat, die Mengen im Rahmen seines üblichen Verbrauchs liegen und kein Verdacht besteht, dass er für illegale Zwecke verwendet wird. Ein EVE-Mustervordruck steht im Anhang 2 als Kopiervorlage zur Verfügung (Formular Endverbleibserklärung für mehrmalige Vorgänge).

9.10.6 Arzneimittel, die Grundstoffe enthalten

Die Bestimmungen der Grundstoffüberwachung sind nicht anzuwenden, wenn es sich um die **Abgabe eines Arzneimittels** handelt. Voraussetzung ist allerdings, dass der Grundstoff nicht auf einfache Weise daraus gewonnen (z. B. durch Extraktion) oder das Arzneimittel selbst leicht zur Drogensynthese verwendet werden kann.

Werden diese Stoffe zur Herstellung von (Rezeptur-)Arzneimitteln bezogen, ist gegenüber dem Lieferanten eine EVE abzugeben (Beispiel: Ergotamin zur Herstellung von Zäpfchen).

9.10.7 Meldung von Verdachtsfällen

Apotheken sind verpflichtet unter Beachtung der datenschutzrechtlichen Vorgaben an die apothekerliche Schweigepflicht geeignete Hinweise auf die mögliche unerlaubte Verwendung von Grundstoffen an die „Gemeinsame Stelle des Bundeskriminalamtes und des Zollkriminalamtes" unter folgenden Telefon- bzw. Fax-Nummern zu melden: Tel.: 0611/551 40 86 oder 0611/551 48 88 oder 0611/551 40 08, Fax: 0611/551 40 93

Tab. 9.2 Übersicht – Abgabe von erfassten Grundstoffen

	Kategorie 1	Kategorie 2	Kategorie 3
Abgabe	Abgabe nur an Erlaubnisinhaber	Abgabe für erlaubte Zwecke ist zulässig. Bereits bei einem Verdacht auf unerlaubte Verwendung ist die Abgabe zu verweigern und Meldung zu erstatten.	
	Alle weiteren Abgaberegeln zusätzlich beachten: ■ Abgabebeschränkung an Personen über 18 Jahren (▶Kap. 9.3), ■ Blindentastmarken (▶Kap. 7.3), kindergesicherte Verschlüsse (▶Kap. 7.2), ■ Kennzeichnung (▶Kap. 8), Abgabeverbote (▶Kap. 9.3), Unterweisung (▶Kap. 9.4) ■ Mitgabe von Sicherheitsdatenblättern (▶Kap. 9.8), ■ Dokumentation der Abgabe nach ChemVerbotsV (▶Kap. 9.6) ist durch Ausfüllen einer EVE erfüllt.		
EVE	In jedem Falle erforderlich	Bei Überschreitung des Schwellenwertes (jährliche Abgabemenge) erforderlich	Nicht zwingend erforderlich
Sonstiges		Auch wenn keine EVE erforderlich ist, empfiehlt sich eine Dokumentation der Abgabe z. B. mithilfe der Empfangsbestätigung (gemäß ▶Kap. 9.6)	

Weitere, nicht erfasste mögliche Grundstoffe sind:

- Acetaldehyd
- Ammoniaklösung
- Benzaldehyd
- Chlortoluol
- Formaldehyd
- Formamid
- Iodwasserstoffsäure
- Perchlorsäure
- Phenylacetonitril
- Propionsäureanhydrid

9.11 Ausgangsstoffe für die Herstellung von Sprengstoffen

In wiederholten Fällen zogen sich Jugendliche bei der Herstellung von Sprengstoffen schwere Verletzungen bis hin zum Verlust von Organen oder Augenlicht zu.

Diverse Internetseiten von verantwortungslosen Verfassern bieten Anleitungen zur Sprengstoffherstellung und empfehlen darin Apotheken als Bezugsquellen für die benötigten Ausgangssubstanzen.

Des Weiteren beschlagnahmt die Polizei immer wieder über Apotheken bezogene Chemikalien, aus denen mit krimineller bzw. terroristischer Absicht illegale Sprengstoffe hergestellt wurden.

Ausschnitt aus einem Internetartikel über Sprengstoffherstellung, für jedermann zugänglich, in dem auf die Bezugsquelle „Apotheke" hingewiesen wird (die Internetadresse ist dem Autor bekannt):

APO – Acetonperoxid – Sprengstoff

... Nun komme ich zur effektivsten Bombe, die man mit einfachen Stoffen bauen kann. Der hergestellte Sprengstoff ist sehr druck-, hitze-, reibungs- und schlagempfindlich!!! Daher ist es sehr wichtig, dass mit entsprechender Sorgfalt gearbeitet wird.
Gebraucht wird:
500 ml Wasserstoffperoxid, 30%ig (Apotheke, Schlecker, Müller)
Aber nur 30%iges Wasserstoffperoxid kaufen, da das 3 % und 10 % Zeug nichts taugt!
350 ml Aceton (Apotheke)
100 ml Salz- oder Schwefelsäure 20–30%ig (Apotheke)
Die Herstellung des Acetonperoxids ist nicht ganz einfach; deshalb solltet ihr euch schon an die Anweisungen hier halten:
Man fügt beide Flüssigkeiten zusammen (sprich Wasserstoffperoxid und Aceton), dann fügt man ganz VORSICHTIG die Säure tropfenweise hinzu bis nichts mehr passiert. Bei der Reaktion entsteht erst so ein milchiger Schleim, dann entstehen Kristalle. Die Kristalle sind APO! Beim Hinzufügen der Säure muss man darauf achten, dass das Gemisch nicht heiß wird, daher empfiehlt es sich von außen mit Wasser oder mit Schnee zu kühlen. Die entstehenden Kristalle werden mit Filterpapier raus gefiltert (z. B. Kaffeefilter, etc.), diese Kristalle, also das APO muss nun irgendwo in Ruhe trocknen und das ungefähr 2–3 Tage. Am besten ist ein beheizter Raum in dem die Luft trocken ist. Achtung! Nicht das APO auf die Heizung legen; bei 92 °C fliegt euch das Zeug um die Ohren. Wenn die Kristalle völlig ausgetrocknet sind, ist euer Sprengstoff fertig!
Es gibt zwei Möglichkeiten das APO einzusetzen, bei der rabiaten Version packt man's einfach in eine Coladose und zündet das Zeug dann mit einer Zündschnur...

Die folgende Liste enthält Stoffe, die sich u. a. für die Sprengstoffherstellung eignen. Bei entsprechenden Nachfragen ist der angegebene Verwendungszweck besonders sorgfältig zu überprüfen und im Zweifelsfalle eine Abgabe abzulehnen. Einige dieser Stoffe fallen wegen ihrer brandfördernden oder hochentzündlichen Eigenschaft unter die Abgabebeschränkungen der Chemikalien-Verbotsverordnung (▸Kap. 9.3), weswegen eine Abgabe an Jugendliche ohnehin nicht erlaubt ist.

9.11.1 Stoffe, die für die Sprengstoffherstellung verwendet werden können

- Aluminiumstaub
- Ammoniak
- Ammoniumnitrat (Ammonsalpeter)
- Bittermandelöl
- Bleiacetat
- Blutlaugensalz (gelb)
- Calciumcarbonat
- Cyanamid
- Eisenoxid
- Ether
- Glyzerin
- Guanidinnitrat
- Harnsäure
- Iod(-tinktur)
- Kaliumdichromat
- Kaliumchlorat
- Kaliumhexacyanoferrat (III)
- Kaliumnitrat (Kalisalpeter)
- Kaliumperchlorat
- Kaliumpermanganat
- Kieselgur
- Kollodiumwolle
- Kupfer-(I)-chlorid
- Kupfersulfat
- Lycopodium
- Magnesia (kohlensauer)
- Magnesiumcarbonat
- Magnesiumstaub
- Magnesiumsulfat
- Mangan-(IV)-oxid (Braunstein)
- Naphthalin
- Natriumazid
- Natriumchlorat
- Natriumhydroxid
- Natriumnitrat (Chilesalpeter, Natronsalpeter)
- Natriumsulfat
- Natriumsulfid
- Nitrocellulose (Cellulosenitrat)
- Paraffin
- Pentaerythrit
- Petroleum
- Phenol
- Phosphor (rot)
- Salpetersäure
- Schwefel
- Schwefelsäure
- Silbernitrat
- Terpentinöl

Bitte die besonderen Abgaberegeln für diese Stoffe beachten ▸ Kap. 9.3 und ▸ Kap. 9.6.

9.12 Selbstbedienung

Die folgenden Gefahrstoffe dürfen nicht auf dem Wege über die Selbstbedienung in Verkehr gebracht werden.

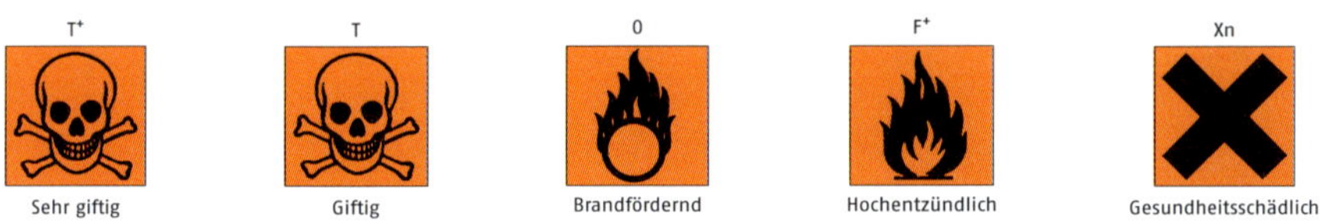

mit dem R-Satz 40, 62, 63 oder 68

Dies gilt ebenso für Wasserstoffperoxidlösungen mit einem Gehalt von über 12 %.

Für „neu" gekennzeichnete Stoffe und Gemische ist diesbezüglich bis 31.05.2015 die entsprechende Einstufung nach „altem" Recht im aktuellen Sicherheitsdatenblatt verbindlich.

9.13 Versandhandel

Die Abgabe von sehr giftigen (T^+) und giftigen (T) Stoffen sowie von Substanzen, die zur illegalen Herstellung von Sprengstoffen verwendet werden können, ist im Wege des Versandhandels verboten. Die verbindliche Einstufung neu gekennzeichneter Stoffe und Gemische nach „altem Recht“ liefert auch hier das jeweilige Sicherheitsdatenblatt.

Stoffe, die zur Herstellung von Sprengstoff genutzt werden können (§ 9 Abs. 1 Satz 4 ChemVerbotsV):

- Ammoniumnitrat
- Kaliumnitrat
- Kaliumchlorat
- Kaliumperchlorat
- Kaliumpermanganat
- Natriumchlorat
- Natriumnitrat
- Natrium perchlorat
- Wasserstoffperoxidlösung > 12 %

(Näheres zu den Stoffen findet sich in ▸Kap. 9.11)

Teil C
Lagerung und innerbetriebliche Kennzeichnung

10 Lagerung von Gefahrstoffen

10.1 Allgemeines

Die Lagerung hat so zu erfolgen, dass die menschliche Gesundheit und die Umwelt nicht gefährdet werden und Missbrauch sowie Fehlgebrauch ausgeschlossen sind.

Um Verwechslungsgefahren auszuschließen, müssen Gefahrstoffe *übersichtlich geordnet* und *nicht in unmittelbarer Nähe* von Arznei-, Lebens- oder Futtermitteln aufbewahrt werden (§ 8 Abs. 5 GefStoffV). Der Begriff „unmittelbare Nähe" wird in der TRGS 510 „Lagerung" näher definiert:

Eine **unmittelbare Nähe** liegt insbesondere bei akut toxischen, sehr giftigen, giftigen, karzinogenen, keimzell-mutagenen und reproduktions-toxischen Stoffen vor, wenn sie **im gleichen Raum aufbewahrt oder gelagert** werden. Grundsätzlich sollten auch bei allen anderen Gefahrstoffen diese in getrennten Räumen aufbewahrt/gelagert werden; wenn aus betrieblichen Gründen zwingend notwendig, müssen diese **zumindest in einem horizontalen Abstand größer zwei Meter** getrennt sein.

Diese Regelung beschreibt allgemein die Anforderungen an die Gefahrstofflagerung branchenübergreifend; die Umsetzung, insbesondere der Forderungen nach getrennten Räumen und den Lagerabständen, dürfte jedoch in den klassischen Apothekenrezepturen und -labors schwierig werden.

Die Mengenschwellen, ab welchen die detaillierten Vorgaben der TRGS 510 an ein Lager umzusetzen sind, findet man in Tabelle 1 der TRGS 510.

Wenn die **Gesamtnettomasse** der gelagerten Gefahrstoffe pro Gefahrenklasse (z. B. 50 kg für akut toxische Gefahrstoffe) **nicht übersteigt und** als **Ergebnis der Gefährdungsbeurteilung keine besonderen Gefährdungen** wie z. B. möglicherweise gefährliche Reaktionen der Gefahrstoffe miteinander ermittelt wurden, dann können die oben beschriebenen Vorgaben zur räumlichen Trennung auch in abgeschwächter Form zur Anwendung kommen. In der praktischen Umsetzung bedeutet dies, dass jede Apotheke oder sonstige Einrichtung in ihrer Gefährdungsbeurteilung darlegen muss, dass z. B. aufgrund der geringen Gefahrstoffmengen, der sicheren Konstruktion der Regale und der ausschließlichen Zugriffsmöglichkeit durch qualifiziertes Personal eine Lagerung auf engerem Raum zulässig ist.

Tab. 10.1 Hörath Gefahrstoffverzeichnis – Stoffe mit H271 oder H272

Stoffe mit H271	
Chromtrioxid	Natriumperchlorat
Kaliumbromat	Perchlorsäure, 70 %, reinst.
Kaliumchlorat	Wasserstoffperoxid-Lösung ≥ 70 %
Natriumchlorat	
Stoffe mit H272	
Ammoniumcer-(IV)-nitrat	Kaliumnitrat
Ammoniumdichromat	Kaliumnitrit
Ammoniumnitrat	Kaliumpermanganat
Ammoniumperoxodisulfat (Ammoniumpersulfat)	Kaliumperoxodisulfat
Ammoniumpersulfat	Kupfer-(II)-nitrat-Trihydrat
Bariumnitrat	Lanthannitrat
Bismut-(III)-nitrat, basisches	Magnesiumperoxid
Blei-(II)-nitrat	Natriumdichromat-Dihydrat
Blei-(IV)-oxid	Natriumhexanitrocobaltat (III)
Braunstein (Mangan-(IV)-oxid)	Natriumnitrat
Calciumnitrat-Tetrahydrat	Natriumnitrit
Chlorkalk (Calciumhypochloritlösung 32 %–35 %)	Natriumperiodat
Cobalt-(II)-nitrat(-Hexahydrat)	Salpetersäure ≥ 65 % (konzentriert)
Kaliumdichromat	Silbernitrat
Kaliumiodat	Wasserstoffperoxid-Lösung ≥ 50 % bis < 70 %

Quelle: Schulz A. Hörath Gefahrstoff-Verzeichnis, 9. Aufl., Deutscher Apotheker Verlag, Stuttgart 2013

Neben den konkreten Mengenvorschriften für entzündbare Flüssigkeiten (▸Kap. 10.4) ist auf die Lagerung **Oxidierender Stoffe (H271, H272 oder R8, R9)** besonderes Augenmerk zu legen. Stoffe mit diesen Gefährdungseinstufungen dürfen grundsätzlich **nicht in unmittelbarer Nähe zu entzündbaren oder akut toxischen Stoffen** gelagert werden. Hier sollten die Gefahrstoffvorräte in Labor und Rezeptur überprüft werden und eine je nach den räumlichen Gegebenheiten weitmöglichste Trennung der Lagerorte sichergestellt werden.

Tab. 10.1 gibt einen Überblick zu apothekenüblichen Stoffen mit der Einstufung H271 bzw. H272.

Die Kennzeichnung der Vorratsgefäße muss dabei stets auf die Gefahren und die notwendigen Schutzmaßnahmen beim Umgang hinweisen (▸ Kap. 11).

10.2 Ätzende Stoffe

Ätzende Stoffe dürfen nicht über Augenhöhe gelagert werden. Bei versehentlichem Verschütten sind die Augen in besonderer Weise gefährdet.

Säuren bzw. Laugen, die Dämpfe freisetzen, sollten in dichtschließenden Gefäßen mit Schraubdeckel oder in Schliffgläsern mit Überverschluss aufbewahrt werden. Bei Schliffstopfen ist darauf zu achten, dass sie nicht mit der Glasöffnung verkleben, da dies beim Öffnen zu Verletzungen und Verschütten von Flüssigkeit führen kann.

Alternativ bieten sich geschlossene Säureaufbewahrungsbehälter mit Adsorbergranulat an, in denen insbesondere Gefäße mit Substanzen unter hohem Dampfdruck sicher abgeschirmt von der Umgebung aufbewahrt werden können.

10.3 Aufbewahrung unter Verschluss

Der Arbeitgeber hat sicherzustellen, dass als giftig (T), sehr giftig (T^+), krebserzeugend Kategorie 1 oder 2, erbgutverändernd Kategorie 1 oder 2 oder fortpflanzungsgefährdend Kategorie 1 oder 2 (CMR Cat. 1 und 2) eingestufte Stoffe und Zubereitungen unter Verschluss oder so aufbewahrt oder gelagert werden, dass nur fachkundige und zuverlässige Personen Zugang haben. Als fach- und sachkundig gelten aufgrund ihres Berufsabschlusses und ihrer Berufserfahrung die Mitarbeiter des pharmazeutischen Personals. Die Mitarbeiter des nichtpharmazeutischen Personals (PKA, Reinigungskräfte) können sich nach entsprechender und jährlich zu dokumentierender Schulung durch den Apothekenleiter ein Maß an Fachkunde erarbeiten, die einen innerbetrieblich festgelegten Umgang mit den Gefahrstoffen erlaubt.

Für die Einstufung der unter Verschluss aufzubewahrenden Stoffe und Zubereitungen (Gemische) gelten – vergleichbar mit den Regelungen für die Abgabe nach Chemikalienverbotsverordnung – bis zum 01.06.2015 die Einstufungskriterien nach „altem" Recht (▸ Kap. 3). Damit wird sichergestellt, dass das bisherige Schutzniveau der Gefahrstoffverordnung beibehalten werden kann.

Wenn Gefahrstoffe mit **neuer Kennzeichnung** in die Apotheke kommen, müssen diese in das Gefahrstoffverzeichnis mit der neuen Kennzeichnung aufgenommen werden und danach sollte anhand des Sicherheitsdatenblattes entschieden werden, ob eine Einstufung in T^+, T oder CMR Cat. 1 oder 2 erfolgt. Diese Einstufung ist dann für die Art der Aufbewahrung maßgebend. Als erste Orientierung kann man davon ausgehen, dass für Stoffe oder Gemische, die mit dem Piktogramm GHS06 oder mit dem Piktogramm GHS08 in Verbindung mit einem oder mehreren der H-Sätze H340, H350, H360, H 370 oder H372 gekennzeichnet sind, die Aufbewahrungspflicht „Unter Verschluss" gilt.

Der Lagerhinweis **P405** in der EG-CLP-VO ist kein verbindliches Einstufungskriterium zur Aufbewahrung unter Verschluss im Sinne der Gefahrstoffverordnung. Wenn jedoch ein Hersteller oder sonstiger Inverkehrbringer einen Gefahrstoff mit P405 gekennzeichnet hat, sollte man innerbetrieblich im Rahmen der Gefährdungsbeurteilung verbindlich festlegen, ob eine Aufbewahrung unter Verschluss zwingend erforderlich ist. In TRGS 510 wird die Aufbewahrung unter Verschluss empfohlen, wenn die Packung vom Inverkehrbringer so gekennzeichnet wurde.

10

10.4 Entzündbare Flüssigkeiten

10.4.1 Gefäße

Entzündbare Flüssigkeiten sollten nur in bruchsicheren Gefäßen aufbewahrt werden. Gut geeignet sind Metallbehälter. Auch Kunststoffbehälter sind verwendbar, jedoch müssen diese bauartzugelassen sein, da sonst beim Ausgießen eine elektrostatische Aufladung auftreten und dadurch ein Entzünden der Dämpfe verursacht werden kann. Dickwandige Glasbehälter, wie sie in Apothekenrezepturen vorzufinden sind, können für die Aufbewahrung kleiner Mengen durchaus verwendet werden.

Für extrem entzündbare Flüssigkeiten wie z. B. Diethylether sollten grundsätzlich nur Metallbehälter, am besten sogenannte „Salzkottener Gefäße", eingesetzt werden.

10.4.2 Lagerungsvorschriften und Lagermengen

Die Lagerung entzündbarer Flüssigkeiten wird umfassend in der TRGS 510 „Lagerung von Gefahrstoffen in ortsbeweglichen Behältern" geregelt. Für Apotheken mit üblicher durchschnittlicher Betriebsgröße sind dabei insbesondere die Punkte 3 und 4 sowie der Anhang 2 (Lagerung von Gefahrstoffen in Verkaufsräumen und Wohnhäusern) relevant. Die bisherigen Kleinmengenregelungen wurden von Anlage 9 in Punkt 4 überführt. Für größere Betriebseinheiten, z. B. Krankenhausapotheken, wird auf den kompletten Text der TRGS 510 verwiesen.

Die Lagerung von entzündbaren Flüssigkeiten ist nicht zulässig in

1. Wohnungen,
2. Räumen, die mit Wohnungen in unmittelbarer, nicht feuerbeständig abschließbarer Verbindung stehen, sowie
3. in zerbrechlichen Gefäßen in Kellern von Wohnhäusern.

Die Verkaufsstände von Gefäßen mit brennbaren Flüssigkeiten dürfen nicht an Ausgängen liegen.

Gefäße gelten als zerbrechlich, wenn sie aus Glas, Porzellan, Steinzeug oder dergleichen bestehen. Nach den gefahrgutrechtlichen Vorschriften über die Beförderung gefährlicher Güter dürfen sie nur als Innengefäße von Kombinationsverpackungen oder zusammengesetzten Verpackungen befördert werden.

Sonstige Gefäße bestehen entweder aus metallischen Werkstoffen, Kunststoffen oder anderen Werkstoffen, die nach den gefahrgutrechtlichen Vorschriften bauartgeprüft, zugelassen und gekennzeichnet oder nach den gefahrgutrechtlichen Kleinmengenregelungen zulässig sind. Alle anderen Gefäße sind unter zerbrechliche Gefäße zu zählen.

Die Lagerung entzündbarer Flüssigkeiten ist bis zu den in ◘ Tab. 10.2 aufgeführten Mengen zulässig. Die Mengenangabe bezieht sich hierbei jeweils auf die **Gesamtmenge der Flüssigkeiten** mit der jeweiligen Eigenschaft in kg und **nicht pro Gefahrstoff**.

Die Lagermengen für extrem/leichtentzündbare Flüssigkeiten und entzündbare Flüssigkeiten können **additiv** ausgenutzt werden. Nicht ausgenutzte Mengen für extrem/leicht entzündbare Flüssigkeiten dürfen zu den entzündbaren zugerechnet werden, jedoch nicht umgekehrt.

Werden entzündbare Flüssigkeiten in zerbrechlichen Gefäßen und in sonstigen Behältern zusammengelagert, so gelten als Höchstmengen die für die sonstigen Behälter jeweils festgesetzten Lagermengen. Die Lagermenge in den zerbrechlichen Gefäßen darf jedoch die für diese Gefäße festgesetzte Höchstmenge nicht überschreiten.

Tab. 10.2 Lagerung entzündbarer Flüssigkeiten in kg (TRGS 510, Anlage 2)

<table>
<tr><th rowspan="2"></th><th rowspan="2"></th><th rowspan="2"></th><th>Extrem entzündbar</th><th>Leicht entzündbar</th><th>Entzündbar</th></tr>
<tr><th>hoch-entzündlich</th><th>leicht-entzündlich</th><th>entzündlich</th></tr>
<tr><td>1</td><td>Keller von Wohnhäusern (Gesamtkeller)</td><td>Sonstige Gefäße</td><td colspan="2">10</td><td>20</td></tr>
<tr><td>2</td><td colspan="5">Verkaufs- und Vorratsräume des Einzelhandels mit einer Grundfläche</td></tr>
<tr><td>2.1</td><td>Bis 200 m²</td><td>Zerbrechliche Gefäße</td><td colspan="2">10</td><td>20</td></tr>
<tr><td></td><td></td><td>Sonstige Gefäße</td><td colspan="2">60</td><td>120</td></tr>
<tr><td>2.2</td><td>200 m² bis 500 m²</td><td>Zerbrechliche Gefäße</td><td colspan="2">20</td><td>40</td></tr>
<tr><td></td><td></td><td>Sonstige Gefäße</td><td colspan="2">200</td><td>400</td></tr>
<tr><td>2.3</td><td>Über 500 m²</td><td>Zerbrechliche Gefäße</td><td colspan="2">30</td><td>60</td></tr>
<tr><td></td><td></td><td>Sonstige Gefäße</td><td colspan="2">300</td><td>600</td></tr>
</table>

Die Lagermengen in Vorrats- und Verkaufsräumen darf erhöht werden, wenn die Vorrats- und Verkaufsräume in Brandabschnitte unterteilt sind und eine automatisch wirksame Feuerlöscheinrichtung vorhanden ist.

Verkaufs- und Vorratsräume gelten als Arbeitsräume im Sinne von Anlage 3 der TRGS 510. Die Lagermenge in Verkaufsräumen darf erhöht werden, wenn die Lagerung in Sicherheitsschränken nach den Anforderungen dieser Anlage 3 erfolgt, da Sicherheitsschränke mit einer Feuerwiderstandskraft von mindestens 90 Minuten als eigener Lagerabschnitt gelten.

Entzündbare Flüssigkeiten (gekennzeichnet mit H224, H225, H226 bzw. R12, R11, R10) dürfen außerhalb von Lagern

1. in zerbrechlichen Gefäßen mit maximal 2,5 l Fassungsvermögen je Behälter
2. in nicht zerbrechlichen Gefäßen mit maximal 10 l Fassungsvermögen je Behälter

gelagert werden, sofern die Gefährdungsbeurteilung keine erhöhte Brandgefahr ergibt. Hierbei dürfen maximal 20 kg extrem und leicht entzündbare Flüssigkeiten, davon nicht mehr als 10 kg extrem entzündbare Flüssigkeiten, enthalten sein. Die Lagerung der entzündbaren Flüssigkeiten in Sicherheitsschränken nach Anlage 3 wird empfohlen.

Die Behälter müssen in einer Auffangeinrichtung eingestellt werden, die mindestens den Rauminhalt des größten Gebindes aufnehmen kann. Kann eine gefährliche explosionsgefährliche Atmosphäre nicht ausgeschlossen werden, müssen die Auffangeinrichtungen elektrostatisch ableitfähig sein. In unmittelbarer Nähe der Lagerbehälter dürfen sich **keine wirksamen Zündquellen** befinden.

11 Innerbetriebliche Kennzeichnung – Beschriftung von Standgefäßen

Die neuen Einstufungs- und Kennzeichnungsvorschriften nach EG-CLP-VO halten auch schrittweise Einzug in die innerbetriebliche Kennzeichnung von Gefahrstoffen.

Laut Gefahrstoffverordnung hat jeder Arbeitgeber sicherzustellen, dass alle verwendeten Stoffe und Zubereitungen eindeutig identifizierbar sind und insbesondere gefährliche Stoffe und Zubereitungen innerbetrieblich mit einer Kennzeichnung versehen sind, die ausreichende Informationen über die Einstufung, die Gefahren bei der Handhabung und die zu beachtenden Sicherheitsmaßnahmen enthält.

Als Kennzeichnung ist vorzugsweise die GHS-Kennzeichnung nach EG-CLP-VO zu wählen. In der Übergangsphase (innerbetrieblich bis 01.06.2015) kann die Kennzeichnung aber noch nach den „alten" Richtlinien 67/548/EWG oder 1999/45/EG erfolgen.

Dies bedeutet in der Praxis, dass in dieser Übergangszeit innerbetrieblich mit „alt" und „neu" gekennzeichneten Stoffen parallel umgegangen werden kann. Der Gesetzgeber lässt dabei den Betrieben einen Ermessensspielraum für die Umstellung der Kennzeichnung.

Jeder Apothekenleiter kann somit anhand seiner konkreten betrieblichen Situation selbst entscheiden, wann er die Gefahrstoffe in der Rezeptur und im Labor auf die neuen Kennzeichnungsvorschriften umstellen möchte. Zu beachten ist dabei, dass auch die auf der Kennzeichnung aufbauenden Dokumentationen (Gefährdungsbeurteilungen, Betriebsanweisungen) entsprechend angepasst werden müssen.

Für die Arzneistoffe in der Rezeptur mit entsprechendem Lagerumschlag sollte die Umstellung zeitnah erfolgen, für die Prüfsubstanzen im Labor erscheint die Ausnutzung der Übergangsfrist bis 2015 sinnvoll, zumal der Diskussionsprozess darüber, welche Substanzen nach den Anforderungen der neuen ApBetrO von 2012 weiterhin benötigt werden, noch nicht abgeschlossen ist.

11.1 Anforderungen an die Kennzeichnung

Die innerbetriebliche Kennzeichnung wird umfassend in TRGS 201 (Einstufung und Kennzeichnung bei Tätigkeiten mit Gefahrstoffen) geregelt und ist so zu gestalten, dass sie ausreichende Informationen über die Einstufung, die Gefahren bei der Handhabung und über die zu beachtenden Sicherheitsmaßnahmen enthält.

Vorzugsweise ist dabei eine Kennzeichnung zu wählen, die der Verordnung (EG) Nr. 1272/2008 (CLP-Verordnung) oder bis 31.05.2015 der Richtlinie 67/548/EWG (Stoffrichtlinie) bzw. der Richtlinie 1999/45/EG (Zubereitungsrichtlinie) entspricht („altes" Recht). Anders als bei der Kennzeichnung für das **Inverkehrbringen** von gefährlichen Stoffen und Gemischen resultieren die Kennzeichnung und deren Umfang im Falle von **Tätigkeiten** mit Gefahrstoffen aus der **Gefährdungsbeurteilung**. Die Kennzeichnung bei Tätigkeiten soll im Wesentlichen für den Beschäftigten bei der Verwendung des Gefahrstoffs eine Warnwirkung entfalten. Dieser Grundsatz stärkt die Entscheidungsspielräume des Arbeitgebers, da in erster Linie das Ergebnis der Gefährdungsbeurteilung maßgeblich dafür ist, ob eine vollständige oder vereinfachte Kennzeichnung notwendig bzw. ausreichend ist.

Die TRGS 201 regelt die innerbetriebliche Kennzeichnung sowohl für ortsfeste Einrichtungen (z. B. Tanks, Rohrleitungen) als auch für ortsbewegliche Behälter. Ortsbewegliche Behälter im Sinne dieser TRGS sind Behälter, die dazu bestimmt sind, dass in ihnen Stoffe oder Gemische aufbewahrt oder innerbetrieblich transportiert werden. Zu ihnen zählen alle ortsbeweglichen Umschließungen, wie beispielsweise Standgefäße in Laboratorien, Apotheken und wissenschaftlichen Instituten, Behälter zur Probenahme, Rückstellmustergefäße, Gaskartuschen u. a. m.

Etiketten oder Kennzeichnungsschilder sind deutlich sichtbar und dauerhaft anzubringen und dürfen nicht überschrieben werden. Ungültig gewordene Etiketten und Schilder sind zu entfernen, zu überkleben oder anderweitig unkenntlich zu machen. Etiketten sollten gegenüber Wasser und Lösemitteln beständig sein.

Eine **vollständige** Kennzeichnung bei Tätigkeiten enthält neben der Bezeichnung des Stoffs oder Gemischs die auf der Einstufung basierenden Kennzeichnungselemente; auf Grundlage der CLP-Verordnung sind dies:

- Gefahrenpiktogramme,
- Signalwort,
- Gefahren- und Sicherheitshinweise (H- und P-Sätze) sowie ggf. ergänzende Informationen.

Ergibt die **Gefährdungsbeurteilung**, dass eine vollständige Kennzeichnung bei Tätigkeiten nicht notwendig ist, kann eine **vereinfachte** Kennzeichnung angewendet werden. Vereinfachungen, d. h. Abweichungen von der vollständigen Kennzeichnung setzen eine entsprechende Betriebsanweisung mit der zugehörigen Unterweisung der Beschäftigten über die an den Arbeitsplätzen auftretenden Gefahren und die Beachtung der notwendigen Schutzmaßnahmen voraus.

Bei der vereinfachten Kennzeichnung sind mindestens die **Bezeichnung** des Stoffs bzw. Gemischs sowie die **Gefahrenpiktogramm(e)** (CLP-Verordnung) bzw. Gefahrensymbol(e) und Gefahrenbezeichnung(en) (RL 67/548/EWG bzw. RL 1999/45/EG) der jeweiligen Hauptgefahr(en) durch

- die physikalisch-chemischen,
- die gesundheitsgefährdenden und
- die umweltgefährlichen Wirkungen

des Stoffs oder Gemischs anzugeben.

Ist bei vereinfachter Kennzeichnung die Aussagekraft der Gefahrenpiktogramme zu unspezifisch, um die Gefahr zu beschreiben, kann es erforderlich sein, den **Gefahrenhin-**

weis, ggf. in geeigneter Weise verkürzt, oder andere Kurzinformationen (z. B. Bezeichnung der Gefahrenklasse) zu ergänzen. Bei der Gestaltung dieser „anderen Kurzinformationen" gibt es einen breiten individuellen Gestaltungsspielraum von verbalen Hinweisen bis hin zu optischen Signalen. Das BAK-Farbcodesystem (▸Kap. 11.2) ist ein Beispiel für das Anbringen geeigneter Kurzinformationen als optischer Arbeitsschutzhinweis.

Bei Gemischen ist die zusätzliche Angabe der Gefahr(en) auslösenden Komponente(n) in Abhängigkeit von der Gefährdungsbeurteilung sinnvoll.

Wird bei der Gefährdungsbeurteilung mehr als eine Hauptgefahr je Art der Gefahr (physikalisch-chemische Gefahren, Gesundheits- oder Umweltgefahren) ermittelt, kann eine Reduzierung der Gefahrenpiktogramme erfolgen. Es wird folgende Rangfolge vorgeschlagen:

- Physikalisch-chemische Gefahren: GHS01 > GHS02 > GHS03 > GHS04
- Gesundheitsgefahren: GHS06 und/oder GHS05 > GHS08 > GHS07
- Umweltgefahren: GHS09 > GHS07

Eine Orientierung, ob aufgrund der in der Apothekenrezeptur und im Labor vorhandenen Gefahrstoffmengen die vereinfachte Kennzeichnung angewendet werden kann, liefern die Angaben zu den labortypischen Handgebrauchsmengen, wie sie in TRGS 526 (Laboratorien) formuliert sind. Diese TRGS aus dem Jahre 2008 ist noch nicht an das „neue" Recht angepasst und verwendet daher noch die „alten" Gefahreneinstufungen.

Labortypische Handgebrauchsmengen

Angaben zu labortypischen Handgebrauchsmengen nach TRGS 526 (Laboratorien):

Flüssigkeiten	maximal 2,5 l
Sehr giftige Flüssigkeiten	maximal 0,1 l
Giftige Flüssigkeiten	maximal 0,5 l
Flüssigkeiten mit CMR-Eigenschaften	maximal 0,5 l
Feststoffe	maximal 1 kg
Sehr giftige Feststoffe	maximal 0,1 kg
Giftige Feststoffe	maximal 0,5 kg
Feststoffe mit CMR-Eigenschaften	maximal 0,5 kg

Damit dürften die mengenmäßigen Voraussetzungen für die vereinfachte Kennzeichnung für die weitaus meisten Stand- und Vorratsgefäße in den typischen Apothekenlabors und Rezepturen erfüllt sein; weitere Aspekte wie z. B. die Qualifikation des Personals werden bei den Gefährdungsbeurteilungen ▸Kap. 14.3 besprochen.

Die folgende Komplettübersicht aus TRGS 201, ergänzt um die Kennzeichnungsempfehlungen der BAK, soll die gesetzlichen Kennzeichnungsanforderungen zusammenfassen; auf die Empfehlungen der BAK (dargestellt in der letzten Spalte) wird im folgenden Kapitel eingegangen (◘ Tab. 11.1).

Die vereinfachte Mindestkennzeichnung nach TRGS 201 würde im „Minimalfall" nur die Bezeichnung des Stoffs/Gemischs und das/die Gefahrenpiktogramm(e) enthalten.

Da diese Art der Kennzeichnung hinsichtlich einer konkreten Gefahrenbeschreibung sehr allgemein gehalten ist (z. B. steht das Piktogramm GHS08 „Gesundheitsgefahr" für sieben unterschiedliche Gefahrenkategorien), empfiehlt die **Bundesapothekerkammer** in Abstimmung mit der **BGW** als brancheneinheitlichen Standard die zusätzliche Angabe

Tab. 11.1 Vergleichende Übersicht zur Kennzeichnung nach EG-CLP-Verordnung beim Inverkehrbringen und bei Tätigkeiten nach TRGS 201 und BAK-Empfehlungen

Kennzeichnungselemente nach CLP-Verordnung	Beim Inverkehrbringen	Bei Tätigkeiten		
		vollständig	vereinfacht	BAK vereinfacht
Name, Anschrift und Telefonnummer des Herstellers, Importeurs oder Lieferanten	ja	nein	nein	nein
Nennmenge des Stoffs/Gemischs	ja [1]	nein	nein	nein
Produktidentifikatoren bei Stoffen				
▪ Stoffname	ja	ja [2]	ja [2]	ja [2]
▪ Identifikationsnummer	ja	nein	nein	nein
Produktidentifikatoren bei Gemischen				
▪ Handelsname oder -bezeichnung	ja	ja [2]	ja [2]	ja [2]
▪ Identität bestimmter Inhaltsstoffe	ja	empfohlen	empfohlen	empfohlen
Gefahrenpiktogramm(e) [3]	ja	ja	ja	ja
Signalwort	ja	ja	nein	ja
Gefahrenhinweise	ja	ja	nein	H-Satz-Code
Sicherheitshinweise	ja	ja	nein	nein
Ergänzende Informationen, z. B. zusätzliche Hinweise wie EUH-Sätze	ja	ja	nein	Farbcode

[1] bei Abgabe an Endverbraucher
[2] auch betriebsinterne Bezeichnung möglich
[3] ggf. gemäß Rangfolgeregelungen bei mehreren Piktogrammen

des **Signalworts** und des **H-Satz-Codes** (z. B. H360Df) sowie die Kennzeichnung der Standgefäße mit einem **Farbcode** als Hinweis auf die zu ergreifenden Arbeitsschutzmaßnahmen. Dies soll im folgenden Kapitel erläutert werden.

11.2 Farbcodesystem der BAK zur innerbetrieblichen Kennzeichnung

Die vereinfachte Kennzeichnung der Standgefäße mit Gefahrenpiktogramm, Signalwort und H-Satz-Code verdeutlicht die zu erwartenden Gefahren, gibt aber in der Regel noch keinen schnell erfassbaren Hinweis auf die zu ergreifenden Sicherheitsmaßnahmen.

Mit dem **Farbcodesystem der BAK** (unter www.abda.de/arbeitsschutzmassnahmen.html) soll die Kennzeichnung der Standgefäße mit einfachen Mitteln so komplettiert werden, dass die in der Rezeptur und auch im Labor tätige pharmazeutische Fachkraft mit einem Blick die Arbeitsschutzmaßnahmen erkennen kann.

Es werden anhand ihrer Einstufung die CMR-Stoffe der Kategorien 1A und 1B (Farbcode „Rot“), Stoffe mit hautschädigenden Eigenschaften (Farbcode „Gelb“), Stoffe mit atemwegschädigenden Eigenschaften (Farbcode „Orange“) und Stoffe mit Gefahrenpotenzial für die Augen (Farbcode „Hellblau“) unterschieden (◘ Tab. 11.2). Mit der Kennzeichnung dieser für den Beschäftigten relevanten Hauptgefahren wird gleichzeitig die Basis für eine effektive Erstellung der Gefährdungsbeurteilungen (▸ Kap. 14.3) und anderer innerbetrieblicher Dokumentationen gelegt. Stoffe, die nicht in die genannten Kategorien fallen (z. B. Akute Toxizität oral, alle physikalisch-chemischen und Umweltgefahren [H200er- und H400er-Reihe]), erhalten keine zusätzliche Farbmarkierung.

Die farbliche Markierung erfolgt mit selbstklebenden farbigen Etiketten (z. B. Punkte) oder mithilfe abwischfester Textmarker auf den Etiketten. Die folgenden 2 Beispiele sollen das exemplarisch verdeutlichen.

11.2.1 Beispiel 1: Ausgangsstoff Dexamethason, mikronisiert; nach EG-CLP-Verordnung gekennzeichnet

Der Wirkstoff Dexamethason wird nach aktuellen Quellen (Schulz, A. Hörath-Gefahrstoffverzeichnis. 9. Aufl., Deutscher Apotheker Verlag, Stuttgart 2013) in die Gefahrenkategorien Repr. 1A mit H360Df und STOT RE 1 eingestuft. Dies führt nach BAK-Farbcodesystem zur Kennzeichnung „rot“.

Gekennzeichnet mit **H340**, **H350** oder **H360**?

↓ Ja

CMR-Stoff Kat. 1A oder 1B

↓

Rote Markierung

H360Df Kann das Kind im Mutterleib schädigen. Kann vermutlich die Fruchtbarkeit beeinträchtigen.
H372 Schädigt die Organe bei längerer und wiederholter Exposition.

↓

Geeignete Schutzhandschuhe, Atemschutz, Schutzbrille

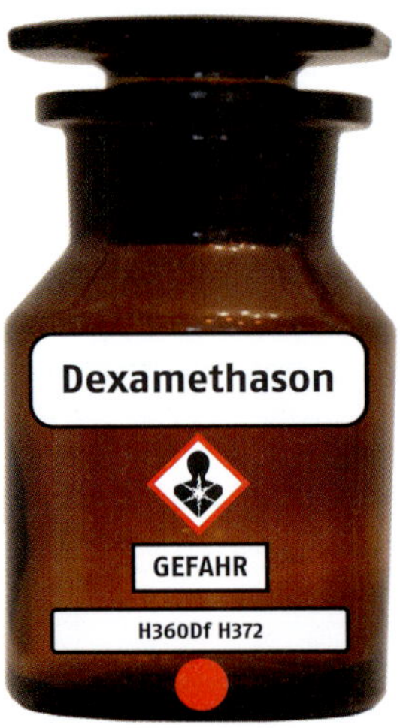

Tab. 11.2 Farbliches Kennzeichnungskonzept für Standgefäße nach Empfehlungen der Bundesapothekerkammer

Farbcode	H-Sätze	Gefahrenklassen/ Gefahrenkategorien	Potenzielle Gefahr	Arbeitsschutzmaßnahmen
Rot	H340 H350 H360	Mutag. 1A/1B Karz. 1A/1B Repr. 1A/1B	Gefahr durch Kontakt über alle Expositionswege	Geeignete Schutzhandschuhe, geeigneter Atemschutz[2] und Schutzbrille
Gelb	H310 H311 H312 H314 H315 H317 H341[1] H351[1] H361[1] H370[1] H371[1] H372[1] H373[1] EUH066	Akut Tox. 1/2 dermal Akut Tox. 3 dermal Akut Tox. 4 dermal Hautätz. 1A–1C Hautreiz. 2 Sens. Haut 1 Mutag. 2 Karz. 3 Repr. 2 STOT einm. 1 STOT einm. 2 STOT whd. 1 STOT whd. 2	Gefahr durch Hautkontakt	Geeignete Schutzhandschuhe bei dermaler Gefährdung
Orange	H304 H330 H331 H332 H334 H335 H336 H341[1] H351[1] H361[1] H370[1] H371[1] H372[1] H373[1] EUH029 EUH031 EUH032 EUH071	Asp. 1 Akut Tox. 1/2 inhal. Akut Tox. 3 oral Akut Tox. 4 inhal. Sens. Atemw. 1 STOT einm. 3 inhal. STOT einm. 3 ZNS Mutag. 2 Karz. 2 Repr. 2 STOT einm. 1 STOT einm. 2 STOT whd. 1 STOT whd. 2	Gefahr durch Einatmen	Geeigneter Atemschutz[2] bei inhalativer Gefährdung
Hellblau	H314 H318 H319 EUH070	Hautätz. 1A–1C Augenschäd. 1 Augenreiz. 2	Gefahr für die Augen	Schutzbrille tragen bei Gefahr für die Augen

[1] Ist der Expositionsweg (durch Hautkontakt, durch Einatmen) im SDB nicht explizit angegeben, sind geeignete Schutzhandschuhe und Atemschutz erforderlich.
[2] Bei Stäuben eine FFP2-Maske, bei Dämpfen eine Atemschutzmaske gegen Gase und Dämpfe; alternativ Arbeit unter dem Laborabzug.

11.2.2 Beispiel 2: Ausgangsstoff Minoxidil; nach EG-CLP-Verordnung gekennzeichnet

Der Wirkstoff Minoxidil wird rezepturmäßig vorrangig für Lösungen zur Anwendung auf der Kopfhaut verwendet und weist mit H315, H319 und H335 Gefährdungspotenziale hinsichtlich der Haut, der Augen und der Atemwege auf. Daher erfolgt nach BAK-Farbcode-System die Kennzeichnung mit den Farbpunkten „gelb“, „hellblau“ und „orange“. Der H302 codiert eine Gesundheitsgefahr beim Verschlucken. Dies muss innerbetrieblich in der Kennzeichnung nicht extra hervorgehoben werden, da das Verbot von Essen und Trinken am Arbeitsplatz (▸Kap. 13.2 § 8 GefStoffV „Allgemeine Schutzmaßnahmen“) diesen Expositionsweg ausschließt.

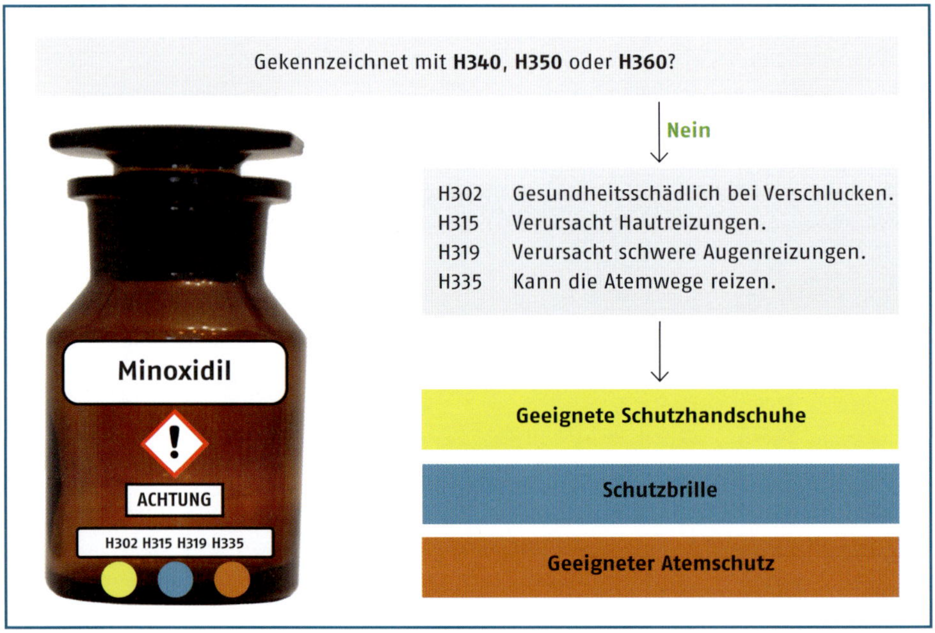

Mit diesem System ist eine einfache, übersichtliche und informative Kennzeichnung der Standgefäße bzw. der Vorratsgefäße in der Apotheke möglich. Es ist die Basis für die neu zu erstellenden Gefährdungsbeurteilungen und Betriebsanweisungen.

In der Apothekenpraxis kann man Informationen zu den Kennzeichnungsvorschriften für die relevanten Stoffe und Gemische aus folgenden Quellen beziehen:

- Gefahrstoffverzeichnisse der Fachverlage (z. B. Schulz A. Hörath-Gefahrstoffverzeichnis. Deutscher Apotheker Verlag, Stuttgart)
- Computerbasierte Gefahrstoffprogramme aus den Fachverlagen (z. B. Kaufmann/Schult. Gefahrstoff-Programm. Deutscher Apotheker Verlag, Stuttgart)
- Sicherheitsdatenblätter der Hersteller.

Aufgrund der Vielzahl der infrage kommenden Stoffe und der laufenden Kennzeichnungsänderungen infolge von Neueinstufungen auf das EG-CLP-System wird hier auf den Abdruck einer eigenen Gefahrstoffliste für die innerbetriebliche Kennzeichnung verzichtet.

11.3 Übergangsregelungen zur innerbetrieblichen Kennzeichnung nach „altem" Recht bis 31.05.2015

Die vollständige innerbetriebliche Kennzeichnung nach „altem" Recht erfordert folgende Angaben:

- Bezeichnung des Inhalts,
- Gefahrensymbol und Gefahrenbezeichnung (schwarz-oranges Etikett),
- R-Sätze,
- S-Sätze.

Nach **TRGS 201** kann bei Ausnutzung der Übergangsfristen für die innerbetriebliche Kennzeichnung auch bei der Kennzeichnung nach „altem" Recht **von der Möglichkeit der vereinfachten Kennzeichnung Gebrauch gemacht werden.**

Dabei ist auf Standgefäßen in Laboratorien, wissenschaftlichen Instituten und Apotheken, in denen die für den Handgebrauch erforderlichen Mengen gelagert und zur Verwendung bereitgehalten werden, die Kennzeichnung mit dem Namen des Stoffes oder der Zubereitung und dem **Gefahrensymbol** mit der dazugehörigen **Gefahrenbezeichnung** ausreichend, sofern die beteiligten Arbeitnehmer die damit verbundenen Gefahren und die zu ergreifenden Schutzmaßnahmen aus den am Arbeitsplatz vorhandenen Unterlagen (z. B. Betriebsanweisung, SDB) entnehmen können und diese ihnen bekannt sind.

11.4 Innerbetriebliche Kennzeichnung von Gefahrstoffabfällen

Unabhängig von sonstigen abfallrechtlichen Vorschriften regelt TRGS 201 die Anwendung der Kennzeichnungsvorschriften der Gefahrstoffverordnung auf Abfälle, soweit es sich um gefährliche Stoffe und Gemische handelt und Tätigkeiten mit ihnen ausgeübt werden. Dies bedeutet, dass derartige Abfälle beim innerbetrieblichen Umgang eine entsprechende sachgerechte Kennzeichnung erhalten müssen.

Abfälle sind dabei alle Stoffe, Gemische oder Gegenstände, deren sich ihr Besitzer entledigt, entledigen will oder entledigen muss. Abwasser zählt nicht als Abfall.

Abfälle, die gefährliche Stoffe oder Gemische im Sinne der GefStoffV sind, unterliegen den Kennzeichnungsvorschriften nach § 8 Abs. 2 GefStoffV, soweit Tätigkeiten mit ihnen verrichtet werden. Erfassung, Sammlung und Aufbewahrung sowie die innerbetriebliche Beförderung sind solche Tätigkeiten. In welcher Weise und in welchem Umfang eine Kennzeichnung erfolgt, ist auch bei Abfällen vom Ergebnis der Gefährdungsbeurteilung abzuleiten.

11.4.1 Einstufung von Abfällen

Auch bei Abfällen basiert die Kennzeichnung auf einer Einstufung. Diese soll in der Regel auf bekannte Daten zurückgeführt werden, analytische Prüfungen (Ausnahme z. B. Flammpunkt, pH-Wert, bestimmte Inhaltsstoffe wie Schwermetalle) sind in der Regel nicht erforderlich.

Bei Gefahrstoffen, die beispielsweise wegen Überschreitung der Mindesthaltbarkeit ungebraucht als Abfall entsorgt werden, ist die Einstufung unverändert zu übernehmen.

Für die Einstufung, insbesondere von Gemischen, ist ein gegenüber der CLP-Verordnung (bzw. der RL 1999/45/EG) vereinfachtes Verfahren möglich (siehe Anlage 1 der

TRGS 201). Die Ausgangsstoffe bzw. mögliche Inhaltsstoffe sowie deren Anteil im Abfall und deren Einstufung sind – soweit möglich – zu ermitteln. Kann die Abwesenheit einstufungsrelevanter, gefährlicher Stoffe nicht ausgeschlossen bzw. das Unterschreiten von Konzentrationsgrenzwerten nicht sichergestellt werden, ist die jeweils schärfere Einstufung (Gefahrenkategorie) heranzuziehen.

11.4.2 Kennzeichnung von Abfällen

Sind Abfälle als gefahrstoffrechtlich gefährlich eingestuft worden, dann sind diese Abfälle bzw. die Gefäße/Behälter zu ihrer Erfassung, Sammlung und Aufbewahrung der Einstufung entsprechend zu kennzeichnen. Abfallsammelbehälter sind unbedingt vor der ersten Befüllung zu kennzeichnen.

Bei Gefahrstoffen, die beispielsweise wegen Überschreitung der Mindesthaltbarkeit ungebraucht als Abfall entsorgt werden, ist die Kennzeichnung des Gefahrstoffs beizubehalten. Der Produktidentifikator kann durch den Zusatz „Abfall“ ergänzt werden.

Die Kennzeichnung auf einer entleerten Verpackung ist solange aufrecht zu erhalten, bis die Verpackung gereinigt worden ist.

In allen anderen Fällen erfolgt die Kennzeichnung grundsätzlich so, wie bei der innerbetrieblichen Kennzeichnung von Stoffen und Gemischen beschrieben. Soweit Abfälle mit gleichbleibender und bekannter Zusammensetzung anfallen, kann die Kennzeichnung der Sammelbehälter vorgegeben werden. Dies kann über die Bildung verschiedener Abfallfraktionen erfolgen (z. B. „Säuren“, „Laugen“, „Lösungsmittelreste – wasserhaltig“, „Lösungsmittelreste – wasserfrei“, „Feststoffe“ usw.).

Wenn in der Gefährdungsbeurteilung formuliert ist, dass für die Gefahrstoffabfälle in der Apotheke die vereinfachte Kennzeichnung nach TRGS 201 ausreichend ist, dann besteht die Mindestdeklaration eines solchen Abfallbehälters aus:

- der eindeutigen Beschreibung der Abfallart (z. B. Lösungsmittelreste – wasserhaltig) und
- dem/den Gefahrenpiktogramm(en).

Ergänzende Hinweise (z. B. Farbpunkt(e) lt. BAK-Farbcodesystem, verbale Gefahren- und Arbeitsschutzhinweise) ergeben sich aus der Gefährdungsbeurteilung und sind individuell je nach den betrieblichen Gegebenheiten (Abfallmengen, Qualifikation des Personals, die mit den Abfällen umgehen usw.) unterschiedlich.

Teil D
Arbeitnehmerschutz

12 Einleitung

Die Gefahrstoffverordnung konkretisiert neben der Umsetzung der Vorgaben des Chemikaliengesetzes in weiten Teilen auch Anforderungen, die sich aus dem Arbeitsschutzgesetz ergeben. Hinzu kommt die schrittweise Einführung der Vorschriften der EG-CLP-VO.

Neben den Einstufungs-, Kennzeichnungs- und Verpackungsvorschriften für Gefahrstoffe, die sich direkt aus dem Chemikaliengesetz und parallel dazu aus der EG-CLP-VO ableiten, sind die Gefährdungsbeurteilungen ein zentraler Baustein der Gefahrstoffverordnung. Diese leiten sich aus den Anforderungen des Arbeitsschutzgesetzes ab. Hier wird der Arbeitnehmerschutz in Bezug auf die Tätigkeit mit gefährlichen Stoffen und Zubereitungen (Gemischen) formuliert und ausgestaltet.

Der **Arbeitgeber** ist gemäß Arbeitsschutzgesetz die verantwortliche Person für den Arbeitsschutz. Er hat die erforderlichen Maßnahmen zu ergreifen, um Gefährdungen für die Sicherheit und Gesundheit seiner Beschäftigten zu vermeiden. Das Arbeitsschutzgesetz fordert vom Arbeitgeber ganz allgemein, dass er Gefährdungen, die von den auszuführenden Arbeiten ausgehen, beurteilt und festlegt, welche Arbeitsschutzmaßnahmen notwendig sind.

Die Gefahrstoffverordnung regelt speziell die Beurteilung von Tätigkeiten mit gesundheitsgefährdenden Substanzen sowie Tätigkeiten mit Stoffen, von denen eine chemisch-physikalische Gefahr ausgehen kann (explosionsfähige Stoffe, brennbare Flüssigkeiten usw.). Dies geschieht im Rahmen der Gefährdungsbeurteilungen, in deren Ergebnis geeignete Schutzmaßnahmen festzulegen sind.

Die Schutzmaßnahmen hinsichtlich der Gesundheitsgefahren sind in Abhängigkeit von der Einstufung der Gefahrstoffe und der Art und Weise des Umgangs mit ihnen stufenweise aufgebaut (Schutzstufenkonzept); hinzu kommen die Schutzmaßnahmen gegen physikalisch-chemische Einwirkungen, insbesondere gegen Brand- und Explosionsgefährdungen.

Die **Beschäftigten** sind außerdem arbeitsplatzbezogen über die Sicherheit und den Gesundheitsschutz bei der Arbeit mündlich zu unterweisen. Dazu werden ihnen die Betriebsanweisungen in schriftlicher Form so zur Verfügung gestellt, dass sie jederzeit Einblick nehmen können. Die Beschäftigten ihrerseits sind verpflichtet, den Arbeitgeber bei der Wahrnehmung seiner Schutzaufgaben zu unterstützen und nach ihren Möglichkeiten sowie gemäß den Weisungen des Arbeitgebers für ihre eigene Sicherheit und Gesundheit Sorge zu tragen und neu festgestellte Gefahren an ihn zu melden. Nur über motivierte Mitarbeiter, die eine positive Grundeinstellung zu den notwendigen Gesundheitsschutz- und Sicherheitsmaßnahmen erworben haben, lassen sich die festgelegten Arbeitsschutzmaßnahmen wirksam und nachhaltig umsetzen.

12.1 Vorgehensweise

Die konkrete Ausgestaltung der innerbetrieblichen Organisation der Arbeitsschutzmaßnahmen und der dazu notwendigen Dokumente legt die Gefahrstoffverordnung bewusst in die Eigenverantwortung des Arbeitgebers. Dies eröffnet jedem einzelnen Apotheker einen gewissen Gestaltungsspielraum bei der Umsetzung der gesetzlichen Vorgaben.

Da aufgrund der apothekenrechtlichen Vorgaben die Ausstattung der Apotheken mit gefährlichen Stoffen und die Art und Weise des Umgangs mit ihnen in hohem Maße vergleichbar sind, empfiehlt sich für die Erstellung der notwendigen Dokumentationen dringend die Nutzung branchenspezifischer Vorgaben (Standards der Bundesapothekerkammer, Publikationen und apothekenspezifische Software aus den Fachverlagen). Diese müssen aber in jedem Fall an die individuellen Bedingungen der Apotheke vor Ort angepasst werden.

Eine gesetzeskonforme und systematische Gefahrstoffdokumentation in der Apotheke sollte folgende Punkte umfassen:

- Tätigkeitsverzeichnis für Arbeiten mit Stoffen, die zu Gesundheitsgefährdungen führen können.
- Gefahrstoffverzeichnis mit Hinweis auf die Sicherheitsdatenblätter.
- Sicherheitsdatenblätter aller in der Apotheke vorhandenen gefährlichen Stoffe und Gemische.
- Gefährdungsbeurteilungen mit Festlegung der Schutzmaßnahmen.
- Explosionsschutzdokument.
- Betriebsanweisungen als Grundlage zur Unterweisung der Mitarbeiter.
- Dokumentation der regelmäßigen Unterweisungen der Mitarbeiter.

Hinzu kommen noch die Dokumentationen nach Chemikalienverbotsverordnung im Zusammenhang mit der Abgabe von Gefahrstoffen (▸Kap. 9.6) sowie ggf. Gefährdungsbeurteilungen nach der BioStoffV, sofern in der Apotheke die Bestimmung von Blutwerten vorgenommen wird.

Eine detaillierte Beschreibung der Gefahrstoffdokumentation insbesondere im Hinblick auf die Veränderungen durch die Implementierung der EG-CLP-VO erfolgt in ▸Kap. 14. Dabei wird der Fokus darauf gerichtet, wie die bisher in den Apotheken vorhandenen Gefahrstoffdokumentationen weiterhin genutzt und – parallel zur Umstellung der apothekeninternen Kennzeichnung der vorhandenen Stoffe – schrittweise bis zum 01.06.2015 an die Erfordernisse der EG-CLP-VO angepasst werden können.

Zuvor soll in ▸Kap. 13 das Schutzstufenkonzept vorgestellt werden, welches mit dem Inkrafttreten der Gefahrstoffverordnung vom 26. November 2010 einige Modifikationen erfahren hat.

13 Schutzstufenkonzept – Schutzmaßnahmen nach Gefahrstoffverordnung

In der „alten" Gefahrstoffverordnung vom 24.12.2004 wurde zur arbeitsschutzrelevanten Bewertung des Umgangs mit Gefahrstoffen erstmals das sogenannte „**Schutzstufenkonzept**" formuliert. In 4 Maßnahmenstufen, die aufeinander aufbauten und bei denen die nächsthöhere Stufe jeweils die Vorschriften der untergeordneten Stufen vollinhaltlich enthielt, wurden die Arbeitsschutzmaßnahmen beim Umgang mit gesundheitsgefährdenden Gefahrstoffen (nicht die chemisch-physikalischen Gefahren!) mit ansteigendem Anforderungsprofil formuliert.

Die Schutzstufe 1 beschrieb die Mindeststandards zur Verhütung von Gefährdungen und war als alleiniges Maßnahmenpaket nur zulässig bei Tätigkeiten mit „geringem Gefährdungspotenzial". Die Zuordnung von Tätigkeiten in die Schutzstufen 2 bis 4 erfolgte primär anhand der Einstufung und Kennzeichnung der Gefahrstoffe:

- Stufe 2: alle übrigen Gefahrstoffe, die nicht in Stufe 3 oder 4 gehören (C, Xi, Xn).
- Stufe 3: alle giftigen (T) und sehr giftigen (T^+) Stoffe, die nicht in Stufe 4 gehören.
- Stufe 4: alle CMR-Stoffe der Kategorien 1 und 2.

Diese enge Bindung der Schutzstufen an die konkrete Einstufung und Kennzeichnung der Gefahrstoffe musste in der Gefahrstoffverordnung vom 26.11.2010 wieder aufgegeben werden, da die Kennzeichnungssystematik der EG-CLP-VO von der bisher verwendeten abweicht.

Besonders augenfällig wird dies bei den im weitesten Sinne toxischen Gefahrstoffen. Nach dem bisherigen Kennzeichnungssystem waren giftige und sehr giftige Substanzen sowie CMR-Stoffe der Kategorien 1 und 2 mit dem Totenkopfsymbol zu kennzeichnen. In der EG-CLP-VO werden hingegen nur noch die akut toxischen Gefahrstoffe (Akut. Tox. 1–3) mit dem Totenkopfsymbol gekennzeichnet; auf mögliche chronische und organspezifische Gesundheitsschäden wird mit dem Korpussymbol verwiesen. In Bezug auf CMR-Stoffe wird dieses Piktogramm jedoch sowohl bei den als erwiesenermaßen schädigend anzusehenden CMR-Stoffen (Karz./Muta./Repr. 1A/1B) als auch bei den Verdachtsstoffen (ehemals CMR Kat. 3, neu Karz./Muta./Repr. 2) angewendet. Darüber hinaus findet das CLP-Korpussymbol auch bei anderen Gefahreneigenschaften Anwendung (Atemwegssensibilisierung, Aspirationsgefahr, Zielorgantoxizität). Somit ist anhand des Piktogramms allein eine Zuordnung zu den einzelnen Schutzstufen nicht mehr möglich.

■ **WICHTIG** Gradmesser für die Festlegung der Schutzmaßnahmen sind die Zuordnung zu den CMR-Stoffen bzw. das inhalative, dermale oder augenschädigende Gefährdungspotenzial der Gefahrstoffe sowie die konkrete betriebsspezifische Form des Umgangs mit ihnen.

In der Summe der Maßnahmen, die für die Umsetzung in der Apotheke relevant sind, entsprechen die Schutzmaßnahmen in der aktuellen Gefahrstoffverordnung vom 26.11.10 im Wesentlichen denen der Vorgängerverordnung. Es erfolgte jedoch eine Umstrukturierung und Neuformulierung der Inhalte in den einzelnen Paragraphen.

In den §§7 bis 11 der GefStoffV wird das System der Schutzmaßnahmen festgelegt, welches dem Schutz der Arbeitnehmer vor Gefährdungen aus dem Umgang mit Gefahrstoffen dient. Dabei wird zwischen den Grundpflichten des Arbeitgebers, allgemeinen, zusätzlichen und besonderen Schutzmaßnahmen in Abhängigkeit vom Gefährdungspotenzial der Gefahrstoffe sowie besonderen Schutzmaßnahmen gegen physikalisch-chemische Einwirkungen unterschieden.

13.1 Grundpflichten des Arbeitgebers (§7 GefStoffV)

In diesem Paragraph werden Grundpflichten zusammengefasst, die jeder Arbeitgeber unabhängig vom Ausmaß des Umgangs mit Gefahrstoffen immer zu beachten hat. Es handelt sich um Grundpflichten des gefahrstoffbezogenen Arbeitsschutzes, die noch keine Schutzmaßnahmen im eigentlichen Sinne sind.

Folgende Forderungen sind für die Apotheke relevant (Auswahl):

- Pflicht des Arbeitgebers zur Erstellung einer **Gefährdungsbeurteilung** und Festlegung der erforderlichen Schutzmaßnahmen.
- Grundsätzliches **Substitutionsgebot** für Gefahrstoffe und Verfahren durch Stoffe, Zubereitungen oder Verfahren, die unter den jeweiligen Verwendungsbedingungen für die Gesundheit und Sicherheit der Beschäftigten nicht oder weniger gefährlich sind.
- Reduzierung der Gefährdungen der Mitarbeiter auf ein Minimum durch verfahrenstechnische Maßnahmen sowie kollektive und individuelle Schutzmaßnahmen.
- Pflicht der Beschäftigten zur Nutzung der bereitgestellten persönlichen Schutzausrüstung.
- Sachgerechte Aufbewahrung, Reinigung und Pflege der persönlichen Schutzausrüstung.
- Regelmäßige Prüfung der Funktion und Wirksamkeit der technischen Schutzmaßnahmen mindestens jedes dritte Jahr, Dokumentation der Ergebnisse der Prüfung.
- Sicherstellung der Einhaltung der Arbeitsplatzgrenzwerte; bei Tätigkeiten mit Gefahrstoffen, für die kein Arbeitsplatzgrenzwert vorliegt, hat der Arbeitgeber regelmäßig die Wirksamkeit der ergriffenen technischen Schutzmaßnahmen durch geeignete Ermittlungsmethoden zu überprüfen.

Die meisten Forderungen richten sich direkt an den Apothekenleiter, jedoch werden die Apothekenmitarbeiter mit der Verpflichtung zur Nutzung der bereitgestellten Schutzausrüstung auch mit in die Verantwortung genommen. Die Nutzung brancheneinheitlicher

Verfahren (vgl. BAK-Rezepturstandards) und die Anwendung der persönlichen Schutzausrüstung stehen in der Apotheke im Vordergrund.

Die **Substitution** von Stoffen und Verfahren ist aufgrund apothekenrechtlicher Vorgaben **nur sehr eingeschränkt** möglich; das Abweichen von dieser zentralen Forderung der Gefahrstoffverordnung ist in den jeweiligen Gefährdungsbeurteilungen zu dokumentieren und zu begründen.

Auch die Problematik der **Arbeitsplatzgrenzwerte** kann in der Apotheke im Wesentlichen nur durch die Einhaltung standardisierter Arbeitsvorgaben gelöst werden, da es für die weit überwiegende Mehrzahl der apothekenüblichen Rezeptursubstanzen keine Arbeitsplatzgrenzwerte gibt. Sofern konkrete Werte vorhanden sind (z. B. Alkohole), muss deren Einhaltung durch sachgerechten Umgang gewährleistet werden (Arbeit unter dem Abzug, apothekenrelevante Kleinmengen).

13.2 Allgemeine Schutzmaßnahmen (§ 8 GefStoffV)

Dieser Paragraph enthält eine Zusammenstellung von Regeln, die man als Grundmaßnahmen oder auch als grundlegende Hygienemaßnahmen bezeichnen kann. Sie entsprechen im Wesentlichen den Anforderungen der früheren Schutzstufe 1. Grundsätzlich wirken diese Schutzmaßnahmen sowohl Gefährdungen durch inhalative und dermale Exposition als auch Gefährdungen durch physikalisch-chemische Einwirkungen entgegen.

Wenn in der Gefährdungsbeurteilung alle Kriterien für eine „geringe Gefährdung“ erfüllt sind, sind diese **allgemeinen Schutzmaßnahmen** ausreichend; nur bei erhöhter Gefährdung durch dermale oder inhalative Exposition, bei Tätigkeiten mit krebserzeugenden, erbgutverändernden oder fruchtbarkeitsgefährdenden Gefahrstoffen der Kategorien 1 oder 2 und bei erhöhter Gefährdung durch physikalisch-chemische Einwirkungen sind zusätzliche Schutzmaßnahmen (▸ Kap. 13.3 und ▸ Kap. 13.4) zu beachten. Dies ist bei der typischen Ausstattung mit Reagenzien und Rezeptursubstanzen in den Apotheken regelmäßig der Fall.

Die Kriterien für eine „geringe Gefährdung“ nach § 6 Abs. 11 GefStoffV sind erfüllt, wenn aufgrund

- der dem Gefahrstoff zugeordneten Gefährlichkeitsmerkmale,
- einer geringen verwendeten Stoffmenge,
- einer nach Höhe und Dauer niedrigen Exposition und
- der Arbeitsbedingungen

insgesamt eine nur geringe Gefährdung der Beschäftigten zu erwarten ist.

Die apothekenspezifische Umsetzung dieser allgemeinen Forderungen wird im Wesentlichen durch die Vorgaben zur leitliniengerechten Arbeit in der Rezeptur gewährleistet. Konkret können die einzelnen Maßnahmen in den Handlungshilfen der Bundesapothekerkammer (siehe unter http://www.abda.de/arbeitsschutzmassnahmen.html) eingesehen werden.

Allgemeine Schutzmaßnahmen

1. Geeignete Gestaltung des Arbeitsplatzes und geeignete Arbeitsorganisation.
2. Bereitstellung geeigneter Arbeitsmittel für Tätigkeiten mit Gefahrstoffen.
3. Begrenzung der Anzahl der Beschäftigten, die Gefahrstoffen ausgesetzt sind.
4. Begrenzung der Dauer und der Höhe der Exposition.
5. Angemessene Hygienemaßnahmen, insbesondere zur Vermeidung von Kontaminationen; regelmäßige Reinigung des Arbeitsplatzes.
6. Begrenzung der am Arbeitsplatz vorhandenen Gefahrstoffe auf die Menge, die für den Fortgang der Tätigkeiten erforderlich ist.
7. Geeignete Arbeitsmethoden und Verfahren, welche die Gesundheit und Sicherheit der Beschäftigten nicht beeinträchtigen oder die Gefährdung so gering wie möglich halten.
8. Eindeutige Kennzeichnung der gefährlichen Stoffe und Zubereitungen.
9. Verbot der Aufnahme von Nahrungs- und Genussmitteln in Bereichen, in denen mit Gefahrstoffen umgegangen wird.
10. Übersichtliche Aufbewahrung und Lagerung der Gefahrstoffe, Vermeidung der unmittelbaren Nähe zu Arznei-, Lebens- oder Futtermitteln.
11. Sachgerechte Entsorgung von Gefahrstoffresten und entleerten Behältern.
12. Lagerung von giftigen und sehr giftigen Stoffen und Zubereitungen sowie solchen der CMR-Kategorien 1 und 2 unter Verschluss oder so, dass nur fachkundige und zuverlässige Personen Zutritt haben.
13. Tätigkeiten mit Substanzen nach Pkt. 12 sowie mit atemwegssensibilisierenden Stoffen und Zubereitungen dürfen nur von fachkundigen oder besonders unterwiesenen Personen ausgeführt werden.

13.3 Zusätzliche Schutzmaßnahmen (§ 9 GefStoffV)

Ergibt sich aus der Gefährdungsbeurteilung, dass die allgemeinen Schutzmaßnahmen nach § 8 nicht ausreichen, um Gefährdungen durch Einatmen, Aufnahme über die Haut oder Verschlucken entgegenzuwirken, hat der Arbeitgeber zusätzliche Maßnahmen zu ergreifen.

Insbesondere wird dies notwendig, wenn

- **Arbeitsplatzgrenzwerte** oder **biologische Grenzwerte** überschritten werden,
- bei hautresorptiven oder haut- oder augenschädigenden Gefahrstoffen eine Gefährdung durch **Haut- oder Augenkontakt** besteht oder
- bei Gefahrstoffen ohne Arbeitsplatzgrenzwert und ohne biologischen Grenzwert eine Gefährdung aufgrund der ihnen zugeordneten Gefährlichkeitsmerkmale und der **inhalativen** Exposition angenommen werden kann.

Das **Farbcodesystem der BAK** für die innerbetriebliche Kennzeichnung der Stoffe nach EG-CLP-VO, welches neben den CMR-Stoffen die Substanzen mit inhalativer, dermaler oder Augengefahr besonders hervorhebt (▸ Kap. 14.2), ermöglicht eine schnelle Erkennung derartiger Gefährdungen und die Auswahl geeigneter Schutzmaßnahmen (siehe Kasten).

Die **Gefahr des Verschluckens** lässt sich durch das Verbot des Konsums von Nahrungs- und Genussmitteln am Arbeitsplatz am leichtesten vermeiden (▸ Kap. 13.2).

Zusätzliche Schutzmaßnahmen

Die **dermalen** und **inhalativen Gefährdungen** und der mögliche **Augenkontakt** können verringert werden durch:

1. Anwendung geschlossener Systeme (hat immer Vorrang!).
2. Prüfung alternativer Verfahren nach dem Stand der Technik (Substitutionsgebot).
3. Bereitstellung persönlicher Schutzausrüstungen (nur, wenn Pkt. 1. und 2. nicht zum Ziel führen).

Von der Systematik der Arbeitsschutzmaßnahmen her betrachtet entsprechen diese Maßnahmen den Forderungen der früheren Schutzstufen 2 und 3, in denen bei entsprechender Gefährdung das Tragen von Schutzbrillen und Partikelfiltermasken zusätzlich zu dem geschlossenen Kittel und den Einmalhandschuhen gefordert wurde (vgl. Handlungshilfen der BAK, Rezepturstandards „alt" unter http://www.abda.de/arbeitsschutzmassnahmen.html).

Die Realisierung der Forderung nach **geschlossenen Systemen** kann zumindest für wesentliche Arbeitsschritte in der Rezeptur durch die Anwendung automatisierter Rührsysteme (u. a. Unguator®, Topitec®), Arbeit unter dem geschlossenen Abzug, Abwägen mit weitgehend geschlossener Analysenwaage, Abtrennung des Rezepturarbeitsplatzes und Vermeidung von Zugluft erreicht werden.

Als **alternatives Verfahren** kann bei der Herstellung häufiger vergleichbarer Rezepturen die Nutzung von Stammverreibungen und Konzentraten hilfreich sein; im Laborbereich sollte physiko-chemischen Prüfmethoden (z. B. Schmelzpunktbestimmung, Refraktometrie) und solchen mit geringem Substanzbedarf (z. B. HPTLC) der Vorzug gegeben werden.

In der praktischen Umsetzung kommt der Nutzung der **persönlichen Schutzausrüstung** (Schutzbrille, Partikelfiltermaske, geschlossener Kittel, Schutzhandschuhe) die größte Bedeutung zu, um einen wirksamen Arbeitnehmerschutz bei den genannten Gefahren zu erreichen.

Bei der Umstellung der Gefährdungsbeurteilungen von „altem" auf „neues" Recht fällt auf, dass die Beurteilungen der ehemaligen Schutzstufen 2 und 3 unter den neu formulierten „Zusätzlichen Schutzmaßnahmen" zusammengefasst werden können. Dies hat seine Ursache darin, dass jetzt allein auf die **Art der Gefährdung** (z. B. dermale Exposition) abgestellt wird und es nicht mehr darauf ankommt, ob diese Gefährdung durch einen z. B. ätzenden Gefahrstoff (ehemals Schutzstufe 2) oder einen giftigen Gefahrstoff (ehemals Schutzstufe 3) hervorgerufen wird.

13.4 Besondere Schutzmaßnahmen (§ 10 GefStoffV)

Die Vorschriften dieses Paragraphen sind im Wesentlichen deckungsgleich mit den Anforderungen an die ehemalige Schutzstufe 4 nach der Gefahrstoffverordnung von 2004. Sie regeln den Umgang mit Gefahrstoffen der CMR-Kategorien 1 und 2 bzw. Carc./Muta./Repr. 1A oder 1B.

Die Kennzeichnung dieser Stoffe erfolgt nach altem System mit dem Totenkopfsymbol Giftig/Sehr giftig und den R-Sätzen R45, R46, R49, R60 oder R61. Nach EG-CLP-VO werden diese Substanzen mit dem Korpus-Piktogramm GHS08, dem Signalwort „Gefahr" und den H-Sätzen H340, H350, H350 i oder H360 (ggf. mit den Zusätzen F, D, FD, Fd bzw. Df) deklariert. Unter diese Stoffgruppe fallen die Zytostatika, die meisten Steroidhormone (Glucocorticoide, Androgene, Gestagene, Estrogene) und z. B. auch Steinkohlenteer.

In der Apotheke umzusetzende Maßnahmen

- Abgrenzung der Gefahrenbereiche, in denen mit solchen Gefahrstoffen umgegangen wird.
- Anbringen von Warn- und Sicherheitszeichen, insbesondere „Zutritt für Unbefugte verboten" und „Rauchen verboten".
- Sicherstellung, dass abgesaugte Luft nicht wieder in der Arbeitsbereich zurückgeführt wird, es sei denn, sie wird in einem behördlich anerkannten Verfahren ausreichend gereinigt.
- Konsequente Anwendung der persönlichen Schutzausrüstung gemäß BAK-Handlungshilfen (Farbcode „rot").

Die allgemeinen gesetzlichen Vorgaben fordern die strikte Einhaltung der Arbeitsplatzgrenzwerte, was durch Messungen oder vergleichbare Methoden der Expositionsermittlung belegt werden soll, sowie die Tätigkeit nach vom Ausschuss für Gefahrstoffe bekannt gegebenen verfahrens- und stoffspezifischen Kriterien.

In der praktischen Umsetzung insbesondere im Hinblick auf die persönliche Schutzausrüstung sind die Grenzen zwischen den „Zusätzlichen Schutzmaßnahmen" nach § 9 und den „Besonderen Schutzmaßnahmen" für die CMR-Stoffe nach § 10 GefStoffV sicher fließend. Die Hauptschutzmaßnahme ist auch hier die konsequente Nutzung der persönlichen Schutzausrüstung, bestehend aus Schutzbrille, Partikelfiltermaske (FFP2), geschlossenem Kittel und Schutzhandschuhen, flankiert durch die Arbeit in der Rezeptur bei geschlossener Tür, Vermeidung von Zugluft, Nutzung des Abzugs u. a. m.

Entscheidend ist die Gefährdungsbeurteilung. So wird der gelegentliche und kurzzeitige Kontakt mit einem CMR-Stoff, wie er beim Herstellen einer glucocorticoidhaltigen Salbe auftreten kann, anders zu bewerten sein als die ganztägige Herstellung von Zytostatika. Ziel ist immer der wirksame Schutz der Beschäftigten, der über ein abgestuftes Maßnahmenpaket sicherzustellen ist.

13.5 Besondere Schutzmaßnahmen gegen physikalisch-chemische Einwirkungen (§ 11 GefStoffV)

Nach § 11 hat der Arbeitgeber auf der Grundlage der Gefährdungsbeurteilung Maßnahmen zum Schutz der Beschäftigten vor physikalisch-chemischen Einwirkungen, insbesondere **Brand- und Explosionsgefahren**, zu ergreifen. Dies gilt vor allem für Tätigkeiten mit explosionsgefährlichen, brandfördernden, hochentzündlichen, leichtentzündlichen und entzündlichen Stoffen oder Zubereitungen (Gemischen), einschließlich ihrer Lagerung.

Dazu muss der Arbeitgeber Maßnahmen in der nachstehenden Rangfolge ergreifen:

1. Gefährliche Mengen oder Konzentrationen von Gefahrstoffen, die zu Brand- oder Explosionsgefährdungen führen können, sind zu vermeiden.
2. Zündquellen, die Brände oder Explosionen auslösen können, sind zu vermeiden.
3. Schädliche Auswirkungen von Bränden oder Explosionen auf die Gesundheit und Sicherheit der Beschäftigten und anderer Personen sind zu verringern.

Die detaillierten Anforderungen zur Lagerung und zum Umgang mit entzündbaren (brennbaren) Flüssigkeiten auf der Basis von TRGS 510 und 526 wurden im ▸Kap. 10 besprochen.

Die besonderen arbeitsschutzrelevanten Vorschriften für Gefahrstoffe und Tätigkeiten mit Brand- und Explosionsgefährdungen sind in Anhang 1 Nr. 1 der GefStoffV vom 26.11.2010 aufgelistet; die konkreten Schutzmaßnahmen bei Brand- und Explosionsgefahr werden in ▸Kap. 15 zusammengefasst.

13.6 Wirksamkeitskontrollen

Im § 7 Abs. 7 der Gefahrstoffverordnung werden die Arbeitgeber verpflichtet, die Funktion und die Wirksamkeit der **technischen Schutzmaßnahmen** regelmäßig, mindestens jedoch jedes dritte Jahr, zu überprüfen. Das Ergebnis der Prüfungen ist aufzuzeichnen und vorzugsweise zusammen mit der Dokumentation nach § 6 Abs. 8 (= Gefährdungsbeurteilung) aufzubewahren.

Diese 3-Jahres-Frist ist eine Maximalzeitspanne und kann je nach praktischen Erfordernissen auch kürzer gefasst sein. Zur Prüfung der **Abzüge** als zentrale technische Arbeitsschutzeinrichtung in der Apotheke schreibt die TRGS 526 (Laboratorien) vor, dass Abzüge ohne selbstüberwachende Funktionskontrolle mit optischer und akustischer Anzeige, die ein Absinken des Mindestvolumenstroms anzeigt, einmal jährlich einer lufttechnischen Prüfung zu unterziehen sind. Bei Abzügen mit einer solchen Dauerüberwachungseinrichtung genügt es, diese in Abständen von nicht mehr als drei Jahren zu überprüfen. **Notduschen** für Auge und Körper müssen mindestens einmal monatlich auf ihre Funktion getestet werden.

Darüber hinaus ist regelmäßig zu überprüfen, dass die vorgegebenen **organisatorischen Maßnahmen** durch die Mitarbeiter beachtet werden. Dies geschieht zweckmäßigerweise einmal jährlich im Rahmen der durchzuführenden gefahrstoffrechtlichen Unterweisungen der Mitarbeiter (▸Kap. 14.5) und wird auf den Gefährdungsbeurteilungen entsprechend mit Datum dokumentiert.

Mit den vorgegebenen Maßnahmen kann die Apotheke auch der Forderung der GefStoffV nach Dokumentation der **Einhaltung der Arbeitsplatzgrenzwerte** (AGW) nachkommen. Solche AGW's existieren im Apothekenbetrieb nur für einige Lösungsmittel (z. B. Aceton, Isopropylalkohol). Um die Einhaltung der AGW's zu belegen, müssten Messungen am Arbeitsplatz durchgeführt werden, was für eine Apotheke mit üblichem Rezepturbetrieb nicht darstellbar ist. Deshalb muss durch das Arbeitsverfahren sichergestellt werden, dass keine Gefahrstoffe in die Atemluft gelangen können, d. h. mit diesen Stoffen wird vorzugsweise unter dem eingeschalteten (und regelmäßig überprüften) Abzug gearbeitet. In der Gefährdungsbeurteilung wird in diesen Fällen vermerkt, dass Messungen nicht erforderlich sind, da die Arbeiten unter einem geschlossenen Abzug (= technische und organisatorische Schutzmaßnahme) durchgeführt werden.

Die Durchführung aller Wirksamkeitskontrollen wird mit Datum in die entsprechenden Gefährdungsbeurteilungen eingetragen.

14 Vom Arbeitgeber durchzuführende Maßnahmen – Gefahrstoffmanagement mit Übergangsregelungen

Die Umstellung auf das EG-CLP-System muss bis 01.06.2015 abgeschlossen sein.

14.1 Tätigkeiten mit Gefahrstoffen zusammenstellen

Die systematische Durchführung des Arbeitsschutzes beginnt mit der Zusammenstellung der Tätigkeiten, bei denen die Arbeitnehmer dem Einfluss von Gefahrstoffen ausgesetzt sein können. Ein solches **Tätigkeitsverzeichnis** wird zwar in der Gefahrstoffverordnung nicht explizit gefordert, es ist aber ein wertvoller Einstieg in die inhaltliche Strukturierung der Gefährdungsbeurteilungen und sollte Teil der Gefahrstoffdokumentation sein.

Beispiele für gefahrstoffrelevante Tätigkeiten

- Herstellen von Rezepturen und Defekturen.
- Umfüllen von Arzneistoffen, sonstigen Chemikalien, brennbaren Flüssigkeiten.
- Prüfung von Ausgangsstoffen.
- Entsorgung von Resten der Rezeptur- und Labortätigkeit.
- Reinigungsarbeiten.
- Drucken und Kopieren (Tonerfeinstaub, Ozonentwicklung).
- Messen von Blutwerten (Blutzucker, Gesamtcholesterin u. a.)

Diese Übersicht macht deutlich, dass auch bei Tätigkeiten, bei denen primär nicht mit eingestuften Gefahrstoffen umgegangen wird, Gefährdungen für die Mitarbeiter entstehen können. Hier greift die weitgefasste Definition des Begriffs „Gefahrstoffe" aus dem Chemikaliengesetz, wo auch Stoffe und Zubereitungen (Gemische), die *„aufgrund ihrer physikalisch-chemischen, chemischen oder toxikologischen Eigenschaften und der Art und Weise, wie sie am Arbeitsplatz verwendet werden oder dort vorhanden sind, eine Gefährdung für die Gesundheit und die Sicherheit der Beschäftigten darstellen können"*. Es gilt also beispielsweise auch zu prüfen, ob Reinigungskräfte über lange Zeiträume und in erheblichem Maße hautschädigenden Reinigungsmitteln ausgesetzt sein können oder ob in großer Zahl Dokumente an einem Laserdrucker/-kopierer erzeugt werden, der in einem unbelüftetem Raum steht (inhalative Exposition).

Andere Gefährdungen, die von der Gefahrstoffverordnung nicht erfasst werden, ergeben sich z. B. aus dem Umgang mit potentiell infektiösem Material, wie es bei der Messung von labordiagnostischen Werten aus dem Blut von Patienten vorkommen kann. Diese Gefahrenart wird in der Biostoffverordnung behandelt.

14.2 Informationsbeschaffung – Gefahrstoffverzeichnis führen

Die Gefahrstoffverordnung fordert, dass der Arbeitgeber ein Verzeichnis der im Betrieb verwendeten Gefahrstoffe zu führen hat, in dem auf die entsprechenden **Sicherheitsdatenblätter** verwiesen wird.

14.2.1 Mindestanforderungen nach der Gefahrstoffverordnung

Diese Punkte im Kasten beschreiben die Mindestanforderungen nach der Gefahrstoffverordnung. Der Arbeitgeber muss die entsprechenden Informationen allen Mitarbeitern zugänglich machen; die Angaben zu den Mengen können aus Gründen der betrieblichen Geheimhaltung auch gesondert geführt werden und den Behörden auf Anforderung zur Verfügung gestellt werden.

Gefahrstoffverzeichnis – Mindestangaben

- Bezeichnung des Gefahrstoffs.
- Einstufung des Gefahrstoffs oder Angaben zu den gefährlichen Eigenschaften.
- Angaben zu den im Betrieb verwendeten Mengenbereichen.
- Bezeichnung der Arbeitsbereiche, in denen Beschäftigte dem Gefahrstoff ausgesetzt sein können.

Da es keine konkretisierende Vorschrift zur Gestaltung eines Gefahrstoffverzeichnisses gibt, ist der Arbeitgeber unter Beachtung der genannten Vorgaben in der Art und Weise der Gestaltung des Gefahrstoffverzeichnisses frei. Da die Art und die Menge der Gefahrstoffe in den Apotheken in großem Maße vergleichbar sind (Reagenziensatz, typische Arzneistoffe), empfiehlt sich dringend die Nutzung vorgefertigter Verzeichnisse, wie sie als Broschüren oder in elektronischer Form von den Fachverlagen angeboten werden. Diese vorgegebenen Verzeichnisse brauchen dann nur noch durch Ergänzung der konkret vorhandenen Mengen und den Verweis auf die Quelle der relevanten Sicherheitsdatenblätter ergänzt werden. Im Rahmen der **jährlichen Überprüfungen** der gefahrstoffrechtlichen Unterlagen müssen die Verzeichnisse auf ihre Aktualität geprüft und wenn nötig, ergänzt werden.

Neben den gesetzlich geforderten Mindestangaben kann ein solches Verzeichnis durch ergänzende Informationen (z. B. EG- und Index-Nummer, Sicherheitshinweise, Angabe des Lieferanten, Bevorratungspflicht gemäß Apothekenbetriebsordnung, Hinweis auf andere relevante gesetzliche Vorschriften wie das Grundstoffüberwachungsgesetz …) zusätzlich aufgewertet werden.

Darüber hinaus empfiehlt die BAK, bei der Liste der Arzneistoffe den Verwendungszweck (für welche Art von Rezepturen – Salben, Lösungen, Augentropfen …) zu ergänzen. Dies erleichtert später die Zuordnung der Substanzen bei der Erstellung der Gefährdungsbeurteilungen. Auch kann die Angabe des Farbcode-Symbols nach dem

BAK-Farbcode-Konzept die Arbeiten zur Kennzeichnung und zur Erstellung der Gefährdungsbeurteilungen deutlich erleichtern.

14.2.2 Vorschlag für ein Gefahrstoffverzeichnis gemäß EG-CLP-VO

▫ Tab. 14.1 zeigt einen Auszug aus dem Hörath Gefahrstoff-Verzeichnis, 9. Auflage, als eine Möglichkeit zur Umsetzung der Mindestanforderungen an ein Gefahrstoffverzeichnis mit zusätzlichem Informationsgehalt für die tägliche Arbeit in der Apotheke. Die Spalten 1, 3, 6, 10, und 11 sind dabei die gesetzlich vorgeschriebenen Pflichtinhalte.

14.2.3 Übergangsregelungen „alt/neu"

Da auch in den Vorgängerversionen der Gefahrstoffverordnung die Pflicht zur Erstellung eines Gefahrstoffverzeichnisses bestand, kann davon ausgegangen werden, dass in jeder Apotheke eine solche Übersicht – basierend auf den „alten" Kennzeichnungsvorschriften – vorhanden ist.

Der Gesetzgeber lässt dem Apothekenleiter freie Hand, wie er die Umstellung auf ein neues Verzeichnis nach EG-CLP-VO gestalten möchte.

Möglichkeiten der Umstellung:

- Das alte Verzeichnis weiter nutzen und nach Wareneingang von neu gekennzeichneten Stoffen und Gemischen die neue Einstufung und Kennzeichnung in dem vorhandenen Verzeichnis ergänzen.
- Parallel das alte Gefahrstoffverzeichnis beibehalten und ein neues Verzeichnis mit den neu gekennzeichneten Stoffen aufbauen.
- Mehrere Gefahrstoffverzeichnisse je nach Verwendungszweckgruppen (z. B. Reagenziensatz, Rezepturarzneistoffe, Zytostatika …) parallel führen.
- Alle Substanzen gemäß den „neuen" Vorschriften umetikettieren und nur noch ein einheitliches Gefahrstoffverzeichnis nach neuem Recht führen.

Aus pragmatischen Erwägungen heraus bietet sich in der Übergangszeit die Variante 3 an – ein „neues" Gefahrstoffverzeichnis für die Rezeptursubstanzen, die aufgrund des Bestandsumschlags mittlerweile fast ausschließlich mit neuer Kennzeichnung vorhanden sein dürften und ein „altes" Verzeichnis parallel dazu für die noch vorhandenen Laborreagenzien. Bei letzteren sollten die Umsetzungshinweise zur ApBetrO von 2012 in die Entscheidungsfindung mit einfließen, ob vorhandene Substanzen ggf. neu etikettiert werden müssen.

Die Umstellung auf das EG-CLP-System muss bis 01.06.2015 abgeschlossen sein. Besonderes Augenmerk sollte bei der Form der Dokumentation darauf gelegt werden, dass die Informationen klar erkennbar, übersichtlich und für jeden verständlich aufbereitet sind.

Die Gestaltung der innerbetrieblichen Kennzeichnung (▸ Kap. 11) und die Umstellung der Gefährdungsbeurteilungen und Betriebsanweisungen sollten mit der Neugestaltung des Gefahrstoffverzeichnisses zeitlich und inhaltlich parallel laufen.

Tab. 14.1 Auszug aus Hörath Gefahrstoff-Verzeichnis

1	2	3	4	5	6	7	8	9	10	11	12
Stoff/ Gemisch	**Produktidentifikator (1) Index-Nr. (2) EG-Nr. [Abgabe] (3) CAS-Nr. (4) REACH-Nr.**	**Gefahrenklasse, -kategorie**	**Piktogramm-Code Signalwort**	**Farbkonzept (BAK)**	**H-Sätze EUH-Sätze**	**P-Sätze**	**Maßnahmen – Abgabe – Beschriftung Etikett**	**Maßnahmen – Betriebs-intern**	**Menge**	**Standort L = Labor BTM = Tresor**	**Literatur**
						Hinweis: bei Abgabe an private Endverbraucher jeweils P101 und P102 ergänzen			**Hinweis: jährlich aktualisieren**	**Hinweis: für weitere Standorte Kürzel einführen**	**Hinweis: Aktualität regelmäßig prüfen**
Procainhydrochlorid	**(2) 200-077-2** (3) 51-05-8	Acute Tox. 3, oral Skin Sens. 1	GHS06 Gefahr	gelb	H301, H317	P264, P301+P310, P405, P501	Tastbarer Gefahrenhinweis Kindergesicherter Verschluss Schriftliche Gebrauchsanweisung	ChemVerbotsV: Kontrolle + Doku		Unter Verschluss!	Sigma-Aldrich 27.02.2013
Progesteron	**(2) 200-350-6** (3) 57-83-0	Repr. 1B	GHS08 Gefahr	rot	H360FD	P201, P281, P308+P313, P405	Nur für den berufsmäßigen Verwender (aktuelles SDB mitgeben)	Beschäftigungsverbot für Schwangere und Stillende ChemVerbotsV: Kontrolle + Doku		Unter Verschluss!	Caelo 05.07.2012
Propan	(1) 601-003-00-5 **(2) 200-827-9** (3) 74-98-6	Flam. Gas 1 Press. Gas	GHS02 GHS04 Gefahr		H220, H280	P210, P377, P381, P410+P403	Tastbarer Gefahrenhinweis	ChemVerbotsV: Kontrolle			Sigma-Aldrich 29.10.2012

Quelle: Schulz A. Hörath Gefahrstoff-Verzeichnis. 9. Aufl., Deutscher Apotheker Verlag, Stuttgart 2013

14.3 Gefährdungsbeurteilungen durchführen – Schutzmaßnahmen festlegen

14.3.1 Allgemeine Anforderungen

Im Gegensatz zum Sicherheitsdatenblatt, dessen Aufbau vom Gesetzgeber detailliert vorgegeben ist, gibt es für die Gefährdungsbeurteilungen als zentralen Baustein des betrieblichen Arbeitsschutzes nur allgemeine inhaltliche Mindestanforderungen, die im § 6 der Gefahrstoffverordnung formuliert sind.

Unabhängig von der Anzahl der Mitarbeiter muss der Apothekenleiter in der Gefährdungsbeurteilung Aussagen zu folgenden allgemeinen Punkten treffen:

1. Erfassung der Gefährdungen am Arbeitsplatz. Dabei sind die mit den Tätigkeiten verbundenen **dermalen**, **inhalativen** und **physikalisch-chemischen** Gefährdungen unabhängig voneinander zu beurteilen und in der Gefährdungsbeurteilung zusammenzufassen.
2. Dokumentation des Ergebnisses der Prüfung auf Möglichkeiten einer **Substitution** von Gefahrstoffen oder Verfahren zugunsten weniger gefährlicher Varianten.
3. Begründung für einen Verzicht auf eine technisch mögliche Substitution, sofern Schutzmaßnahmen nach § 9 oder § 10 zu ergreifen sind.
4. Beschreibung der durchzuführenden Schutzmaßnahmen.
5. Dokumentation der Ermittlungsergebnisse, die belegen, dass der Arbeitsplatzgrenzwert eingehalten wird oder – bei Stoffen ohne Arbeitsplatzgrenzwert – die ergriffenen technischen Schutzmaßnahmen wirksam sind.

Einen ersten Überblick, für welche konkreten Tätigkeiten und Arbeitsplätze letztendlich eine Gefährdungsbeurteilung erstellt werden muss, gibt das Tätigkeitsverzeichnis (▸ Kap. 14.1).

Für alle Tätigkeiten im Zusammenhang mit der Herstellung und Prüfung von Arzneimitteln liegen mit den Handlungshilfen der Bundesapothekerkammer und softwaregestützten Angeboten aus den Fachverlagen wertvolle Materialien vor, mit deren Hilfe diese Tätigkeiten effizient und apothekenindividuell beurteilt werden können. Bei Gefährdungen aus nichtpharmazeutischen Tätigkeiten (z. B. Reinigungsarbeiten, Umgang mit Laserdruckern) müssen eigene Formulare gestaltet werden.

Jede der ermittelten Tätigkeiten (z. B. Herstellen von Salben, Herstellen von Kapseln, Umfüllen von Flüssigkeiten) muss extra bewertet werden. Es ist jedoch aus den praktischen Erfordernissen heraus zweckmäßig, gleichartige Tätigkeiten mit verschiedenen Stoffen, von denen ein annähernd gleichwertiges Gefahrenpotenzial ausgeht, in Gruppengefährdungsbeurteilungen zusammenzufassen (z. B. Herstellen von Salben mit CMR-Stoffen der Kategorien 1A oder 1B, Herstellen von Salben mit Nicht-CMR-Stoffen...). Dies empfiehlt sich insbesondere deshalb, weil die sich daraus ergebenden Schutzmaßnahmen für die jeweilige Stoffgruppe mit gleichartiger Tätigkeit identisch sind.

In den Handlungshilfen der Bundesapothekerkammer (BAK) wird dieser Handlungsansatz für die effiziente Erstellung von Gefährdungsbeurteilungen in der Apotheke umgesetzt.

14.3.2 Anpassung der Gefährdungsbeurteilungen an die EG-CLP-VO bis 01.06.2015

Die Pflicht zur Erstellung von Gefährdungsbeurteilungen besteht seit 2005, sodass in jeder Apotheke ein Exemplar auf der Basis der damals geltenden Einstufungs- und Kennzeichnungsvorschriften vorhanden sein sollte. Die Einstufungskriterien aus der GefStoffV 2005 wurden auch in der aktuellen Variante der GefStoffV von 2010 fortgeschrieben und sind bis 2015 weiterhin die Basis für alle nachgelagerten Vorschriften wie z. B. die Technischen Regeln für Gefahrstoffe (TRGS) und die Arbeitsschutzdokumente in den Betrieben. Das bisher geltende Schutzniveau bleibt damit erhalten.

Für die Umsetzung in den Apotheken bedeutet dies konkret

1. Vorhandene Gefährdungsbeurteilungen nach „altem" Recht können grundsätzlich in der bestehenden Form bis zum Ende der Übergangsfrist weitergeführt werden.
2. Werden im Betrieb bereits vorhandene und gefahrstoffrechtlich bewertete Stoffe durch neue Produktchargen mit neuer Kennzeichnung ersetzt, so ist anhand der Sicherheitsdatenblätter zu überprüfen, ob es hinsichtlich der Einstufung und der Vorgaben für den Umgang mit dem Gefahrstoff relevante Änderungen gegeben hat. Diese Prüfung ist zu dokumentieren.
3. Hat die Prüfung unter 2. ergeben, dass die Einstufungskriterien nach den „alten" Vorschriften geblieben sind (Pkt. 2 des SDB, parallele Angabe von „alter" und „neuer" Kennzeichnung), kann die bislang vorhandene Gefährdungsbeurteilung weiter genutzt werden. In der Gefährdungsbeurteilung sollte man dann dokumentieren, welche Stoffe mit abweichender (= „neuer") Kennzeichnung im Arbeitsprozess verwendet werden.
4. Die Punkte 2. und 3. können sinngemäß auch angewendet werden, wenn neue Stoffe hinzukommen, die sich nach Auskunft des aktuellen Sicherheitsdatenblatts in das Gefährdungs- und Schutzmaßnahmenprofil schon bestehender Gefährdungsbeurteilungen für Stoffgruppen und Tätigkeiten einordnen lassen (z. B. Rezepturstandards der BAK). Diese Stoffe müssen dann der Dokumentation hinzugefügt werden.
5. Falls neue Erkenntnisse im Zuge der Stoffbewertung nach der REACH-Verordnung zu Einstufungsänderungen (Maßstab ist nach der aktuellen GefStoffV noch die Zuordnung zu den „alten" Einstufungskriterien) geführt haben, muss die Gefährdungsbeurteilung überprüft und ggf. angepasst werden.
6. Analog zu den Ausführungen zur innerbetrieblichen Kennzeichnung (▸Kap. 11) und zum Gefahrstoffverzeichnis (▸Kap. 14.2) gilt auch für die Gefährdungsbeurteilungen die Empfehlung, dass bei der Umstellung der innerbetrieblichen Kennzeichnung im Rahmen der Übergangsfrist bis 01.06.2015 auch die Gefährdungsbeurteilungen zeitnah an die neuen Gegebenheiten angepasst werden müssen. Wenn der überwiegende Teil der vorhandenen Substanzen mit neuer Kennzeichnung, innerbetrieblich komplettiert nach BAK-Farbcodesystem, dann sollten auch die Gefährdungsbeurteilungen schnellstmöglich an diesen Standard angepasst werden.

14.3.3 Erstellung der Gefährdungsbeurteilung – Handlungshilfen der Bundesapothekerkammer

Von der Bundesapothekerkammer (BAK) wurden „Handlungshilfen" für die Durchführung der Gefährdungsbeurteilungen in Apotheken erstellt. Diese liegen unter http://www.abda.de/arbeitsschutzmassnahmen.html sowohl in der „alten" Form, basierend auf den

Einstufungen der Stoff- und Zubereitungsrichtlinien und dem Schutzstufenkonzept der GefStoffV 2005, als auch in „neuer“ Form und somit angepasst an die Erfordernisse der EG-CLP-VO und der GefStoffV 2010 zum Download bereit.

Bei den Handlungshilfen handelt es sich um standardisierte Beschreibungen verschiedener Tätigkeiten und empfohlener Schutzmaßnahmen. Werden Tätigkeiten nach diesen Standards ausgeführt, kann davon ausgegangen werden, dass die Schutzmaßnahmen im Rahmen des üblichen Apothekenbetriebs ausreichend sind.
Zur Verfügung stehen:

- Ein Laborstandard für die Prüfung von Ausgangsstoffen.
- Ein Standard für Tätigkeiten mit brand- und explosionsgefährlichen Stoffen.
- Rezepturstandards für die typischen Tätigkeiten bei der Arzneimittelherstellung und beim Um- und Abfüllen von Stoffen und Zubereitungen/Gemischen.
- Ein Standard für die Durchführung der Blutuntersuchungen in der Apotheke.

Während für die Prüfung der Ausgangsstoffe, die Durchführung der Blutuntersuchungen und für Tätigkeiten mit brand- und explosionsgefährlichen Stoffen jeweils ein Standard ausreicht, sind bei der Rezeptur für die verschiedenen Darreichungsformen und die abgestuften Schutzmaßnahmen jeweils extra Standards erforderlich – die sogenannten „Rezepturstandards“. Folgende Tätigkeiten in der Apothekenrezeptur werden von den Standards erfasst:

1. Herstellung einer halbfesten Zubereitung im geschlossenen System (Unguator®/ Topitec®).
2. Herstellung einer halbfesten Zubereitung in der Fantaschale.
3. Herstellung einer Lösung/Suspension.
4. Herstellung von Augentropfen.
5. Herstellung von pulvergefüllten Hartkapseln.
6. Herstellung abgeteilter Pulver.
7. Herstellung von Suppositorien.
8. Abfüllen fester Stoffe.
9. Abfüllen von Flüssigkeiten.
10. Umfüllen fester Stoffe.
11. Umfüllen von Flüssigkeiten.
12. Verreiben fester Stoffe.

In den Rezepturstandards nach dem „alten“ System wurden die Tätigkeiten unter Nr. 1–7 in Abhängigkeit von der Einstufung der verwendeten Substanzen in die Schutzstufen 2, 3 oder 4 unterteilt. Die Tätigkeiten unter Nr. 8–12 fielen einheitlich unter Schutzstufe 4.

Dies hat sich mit dem „neuen“ System etwas vereinfacht. Die Maßnahmen der ehemaligen Schutzstufen 2 und 3 (Nicht-CMR-Stoffe) wurden zu einem **Schutzmaßnahmenkomplex** zusammengefasst; lediglich die CMR-Stoffe der Kategorien 1 und 2, neu Muta./ Karz./Repr. 1A und 1B (H340, H350, H360), werden aufgrund der höheren Anforderungen an die Schutzmaßnahmen jeweils gesondert bewertet. So gibt es zu jeder der 12 beschriebenen Tätigkeiten einen Standard für CMR-Stoffe und einen Standard für die übrigen Substanzen, wenn von ihnen eine dermale, inhalative oder eine Augengefährdung ausgeht.

In den Anhängen 5, 6 und 7 sind beispielhaft zwei Rezepturstandards für die Herstellung von halbfesten Zubereitungen sowohl im „alten“ System (hier Schutzstufe 2 und 3) als auch im „neuen“ System abgedruckt.

Es wird empfohlen, die kompletten Handlungshilfen der BAK einschließlich der dazugehörigen Erläuterungen herunterzuladen (http://www.abda.de/arbeitsschutzmassnahmen.html).

Für die praktische Erstellung der Gefährdungsbeurteilungen sind die Vordrucke von der genannten Homepage kostenfrei nutzbar. Die entsprechenden Leerformulare sind in den Anhängen 8 und 10 abgedruckt.

Wesentlich komfortabler sind jedoch die einschlägigen Gefahrstoffprogramme aus den Fachverlagen, mit deren Hilfe sich durch die vorgefertigten Textbausteine auf der Basis der Rezepturstandards und Pflichtabfragen in der Menüführung inhaltlich vollständige und rechtlich belastbare Gefährdungsbeurteilungen relativ einfach erstellen lassen.

In den Anhängen 9 und 11 ist eine Beispielgefährdungsbeurteilung nach „altem“ und „neuem“ Recht abgedruckt. Die Menüführung des verwendeten Programms (hier: Kaufmann/Schult: Gefahrstoffprogramm, Deutscher Apotheker Verlag, Stuttgart 2013) stellt sicher, dass alle Pflichtinhalte nach GefStoffV abgearbeitet werden.

Im Einzelnen enthält eine typische Gefährdungsbeurteilung für die Herstellung von Rezepturarzneimitteln folgende Punkte:

- **Durchgeführt von:** Apothekeninhaber oder approbierter Mitarbeiter nach Pflichtenübertragung
- **Apotheke:**
- **Beurteilte Tätigkeit**: z. B. Rezepturherstellung nach BAK-Rezepturstandard „Halbfeste Zubereitung (Salben, Cremes) im Unguator/Topitec“
- **Beurteilter Arbeitsbereich**: z. B. Rezeptur
- **Verwendete Gefahrstoffe:** z. B. alle in der Apotheke vorhandenen Nicht-CMR-Stoffe, die zur Herstellung von Salben/Cremes verwendet werden (siehe Gefahrstoffverzeichnis)
- **Art und Ausmaß der Exposition:** z. B. inhalativ, gering
- **Dauer der Exposition:** z. B. kurzzeitig, bis zu 15 min pro Tag
- **Verwendeter Mengenbereich:** z. B. mg bis 100 g
- **Substitution:** Pflichtfrage nach GefStoffV; wird in der Regel verneint, da ein Abweichen von ärztlichen Verordnungen oder Prüfstandards nicht möglich ist
- **Sicherheitsdatenblätter:** Pflichtfrage nach GefStoffV, ob aktuelle SDB's vorhanden sind
- **Betriebsanweisungen:** Pflichtfrage nach GefStoffV, ob aktuelle Betriebsanweisungen vorhanden sind
- **Unterweisung:** Pflichtfrage nach GefStoffV, ob alle Mitarbeiter unterwiesen worden sind
- **Arbeitsplatzgrenzwert:** Pflichtfrage nach GefStoffV, ob Stoffe mit AGW beurteilt werden
- **Schutzmaßnahmen:** Formulierung der erforderlichen Schutzmaßnahmen gemäß Rezepturstandard
- **Beschäftigungsbeschränkungen:** Formulierung eventueller Beschäftigungsbeschränkungen

- **Vorsorgeuntersuchungen:** Dokumentation zu angebotenen und durchgeführten arbeitsmedizinischen Untersuchungen; Aufführen relevanter Befunde, z. B. Allergien auf bestimmte Substanzen
- **Beurteilung:** Rechtsverbindliche Einschätzung des Gefährdungspotenzials
- **Datum/Unterschrift:** Rechtsverbindliche Inkraftsetzung der Gefährdungsbeurteilung durch den oben genannten Verantwortlichen
- **Überprüfung/Datum:** Dokumentation der jährlichen Überprüfungen der Inhalte der vorliegenden Gefährdungsbeurteilung

Nach dem vorliegenden Muster werden die Gefährdungsbeurteilungen für alle in der zu beurteilenden Apotheke real vorkommenden Rezepturtypen als auch für die Prüfungen der Ausgangsstoffe erstellt. Wenn für bestimmte seltenere Rezepturen wie z. B. die Herstellung abgeteilter Pulver zum Zeitpunkt der Erstellung der Gefährdungsbeurteilungen keine relevanten Rezeptursubstanzen vorhanden sind, dann braucht für diese Art der Rezeptur keine Gefährdungsbeurteilung erstellt werden. Dies müsste dann im Falle des Vorliegens einer entsprechenden Verordnung vor der Herstellung der Rezeptur nachgeholt werden.

14.3.4 Gefährdungsbeurteilung nach Biostoffverordnung

In § 4 der BioStoffV vom 15.07.2013 wird vergleichbar zu den Vorgaben der GefStoffV vom Arbeitgeber gefordert, dass er vor Beginn der Tätigkeit mit Biostoffen eine Gefährdungsbeurteilung zu erstellen ist.

Für die in Apotheken üblichen Blutuntersuchungen gibt es in den Handlungshilfen der BAK sowohl einen entsprechenden Standard für die Durchführung der Blutuntersuchungen in der Apotheke als auch darauf aufbauend die Formulare zur Erstellung der Gefährdungsbeurteilung. Der kostenfreie Download ist unter http://www.abda.de/arbeitsschutzmassnahmen.html jederzeit möglich.

In Anhang 16 und 17 wurden zur besseren Veranschaulichung ein Leerformular und eine Beispielgefährdungsbeurteilung abgedruckt.

14.3.5 Verantwortlichkeit für die Erstellung der Gefährdungsbeurteilung

Es ist Aufgabe des Arbeitgebers, vor der Aufnahme von Tätigkeiten, die zu Gefährdungen der Beschäftigten führen können, die Gefährdungsbeurteilungen zu erstellen. Am Ende setzt er diese mit Datum und Unterschrift für seinen Betrieb rechtswirksam in Kraft.

Der Apothekenleiter kann allerdings auch einen approbierten Mitarbeiter mit dieser Funktion beauftragen. Da die rechtlichen Verantwortlichkeiten in Sinne des Gefahrstoffrechts dann auf diesen Mitarbeiter übergehen, sollte dies im Rahmen einer sogenannten **„Pflichtenübertragung“** in schriftlicher Form geschehen. Ein Musterformular auf der Grundlage von § 9 Abs. 2 Satz 2 OWiG kann mit den Handlungshilfen der BAK von der Homepage der ABDA heruntergeladen werden und ist auch im Anhang 20 sowie für Gefährdungsbeurteilungen nach BioStoffV in Anhang 21 abgedruckt.

14.4 Betriebsanweisungen erstellen

14.4.1 Allgemeine Vorgaben nach der Gefahrstoffverordnung

Die Verpflichtung des Arbeitgebers zur Unterrichtung und Unterweisung der Beschäftigten ist im § 14 der GefStoffV beschrieben. Dazu hat der Arbeitgeber sicherzustellen, dass den Beschäftigten eine schriftliche Betriebsanweisung, die auf den Inhalten der Gefährdungsbeurteilungen basiert, in einer für die Beschäftigten verständlichen Form und Sprache zugänglich gemacht wird.

Die Betriebsanweisung muss mindestens enthalten:

- Informationen über die am Arbeitsplatz vorhandenen oder entstehenden Gefahrstoffe, wie beispielsweise die Bezeichnung der Gefahrstoffe, ihre Kennzeichnung sowie mögliche Gefährdungen der Gesundheit und der Sicherheit.
- Informationen über angemessene Vorsichtsmaßregeln und Maßnahmen, die die Beschäftigten zu ihrem eigenen Schutz und zum Schutz der anderen Beschäftigten am Arbeitsplatz durchzuführen haben. Dazu gehören insbesondere Hygienevorschriften, Informationen über Maßnahmen, die zur Verhütung einer Exposition zu ergreifen sind sowie Informationen zum Tragen und Verwenden von persönlicher Schutzausrüstung und Schutzkleidung.
- Informationen über Maßnahmen, die bei Betriebsstörungen, Unfällen und Notfällen und zur Verhütung dieser von den Beschäftigten durchzuführen sind.

Die Betriebsanweisung muss bei jeder maßgeblichen Veränderung der Arbeitsbedingungen aktualisiert werden. Der Arbeitgeber hat sicherzustellen, dass die Beschäftigten Zugang zu allen Informationen über die Stoffe und Zubereitungen/Gemische haben, mit denen sie Tätigkeiten ausüben, insbesondere zu Sicherheitsdatenblättern. Weiterhin muss gewährleistet sein, dass die Beschäftigten über Methoden und Verfahren unterrichtet werden, die bei der Verwendung von Gefahrstoffen zu ihrem Schutz angewendet werden müssen.

Die Beschäftigten müssen anhand der Betriebsanweisungen regelmäßig über alle auftretenden Gefährdungen und entsprechende Schutzmaßnahmen **mündlich** unterwiesen werden. Teil dieser Unterweisung kann – sofern erforderlich – eine allgemeine arbeitsmedizinisch-toxikologische Beratung sein. Diese dient auch zur Information der Beschäftigten über die Voraussetzungen, unter denen sie Anspruch auf arbeitsmedizinische Vorsorgeuntersuchungen haben und über den Zweck dieser Vorsorgeuntersuchungen.

Die Unterweisung muss **vor Aufnahme der Beschäftigung** und danach **mindestens jährlich** arbeitsplatzbezogen durchgeführt werden. Sie muss in für die Beschäftigten verständlicher Form und Sprache erfolgen. Das bedeutet in der Praxis, dass sich solche Unterweisungen für einen Apotheker oder für einen Auszubildenden in Inhalt und Form deutlich unterscheiden können. Wichtig ist in diesem Zusammenhang neben den fachlichen Vorkenntnissen auch die Beachtung der sprachlichen Kompetenz des zu schulenden Mitarbeiters. **Inhalt** und **Zeitpunkt** der Unterweisung sind schriftlich festzuhalten und von den Unterwiesenen durch **Unterschrift** zu bestätigen.

14.4.2 Aufbau und Gliederung von Betriebsanweisungen

Betriebsanweisungen bestehen aus folgenden Teilen:

1. „Kopf“ mit Namen des Gefahrstoffs bzw. der Stoffgruppe und Angabe des Arbeitsorts sowie ggf. der entsprechenden Tätigkeit.
2. Angaben zu den beim Umgang mit diesen Stoffen auftretenden Gefahren für Mensch und Umwelt.
3. Verhaltensregeln und Schutzmaßnahmen.
4. Anweisungen über das Verhalten im Gefahrenfall sowie Maßnahmen der Ersten Hilfe.

Obwohl vom Gesetzgeber nicht ausdrücklich gefordert, empfiehlt sich auch die Angabe einer kurzen Anweisung zur sachgerechten Entsorgung von Gefahrstoffresten, die im Arbeitsprozess entstehen.

Der Umfang einer Betriebsanweisung sollte überschaubar gehalten und der Informationsgehalt auf die praktisch relevanten Fakten beschränkt werden. Die Verständlichkeit und die schnelle und eindeutige Erfassbarkeit der Informationen stehen im Vordergrund; im Normalfall genügt dafür eine DIN-A4-Seite (▸Kap. 17 und ▸Kap. 18).

Gehen Mitarbeiter lediglich mit einzelnen wenigen Gefahrstoffen um, kann für jeden Stoff eine eigene Betriebsanweisung erstellt werden. In der Apotheke handelt es sich aber um eine Vielzahl verschiedener Gefahrstoffe, sodass es sich anbietet, Gruppenbetriebsanweisungen für Stoffe und Tätigkeiten zu erstellen, von denen ein vergleichbares Gefahrenpotenzial ausgeht und die demzufolge auch vergleichbare Schutzmaßnahmen und Erste-Hilfe-Maßnahmen zur Folge haben. Beispiele dafür sind der Umgang mit entzündbaren Flüssigkeiten, ätzenden Stoffen, Steroidhormonen, Stoffen mit inhalativem Gefährdungspotenzial u. a. m.

Im Teil E dieses Buches sind Musterbetriebsanweisungen für apothekenrelevante Stoffgruppen aufgeführt.

14.4.3 Umsetzung in der Apotheke, Übergangsregelungen bis 01.06.2015

Es ist prinzipiell möglich, die einzelnen Betriebsanweisungen in der Apotheke selbst zu erstellen. Dazu ist es notwendig, aus den Sicherheitsdatenblättern der verwendeten Substanzen die relevanten Informationen zusammenzutragen.

Für die pharmazeutischen Tätigkeiten werden über die Fachverlage Lösungsvorschläge angeboten, deren Nutzung dringend empfohlen wird.

Die Pflicht zur Erstellung von Betriebsanweisungen war schon Bestandteil der Vorgängerversionen der Gefahrstoffverordnung, sodass in jeder Apotheke ein Exemplar, basierend auf den Vorgaben des „alten“ Rechts, vorhanden sein sollte.

In der Umstellungsphase auf die Erfordernisse nach der EG-CLP-VO bis zum 01.06.2015 lässt der Gesetzgeber dem Arbeitgeber – ähnlich wie in den Kapiteln zur innerbetrieblichen Kennzeichnung, zum Gefahrstoffverzeichnis und zu den Gefährdungsbeurteilungen beschrieben – auch bei den Betriebsanweisungen einen gewissen Gestaltungsspielraum.

Da in der Übergangsphase Produkte mit alter und neuer Kennzeichnung eine Zeit lang parallel verwendet werden, kommen für die Gestaltung der Betriebsanweisungen formal mehrere Möglichkeiten in Frage (Quelle: BekGS 408):

1. Betriebsanweisungen mit alten und neuen Kennzeichnungselementen.
2. Betriebsanweisungen mit alten **oder** neuen Kennzeichnungselementen und einem Hinweis, dass abweichende Kennzeichnungen auf den Gebinden möglich sind.
3. Parallele Anwendung von zwei Betriebsanweisungen: Je eine Ausfertigung mit alten und neuen Kennzeichnungselementen.

Die Verwendung von Gruppenbetriebsanweisungen ist nach wie vor ausdrücklich erlaubt. Die Einstufungsgrundlagen nach den Stoff- und Zubereitungsrichtlinien („altes" Recht) sind bis zum Ende der Übergangsfrist weiter nutzbar und decken sich mit den Vorgaben der TRGS 555 („Betriebsanweisungen und Information der Beschäftigten").

Für die Umstellung in der Apotheke erscheint Variante 2 am praktikabelsten. Solange noch die Stoffe und Zubereitungen/Gemische mit alter Kennzeichnung dominieren, sollten die alten Betriebsanweisungen (▸Kap. 17) beibehalten, aber dabei unbedingt der Hinweis auf die ggf. abweichende Kennzeichnung auf einzelnen Gefäßen angebracht werden.

Nach der Umstellung der innerbetrieblichen Kennzeichnung auf die EG-CLP-VO **und** das Farbcode-System der BAK (▸Kap. 11.2), sollten die Betriebsanweisungen auf die Gruppenbetriebsanweisungen der BAK umgestellt werden. Diese orientieren sich an den Farbcode-Kennzeichnungen der Gefäße und fassen damit gleichartige Gefährdungspotenziale (dermal, inhalativ, Augenschädigung, CMR-Stoffe, physikalisch-chemisch) zusammen.

Einige Muster dieser neuen Betriebsanweisungen sind in ▸Kap. 19 abgedruckt; vollständig können sie unter http://www.abda.de/arbeitsschutzmassnahmen.html heruntergeladen werden.

Muster für Betriebsanweisungen nach neuem Recht, die unabhängig vom Farbcode-System der BAK sind und die generell verwendet werden können, finden sich in ▸Kap. 18.

14.5 Unterweisung der Mitarbeiter

Gefährliche Arbeiten dürfen nur von Personen durchgeführt werden, denen die damit verbundenen Gefahren bekannt sind und die in der Lage sind, Schutzmaßnahmen einzuhalten.

Anhand der Betriebsanweisung muss vom Arbeitgeber eine **mündliche Unterweisung** der Mitarbeiter durchgeführt werden. Die Unterweisung hat vor Aufnahme der Beschäftigung und anschließend mindestens **einmal jährlich arbeitsplatzbezogen** zu erfolgen. Frauen im gebärfähigen Alter werden dabei zusätzlich über besondere Gefahren werdender und stillender Mütter unterrichtet. Im Rahmen dieser Unterweisung sollen die Mitarbeiter auf die Risiken hingewiesen werden, die durch Tätigkeiten mit Gefahrstoffen entstehen und dafür sensibilisiert werden, die angeordneten Schutzmaßnahmen zu beachten. Inhalt der Unterweisung soll auch der richtige Umgang, die Aufbewahrung und Pflege der persönlichen Schutzausrüstung sein. Die Früherkennung von gefahrstoffbedingten Problemen am Arbeitsplatz soll verbessert werden.

Inhalt und Zeitpunkt der Unterweisung sind **schriftlich** festzuhalten und von den Unterwiesenen durch **Unterschrift** zu bestätigen. Im Anhang 19 befindet sich ein Mustervordruck für dieses Formular.

Der Umfang der Unterweisung richtet sich immer nach der Vorbildung der Mitarbeiter. Da in Apotheken die meisten Arbeiten mit gefährlichen Stoffen vom pharmazeutischen Personal ausgeführt werden, welches aufgrund seiner Ausbildung sachkundig ist und die Gefahren abschätzen kann, ist es zur Vermeidung unnötiger Wiederholungen zielführend, vor allem die Durchführung aktuell anstehender Arbeiten und Änderungen von gesetzlichen Regelungen zu besprechen. Es geht immer darum, gemeinsam Wege zu finden, wie die geforderten Sicherheitsmaßnahmen am tatsächlichen Ort der Arbeit bestmöglich verwirklicht werden können. In die Unterweisung können auch praktische Übungen einbezogen werden, bei denen man Arbeitsschritte ggf. mit ungefährlichen Ersatzstoffen simuliert.

Unterweisungen von Personen, die sich in der Ausbildung befinden oder aus anderen Gründen nicht sachkundig sind (z. B. Reinigungspersonal), müssen selbstverständlich an deren Wissensstand anknüpfen und sind demzufolge ausführlicher und stärker auf die Vermittlung von Basiswissen fokussiert.

Teil E enthält Hilfestellungen für die Durchführung der mündlichen Unterweisung.

Arbeitsmedizinische Vorsorgeuntersuchungen

Im Rahmen der Unterweisung sind den Mitarbeitern arbeitsmedizinische Vorsorgeuntersuchungen anzubieten. Dazu gehören Erstuntersuchungen vor Aufnahme der Tätigkeit sowie Nachuntersuchungen während der Tätigkeit und nach Beendigung. Dafür ist vom Arbeitgeber entweder ein Facharzt für Arbeitsmedizin oder ein Arzt mit der Zusatzbezeichnung „Betriebsarzt" zu beauftragen. Entsprechend der Ergebnisse dieser Untersuchungen legt der Apothekenleiter bei Bedarf zusätzliche Schutzmaßnahmen fest, die in die Gefährdungsbeurteilung aufgenommen werden (z. B. Frau Berta Bissig ist allergisch gegen Salicylate und darf Arbeiten mit diesen Stoffen nicht durchführen).

15 Schutzmaßnahmen bei Brand- und Explosionsgefahr

Brand- bzw. Explosionsgefahr geht in Apotheken in erster Linie von entzündbaren Flüssigkeiten aus. Beim Umgang mit diesen treten oberhalb des Flammpunkts Dämpfe auf, die mit Luft explosive/entzündliche Gemische bilden (▸ Kap. 10.4). Diese Gemische sind schwerer als Luft und sinken zu Boden, wo sie unter Umständen nicht mehr (durch ihren Geruch) festgestellt werden.

15.1 Arbeitgeberpflichten

Der Arbeitgeber hat im Rahmen einer Gefährdungsbeurteilung festzustellen, in welchen Räumen Tätigkeiten mit brand- bzw. explosionsgefährlichen Stoffen durchgeführt werden und um welche Stoffe und Tätigkeiten es sich dabei handelt. Mithilfe der Sicherheitsdatenblätter werden die Gefahren ermittelt, die von den entsprechenden Stoffen ausgehen und technische sowie organisatorische Maßnahmen zur Unfallverhütung festgelegt.

Das Ergebnis ist zu dokumentieren. Es handelt sich um eine spezielle Gefährdungsbeurteilung, die gleichzeitig das geforderte **Explosionsschutzdokument** nach Betriebssicherheitsverordnung darstellt.

15.2 Umgang mit entzündbaren Flüssigkeiten – Vorsichtsmaßnahmen

Bei Arbeiten mit entzündbaren Flüssigkeiten sind folgende Regeln zu beachten:

1. **Verhinderung der Bildung explosionsfähiger Gemische.**
   Wenn möglich, sollen Stoffe eingesetzt werden, die keine derartigen Gemische bilden; ansonsten sind diese am Ort der Entstehung abzusaugen.

Wenn dies nicht möglich ist:

2. Durch geeignete Schutzmaßnahmen (Ausschluss von Zündquellen) muss die **Entzündung dieser Gemische verhindert** werden.

15.2.1 Um- und Abfüllen entzündbarer Flüssigkeiten

Das Um- bzw. Abfüllen entzündbarer Flüssigkeiten in Vorratsräumen ist nicht gestattet. Deshalb werden Arbeiten, bei denen kleine Gefäße zum Einsatz kommen, im laufenden Laborabzug durchgeführt. Ab- oder Umfüllvorgänge mit großen Behältern, die sich nicht im Abzug erledigen lassen, erfolgen im gut belüfteten Labor, nachdem sichergestellt ist, dass sich keine offenen Flammen oder unkontrollierte Zündquellen im Raum befinden (z. B. Laborcomputer ausschalten).

Der Aushang „Umgang mit brennbaren Flüssigkeiten" der BGW ist an Arbeitsplätzen, an denen mit entzündbaren Flüssigkeiten gearbeitet wird, gut sichtbar anzubringen.

Zum Umfüllen verwendete leitfähige Trichter sind zu erden.

15.2.2 Aufbewahrung entzündbarer Flüssigkeiten

Entzündbare Flüssigkeiten dürfen nur in Vorrats- oder Lagerräumen aufbewahrt werden. An folgenden Orten ist die Aufbewahrung verboten:

- Durchgänge und Durchfahrten,
- Treppenräume und allgemein zugängliche Flure,
- Arbeitsräume (außer in Mengen, die für den laufenden Arbeitsprozess benötigt werden).

Abweichend davon können entzündbare Flüssigkeiten auch in entsprechenden Sicherheitsschränken gelagert werden, die auch in Arbeitsräumen aufgestellt sein dürfen.

Detaillierte Ausführungen zur Lagerung entzündbarer Flüssigkeiten ▶Kap. 10.4.

15.3 Explosionsschutzdokument

Die Betriebssicherheitsverordnung fordert vom Arbeitgeber die Erstellung eines „Explosionsschutzdokuments", wenn seine Mitarbeiter mit brand- bzw. explosionsgefährlichen Stoffen umgehen. Aus diesem muss Folgendes hervorgehen:

- Die Explosionsgefährdungen wurden ermittelt und einer Bewertung unterzogen.
- Angemessene Vorkehrungen werden getroffen, um die Ziele des Explosionsschutzes zu erreichen.
- Welche Arbeitsbereiche wurden in Zonen eingeteilt?

Erläuterung zur Zoneneinteilung: Explosionsgefährdete Bereiche werden nach Häufigkeit und Dauer des Auftretens von gefährlicher explosionsfähiger Atmosphäre in Zonen unterteilt.

Zone 0 ist ein Bereich, in dem ständig bzw. häufig eine explosionsfähige Atmosphäre vorhanden ist.

Zone 1 ist ein Bereich, in dem sich bei Normalbetrieb gelegentlich eine explosionsfähige Atmosphäre bilden kann.

Zone 2 ist ein Bereich, in dem sich bei Normalbetrieb eine explosionsfähige Atmosphäre nicht oder nur kurzfristig bildet.

Gefährdungsbeurteilungen nach Gefahrstoffverordnung können als Explosionsschutzdokument verwendet werden, wenn sie die genannten Forderungen erfüllen.

Muster für Explosionsschutzdokumente, wie sie für Apotheken geeignet sind, sind auch Bestandteil der „BAK – Handlungshilfen“ (abgedruckt in den Anhängen 12–15).

Hinsichtlich der Übergangsfristen bis 01.06.2015 gelten für Explosionsschutzdokumente die gleichen Bestimmungen wie für die übrigen Elemente der innerbetrieblichen Dokumentation. Die Umstellung auf die EG-CLP-VO sollte parallel mit dem Gefahrstoffverzeichnis und den Gefährdungsbeurteilungen erfolgen.

16 Beschäftigungsverbote

Werdende und stillende Mütter, Jugendliche und Frauen im gebärfähigen Alter sind besonders geschützte Personengruppen. Bezüglich der Tätigkeiten mit Gefahrstoffen gelten Beschäftigungsbeschränkungen bzw. Beschäftigungsverbote auf der Grundlage des Arbeitsschutzgesetzes, des Mutterschutzgesetzes, der Verordnung zum Schutz der Mütter am Arbeitsplatz (MuSchArbV) und des Jugendarbeitsschutzgesetzes.

Nach den Anforderungen der MuSchArbV muss der Arbeitgeber rechtzeitig für jede Tätigkeit, bei der **werdende oder stillende Mütter** u. a. durch chemische Gefahrstoffe oder biologischen Arbeitsstoffe gefährdet werden können, Art, Ausmaß und Dauer der Gefährdung beurteilen. Hinsichtlich der chemischen Gefahrstoffe betrifft dies nach Anlage 1 der MuSchArbV alle Stoffe, die nach der Gefahrstoffverordnung als R40, R45, R46 und R61 gekennzeichnet sind:

- R40 Verdacht auf krebserzeugende Wirkung.
- R45 Kann Krebs erzeugen.
- R46 Kann vererbbare Schäden verursachen.
- R61 Kann das Kind im Mutterleib schädigen.

Die Vorschrift basiert noch wie andere Regelungen in der GefStoffV und der ChemVerbotsV auf den Einteilungsprinzipien des „alten" Rechts; bei neu gekennzeichneten Stoffen gibt das aktuelle Sicherheitsdatenblatt verbindlich Auskunft zur „alten" Einstufung. Als erste Orientierung kann man davon ausgehen, dass alle Stoffe, die mit H340, H350, H360, H60FD, H360Df, H360D und ggf. auch mit H351 eingestuft und gekennzeichnet sind, unter diese Regelung fallen.

Ergibt diese Beurteilung, dass die Sicherheit oder Gesundheit der betroffenen Arbeitnehmerinnen gefährdet ist und dass Auswirkungen auf Schwangerschaft oder Stillzeit möglich sind, so trifft der Arbeitgeber die erforderlichen Maßnahmen, damit für werdende oder stillende Mütter ausgeschlossen wird, dass sie dieser Gefährdung ausgesetzt sind. In der Apothekenpraxis bedeutet dies, dass werdende und stillende Mütter keinen Umgang mit den o. g. Gefahrstoffen haben dürfen.

Weitere Beschäftigungsverbote ergeben sich aus § 5 der MuSchArbV.
Nicht beschäftigt werden dürfen:

1. werdende oder stillende Mütter mit sehr giftigen, giftigen, gesundheitsschädlichen oder in sonstiger Weise den Menschen chronisch schädigenden Gefahrstoffen, wenn der Grenzwert überschritten wird;
2. werdende oder stillende Mütter mit Stoffen, Zubereitungen oder Erzeugnissen, die ihrer Art nach erfahrungsgemäß Krankheitserreger übertragen können, wenn sie den Krankheitserregern ausgesetzt sind;
3. werdende Mütter mit krebserzeugenden, fruchtschädigenden oder erbgutverändernden Gefahrstoffen;
4. stillende Mütter mit Gefahrstoffen nach Nummer 3, wenn der Grenzwert überschritten wird;
5. gebärfähige Arbeitnehmerinnen beim Umgang mit Gefahrstoffen, die Blei oder Quecksilberalkyle enthalten, wenn der Grenzwert überschritten wird;

Die Formulierung „wenn der Grenzwert überschritten ist“ (außer bei Pkt. 3!) gibt Spielräume zur Interpretation. In der Apothekenrezeptur und im Labor kann davon ausgegangen werden, dass bei Nichtverwendung der persönlichen Schutzausrüstung der Grenzwert beim Umgang mit Chemikalien regelmäßig überschritten wird, unabhängig davon, ob ein Arbeitsplatzgrenzwert gesetzlich definiert ist oder nicht. Für die meisten apothekenüblichen Substanzen existieren solche festgelegten Grenzwerte nicht.

Es liegt hier am Ende im Ermessen des Apothekenleiters, welche Arbeiten (mit Ausnahme derer nach Pkt. 3) er nach fundierter Gefährdungsbeurteilung unter Beachtung aller relevanten Schutzmaßnahmen für werdende und stillende Mütter noch für vertretbar hält. In diese Bewertung dürfen dabei nicht nur die Gefährdungen durch chemische Stoffe einfließen, auch mögliche Gefahren bei der Blutentnahme (siehe oben Pkt. 2) sind zu berücksichtigen und sollten Bestandteil der Gefährdungsbeurteilung nach der BioStoffV sein.

Für **gebärfähige Frauen** gelten in Sinne der MuSchArbV nur die Einschränkungen nach Pkt. 5 (s. o.), die aber in der Apotheke nicht relevant sein dürften.

Für **alle sonstigen Gefahrstoffe**, die in den oben zitierten Beschäftigungsverboten nicht aufgeführt sind, gelten keine gesetzlich konkret formulierten Einschränkungen. Hier ist die Verantwortung in die Hand des Arbeitsgebers im Zuge der Erstellung der Gefährdungsbeurteilung gelegt.

Der besondere Schutz von **Jugendlichen** ist im Jugendarbeitsschutzgesetz geregelt. Grundsätzlich gilt dabei ein Verbot von Beschäftigungen, bei denen sie schädlichen Einwirkungen von Gefahrstoffen im Sinne des Chemikaliengesetzes ausgesetzt sind, außer wenn:

- der Luftgrenzwert bei den gefährlichen Stoffen unterschritten wird,
- die Tätigkeit zur Erreichung des Ausbildungsziels erforderlich ist und
- zum Schutz der Jugendlichen die Beaufsichtigung durch eine fachkundige Person gewährleistet ist.

Diese Regelung ist in der Apotheke insbesondere im Rahmen der Ausbildung von PKA und PTA relevant, solange sie das 18. Lebensjahr noch nicht vollendet haben.

Teil E
Musterbetriebsanweisungen
Unterweisung der Mitarbeiter

17 Musterbetriebsanweisungen „alt"

Die Pflicht zur Erstellung von Betriebsanweisungen war schon Bestandteil der Vorgängerversionen der Gefahrstoffverordnung, sodass in jeder Apotheke ein Exemplar, basierend auf den Vorgaben des „alten" Rechts, vorhanden sein sollte (▸ Kap. 14.4.3).

Auf den nachfolgenden Seiten sind Musterbetriebsanweisungen nach altem Recht aufgeführt. Quelle: Kaufmann D. Betriebsanweisungen gemäß § 14 Gefahrstoffverordnung. Deutscher Apotheker Verlag, Stuttgart 2005.

17.1 Betriebsanweisung Steroidhormone

Betriebsanweisung nach § 14 Gefahrstoffverordnung für den Umgang mit

Steroidhormonen

Arbeitsplatz/Tätigkeit:
Labor – Prüfung von Arzneistoffen – Herstellung von Rezepturarzneimitteln

Gefahren für Mensch und Umwelt

Giftig

Steroidhormone wie Glukokortikoide (z.B. Betamethason, Dexamethason, Clobetasol, Hydrocortison, Prednison, Triamcinolon u.a.) sowie Androgene (z.B. Testosteron) sind in der Lage, die männliche Fortpflanzungsfähigkeit zu beeinträchtigen bzw. das Kind im Mutterleib zu schädigen.
Außerdem besteht die Gefahr einer Gesundheitsgefährdung durch Einatmen der Stäube bzw. durch versehentliches Verschlucken sowie Reizwirkung auf die Haut.

Schutzmaßnahmen

- Jeglichen Kontakt mit der Haut und den Augen vermeiden: Schutzhandschuhe aus Gummi oder PVC und Schutzbrille mit seitlichem Augenschutz tragen.
- Staub und Dämpfe nicht einatmen. Staubschutzmaske mit Filter FFP 2 tragen! Alle Arbeiten, bei denen Stäube freigesetzt werden, sind im laufenden Abzug mit weitgehend geschlossenem Frontschieber durchzuführen. Wägearbeiten, die nicht im Abzug vorgenommen werden können, sind in der Analysenwaage bei weitgehend geschlossenen Schiebern durchzuführen.
- Fenster schließen, um starke Luftbewegungen zu vermeiden.
- Hände nach Abschluss der Arbeiten sorgfältig mit Wasser und Seife reinigen.
- Für häufigeres Arbeiten mit diesen Stoffen empfiehlt sich, wenn möglich, die Herstellung und Verwendung von Stammverreibungen, um die Staubentwicklung zu verringern.
- Arbeitsplatz während des Herstellungsvorganges nicht verlassen, um unnötige Staubaufwirbelung zu vermeiden.

Verhalten im Gefahrfall – Erste Hilfe

- Bei unbeabsichtigter Freisetzung Substanzkontakt vermeiden.
- Substanz trocken aufnehmen und dem Sondermüll zuführen. Schutzhandschuhe aus Gummi oder PVC und Staubschutzmaske Filter FFP 2 tragen.

Nach Hautkontakt: Mit reichlich Wasser spülen und Haut anschließend mit Seife waschen.
Nach Einatmen: Gefahrenbereich verlassen. Frischluft zuführen (ans offene Fenster gehen und mehrmals tief durchatmen).
Nach Augenkontakt: Zehn Minuten mit geöffnetem Lidspalt unter fließendem Wasser spülen.

Sachgerechte Entsorgung

Giftstoffe sind Sondermüll. Bis zur Entsorgung in einem als Giftmüllbehälter mit Totenkopfsymbol gekennzeichneten und verschlossenen Behälter aufbewahren.

17.2 Betriebsanweisung Gifte

Betriebsanweisung nach § 14 Gefahrstoffverordnung für den Umgang mit

Giftstoffen

Arbeitsplatz/Tätigkeit:
Labor – Prüfung von Arzneistoffen – Herstellung von Rezepturarzneimitteln

Gefahren für Mensch und Umwelt

Giftig

Es handelt sich um eine Gruppenbetriebsanweisung für Giftstoffe. Details zu den jeweils verwendeten Substanzen sind den R-Sätzen und den Sicherheitsdatenblättern zu entnehmen.
Vergiftungsgefahr durch **Verschlucken**, **Einatmen** oder **Hautkontakt** möglich. Je nach Art des Gefahrstoffs kann es sich um chronische oder akute Vergiftungsgefahr handeln. Besondere Gefahren gehen von den krebserzeugenden, fortpflanzungsgefährlichen und mutagenen Stoffen (CMR-Stoffen) aus.
Bei Stoffen, die als »sehr giftig« gekennzeichnet sind, besteht möglicherweise Lebensgefahr bei Aufnahme kleiner Mengen.
Vergiftungssymptome können sein: Übelkeit, Kopfschmerzen, Leibschmerzen, Schwindel, Schweißausbrüche, Kreislaufstörungen, Krämpfe, Koma etc. Giftstoffe sind häufig umwelt- und wassergefährdend.

Schutzmaßnahmen

- Jeglichen Kontakt mit der Haut und den Augen vermeiden: Schutzhandschuhe und Schutzbrille mit seitlichem Augenschutz tragen. Der Handschuhtyp ist dem Sicherheitsdatenblatt zu entnehmen.
- Staub und Dämpfe nicht einatmen: Arbeiten, bei denen giftige Stäube und Dämpfe entstehen, sind im laufenden Abzug mit weitgehend geschlossenem Frontschieber durchzuführen.
- Für Arbeiten mit staubenden Substanzen Staubschutzfilter tragen. Der Filtertyp ist dem Sicherheitsdatenblatt zu entnehmen.

Verhalten im Gefahrfall – Erste Hilfe

- Bei unbeabsichtigter Freisetzung Substanzkontakt vermeiden.
- Zum Aufnehmen verschütteter Substanz Schutzhandschuhe und ggf. Staubschutzmaske tragen.

Nach Hautkontakt: Mit reichlich Wasser spülen und Haut anschließend mit Seife waschen.
Nach Einatmen: Betroffenen aus dem Gefahrenbereich bringen. Frischluft zuführen (ans offene Fenster gehen und mehrmals tief durchatmen).
Nach Augenkontakt: Zehn Minuten mit geöffnetem Lidspalt unter fließendem Wasser spülen.

Sachgerechte Entsorgung

Giftstoffe sind Sondermüll. Bis zur Entsorgung in einem als Giftmüllbehälter mit Totenkopfsymbol gekennzeichneten und verschlossenen Behälter aufbewahren.

17.3 Betriebsanweisung Gesundheitsschädliche Stoffe

Betriebsanweisung nach § 14 Gefahrstoffverordnung für den Umgang mit

Gesundheitsschädlichen Stoffen

Arbeitsplatz/Tätigkeit: Labor – Prüfung von Arzneistoffen – Herstellung von Rezepturarzneimitteln – Umfüllen von Lösemitteln

Gefahren für Mensch und Umwelt

Reizend

Es handelt sich um eine Gruppenbetriebsanweisung für gesundheitsschädliche Stoffe. Details zu den jeweils verwendeten Substanzen sind den R-Sätzen und den Sicherheitsdatenblättern zu entnehmen.
Vergiftungsgefahr durch **Verschlucken**, **Einatmen** oder **Hautkontakt** möglich.
Je nach Art des Gefahrstoffs können chronische oder akute Gesundheitsschäden verursacht bzw. bei Kontakt Überempfindlichkeitsreaktionen hervorgerufen werden.
Manche Stoffe stehen im Verdacht, krebserzeugende Wirkung zu besitzen. Bei manchen Stoffen besteht die Gefahr der Umwelt- oder Wassergefährdung.

Schutzmaßnahmen

- Jeglichen Kontakt mit der Haut und den Augen vermeiden: Ggf. Schutzhandschuhe und Schutzbrille mit seitlichem Augenschutz tragen.
- Staub und Dämpfe nicht einatmen: Arbeiten, bei denen gesundheitsschädliche Stäube und Dämpfe entstehen, sind im laufenden Abzug mit weitgehend geschlossenem Frontschieber durchzuführen.
- Für Arbeiten mit staubenden Substanzen Staubschutzfilter tragen. Der Filtertyp ist dem Sicherheitsdatenblatt zu entnehmen. Im Abzug arbeiten.

Verhalten im Gefahrfall – Erste Hilfe

- Bei unbeabsichtigter Freisetzung Substanzkontakt vermeiden.
- Zum Aufnehmen verschütteter Substanz Schutzhandschuhe und bei Staubbildung Staubschutzmaske tragen.

Nach Hautkontakt: Mit reichlich Wasser spülen und Haut anschließend mit Seife waschen.
Nach Einatmen: Betroffenen aus dem Gefahrenbereich bringen. Frischluft zuführen (ans offene Fenster gehen und mehrmals tief durchatmen).
Nach Augenkontakt: Zehn Minuten mit geöffnetem Lidspalt unter fließendem Wasser spülen.
Nach Verschlucken: Ausreichend Wasser trinken (nicht bei Bewusstlosigkeit!). Kein Erbrechen auslösen. Ggf. Arzt rufen oder aufsuchen. Angaben zum Gefahrstoff und den durchgeführten Maßnahmen machen.

Sachgerechte Entsorgung

Giftstoffe sind Sondermüll. Bis zur Entsorgung in einem gekennzeichneten und verschlossenen Behälter aufbewahren.

17.4 Betriebsanweisung Ätzende Stoffe

Betriebsanweisung nach § 14 Gefahrstoffverordnung für den Umgang mit

Ätzenden Stoffen

Arbeitsplatz/Tätigkeit: Labor – Verschiedene

Gefahren für Mensch und Umwelt

Ätzend

Es handelt sich um eine Gruppenbetriebsanweisung für ätzende Stoffe. Details zu den jeweils verwendeten Substanzen sind den Sicherheitsdatenblättern und den R-Sätzen zu entnehmen.
Betroffene Stoffe sind v. a. konzentrierte Säuren und Laugen.
Verätzungsgefahr durch Haut- bzw. Schleimhautkontakt, Verschlucken oder Einatmen von Dämpfen. Je nach Aggressivität, Konzentration oder Einwirkdauer kommt es zu Gewebereizungen bis zur Gewebezerstörung. Besonders gefährdet sind die Augen; Verätzung kann durch Narbenbildung bleibende Sehstörungen zur Folge haben. Erblindung nach Hornhautverätzung möglich. Eingeatmete Dämpfe reizen bzw. verätzen die Atemwege. Die Folgen können sein: Schleimhautschädigungen und Krämpfe der Bronchialmuskulatur, Lungenreizung, -verätzung. Ätzende Stoffe können auch umwelt- und wassergefährdend sein.

Schutzmaßnahmen

- Berührung mit den Augen und der Haut auf jeden Fall vermeiden! Grundsätzlich Schutzbrille tragen; beim Arbeiten mit konzentrierten Säuren und Laugen Schutzhandschuhe anziehen. Handschuhe aus Naturkautschuk oder PVC sind säure- und laugenbeständig.
- Eventuelle Hautbenetzungen, die anfangs möglicherweise nicht schmerzhaft sind, sofort mit reichlich Wasser entfernen.
- Entweichende Dämpfe flüchtiger Stoffe nicht einatmen; im laufenden Abzug arbeiten.
- Ätzende Stoffe, vor allem Flüssigkeiten, niemals über Augenhöhe aufbewahren.

Verhalten im Gefahrfall – Erste Hilfe

- Bei unbeabsichtigter Freisetzung Substanzkontakt vermeiden.
- Verschüttete Flüssigkeit mit reichlich Wasser verdünnen und mit Papier oder Stofflappen aufnehmen. Schutzhandschuhe und Schutzbrille tragen. Verschüttete Trockensubstanz trocken aufnehmen.

Nach Hautkontakt: Mit reichlich Wasser verdünnen.
Nach Einatmen: Betroffenen aus dem Gefahrenbereich bringen und Frischluft zuführen (am offenen Fenster mehrmals tief durchatmen lassen).
Nach Augenkontakt: Zehn Minuten mit geöffnetem Lidspalt unter fließendem Wasser spülen. Anschließend Augenarzt aufsuchen.
Nach Verschlucken: Ausreichend Wasser trinken (nicht bei Bewusstlosigkeit!). Kein Erbrechen auslösen. Ggf. Arzt rufen oder aufsuchen. Angaben zum Gefahrstoff und den durchgeführten Maßnahmen machen.

Sachgerechte Entsorgung

Gefahrstoffe sind Sondermüll. Bis zur Entsorgung in einem gekennzeichneten und verschlossenen Behälter aufbewahren.

17.5 Betriebsanweisung Reizende Stoffe

Betriebsanweisung nach § 14 Gefahrstoffverordnung für den Umgang mit

Reizenden Stoffen

Arbeitsplatz/Tätigkeit: Labor – Prüfung von Arzneistoffen – Herstellung von Rezepturarzneimitteln – Umfüllen von Lösungsmitteln

Gefahren für Mensch und Umwelt

Reizend

Es handelt sich um eine Gruppenbetriebsanweisung für reizende Stoffe.
Details zu den jeweils verwendeten Substanzen sind den R-Sätzen und den Sicherheitsdatenblättern zu entnehmen.
Stoffe mit Reizwirkung auf Haut bzw. Schleimhäute.
Gefahr durch Haut- bzw. Schleimhautkontakt, Verschlucken oder Einatmen von Dämpfen. Besonders gefährdet sind die Augen; Augenkontakt kann Brennen und Tränen verursachen.
Eingeatmete Dämpfe reizen die Atemwege. Die Folge können sein: Husten und Krämpfe der Bronchialmuskulatur, Lungenreizung.
Manche Stoffe führen zur Sensibilisierung bei Haut-, Schleimhaut- oder Augenkontakt.

Schutzmaßnahmen

- Jeglichen Kontakt mit der Haut und den Augen vermeiden: Ggf. Schutzhandschuhe und Schutzbrille mit seitlichem Augenschutz tragen.
- Staub und Dämpfe nicht einatmen: Arbeiten, bei denen reizende Stäube und Dämpfe entstehen, sind im laufenden Abzug mit weitgehend geschlossenem Frontschieber durchzuführen.
- Für Arbeiten mit staubenden Substanzen Staubschutzfilter tragen. Der Filtertyp ist dem Sicherheitsdatenblatt zu entnehmen.

Verhalten im Gefahrfall – Erste Hilfe

- Bei unbeabsichtigter Freisetzung Substanzkontakt vermeiden.
- Zum Aufnehmen verschütteter Substanz Schutzhandschuhe und ggf. Staubschutzmaske tragen.

Nach Hautkontakt: Mit reichlich Wasser spülen und Haut anschließend mit Seife waschen.
Nach Einatmen: Betroffenen aus dem Gefahrenbereich bringen. Frischluft zuführen (ans offene Fenster gehen und mehrmals tief durchatmen).
Nach Augenkontakt: Zehn Minuten mit geöffnetem Lidspalt unter fließendem Wasser spülen. Anschließend ggf. Augenarzt aufsuchen.
Nach Verschlucken: Ausreichend Wasser trinken (nicht bei Bewusstlosigkeit!). Kein Erbrechen auslösen. Ggf. Arzt rufen oder aufsuchen. Angaben zum Gefahrstoff und den durchgeführten Maßnahmen machen.

Sachgerechte Entsorgung

Gefahrstoffe sind Sondermüll. Bis zur Entsorgung in einem gekennzeichneten und verschlossenen Behälter aufbewahren.

17.6 Betriebsanweisung Brennbare Flüssigkeiten

Betriebsanweisung nach § 14 Gefahrstoffverordnung für den Umgang mit

Brennbaren Flüssigkeiten

Arbeitsplatz/Tätigkeit: Labor – Prüfung von Arzneistoffen – Herstellung von Rezepturarzneimitteln – Umfüllen von Lösungsmitteln

Gefahren für Mensch und Umwelt

Hochentzündlich

Brennbare Flüssigkeiten setzen Dämpfe frei, die mit Luft entzündliche bzw. explosionsfähige Gemische bilden.
Die Dämpfe sind oftmals schwerer als Luft, sinken zu Boden und verraten sich dann nicht durch ihren Geruch.
Durch Reibung – z.B. beim Umfüllen mittels Trichter – können elektrostatische Aufladungen entstehen: Entzündungsgefahr.
Manche Stoffe, wie z.B. Diethylether, sind in der Lage, explosionsfähige Peroxide zu bilden.
Brennbare Flüssigkeiten sind oftmals auch gesundheitschädlich oder giftig. Eingeatmete Dämpfe verursachen Schwindel und Benommenheit. Gefahr chronischer Schädigung. Näheres zur toxischen Wirkung ist dem Sicherheitsdatenblatt zu entnehmen. Viele Flüssigkeiten sind umwelt- und wasserbelastend.

Schutzmaßnahmen

- Arbeiten inkl. Umfüllen und Abfüllen immer im laufenden Abzug oder, wenn möglich, im Freien durchführen; Dämpfe nicht einatmen.
- Ist ein Arbeiten im Abzug nicht möglich, alle Tätigkeiten im gut belüfteten Labor durchführen, in dem sich keine (auch versteckte) Zündquelle befindet.
- Von Zündquellen fernhalten, nicht rauchen, keine offenen Flammen im selben Raum.
- Funken vermeiden.
- Raum gut belüften.
- Berührung mit Augen und Haut vermeiden.

Geeignete Löschmethode dem Sicherheitsdatenblatt entnehmen, da brennbare Flüssigkeiten oftmals nicht mit Wasser gelöscht werden dürfen.

Verhalten im Gefahrfall – Erste Hilfe

- Bei unbeabsichtigter Freisetzung Substanzkontakt vermeiden.
- Zum Aufnehmen verschütteter Substanz Schutzhandschuhe und Schutzbrille tragen.

Tischbrände: Mit einer Löschdecke ersticken oder Handfeuerlöscher verwenden.
Zimmerbrand: Fenster schließen. Sofort Feuerwehr benachrichtigen.
Hautbenetzung: Mit viel Wasser abwaschen.
Nach Einatmen: Für Frischluftzufuhr sorgen.

Sachgerechte Entsorgung

Gefahrstoffe sind Sondermüll. Bis zur Entsorgung in einem gekennzeichneten und verschlossenen Behälter aufbewahren.

17.7 Betriebsanweisung Zytostatika

Betriebsanweisung nach § 14 Gefahrstoffverordnung für den Umgang mit

Zytostatika

Arbeitsplatz/Tätigkeit:
Zytostatikaraum – Herstellung von applikationsfertigen Lösungen

Gefahren für Mensch und Umwelt

Giftig

Zytostatika besitzen krebserzeugende, erbgutschädigende und/oder fortpflanzungsgefährdende Eigenschaften. Besonders gefährdet sind Knochenmark, Darmschleimhaut, Haarzellen, Keimdrüsen und das Immunsystem. Haut- oder Schleimhautkontakt kann zu Reizungen, Brennen und Juckreiz führen. Umwelt- und wassergefährdend.

Schutzmaßnahmen

- Jeglicher Kontakt mit der Haut, Schleimhaut und Augen sowie Inhalation von Aerosolen oder Stäuben ist zu vermeiden.
- Die Zubereitung darf ausschließlich in einer Sicherheitswerkbank erfolgen. Ein Versprühen zystostatikahaltiger Lösung oder das Aufwirbeln von Staub ist zu vermeiden.
- 2 Paar Schutzhandschuhe aus ... (s. Sicherheitsdatenblatt) übereinander tragen. Handschuhe halbstündlich wechseln.
- Hochgeschlossenen Schutzanzug anziehen.
- Hände nach Abschluss der Arbeiten sorgfältig mit Wasser und Seife reinigen.
- Arbeitsplatz während des Herstellungsvorganges nicht verlassen, um unnötige Staubaufwirbelung zu vermeiden.
- Im Arbeitsbereich nicht essen, trinken oder rauchen.

Verhalten im Gefahrfall – Erste Hilfe

Zur Entsorgung verschütteter Zytostatika bereitliegendes »Notfall-Set« verwenden. Atemschutzmaske FFP2 und Schutzbrille tragen. Aufwirbeln von Pulver vermeiden. Verschüttete Flüssigkeit mit trockenen Papiertüchern aufnehmen. Flächen anschließend mit Wasser und Putzmittel gründlich reinigen.

Nach Hautkontakt: Mit reichlich Wasser spülen und Haut anschließend mit Seife waschen.
Nach Einatmen: Gefahrenbereich verlassen. Frischluft zuführen (ans offene Fenster gehen und mehrmals tief durchatmen).
Nach Augenkontakt: Zehn Minuten mit geöffnetem Lidspalt unter fließendem Wasser spülen.
Anschließend Arzt aufsuchen!

Sachgerechte Entsorgung

Stark verunreinigte Abfälle werden am Ort der Entstehung eingeschweißt und anschließend dem Sondermüll zugeführt.
Näheres s. Dienstanweisung Zytostatika

18 Musterbetriebsanweisungen „neu"

Auf den folgenden Seite sind zwei Musterbetriebsanweisungen nach neuem Recht aufgeführt, die unabhängig vom Farbcode-System der BAK sind und generell verwendet werden können (▸ Kap. 14.4.3).

Quelle: Kaufmann D, Schulz A. GHS-Betriebsanweisungen gemäß § 14 Gefahrstoffverordnung. 2. Aufl., Deutscher Apotheker Verlag, Stuttgart 2011.

In diesem Werk finden sich auch alle weiteren Musterbetriebsanweisungen nach neuem Recht für den Apothekenbetrieb.

18.1 Betriebsanweisung Steroidhormone

Betriebsanweisung nach § 14 Gefahrstoffverordnung für den Umgang mit

Steroidhormonen

Arbeitsplatz/Tätigkeit:
Labor, Rezeptur – Prüfung von Ausgangsstoffen, Herstellung von Rezepturarzneimitteln

Gefahren für Mensch und Umwelt

Es handelt sich um eine Gruppenbetriebsanweisung für Steroidhormone. Details zu den jeweils verwendeten Substanzen sind den H-Sätzen und den Sicherheitsdatenblättern zu entnehmen.

GHS08 Gesundheitsgefahr
Signalwort: Gefahr oder **Achtung**

Steroidhormone, wie Glucocorticoide (z. B. Betamethason, Dexamethason, Clobetasol, Hydrocortison, Prednison, Prednisolon, Triamcinolon u. a.), Androgene (z. B. Testosteron), Estrogene, Gestagene, sind in der Lage, die Fruchtbarkeit zu beeinträchtigen oder das Kind im Mutterleib zu schädigen. Sie können organschädigend bei einmaliger oder wiederholter Exposition sowie erbgutschädigend und krebserzeugend wirken.
Es besteht die Gefahr einer Gesundheitsgefährdung durch Einatmen der Stäube bzw. durch versehentliches Verschlucken sowie Reizwirkung auf die Haut.
Es besteht ein Expositionsverbot für werdende Mütter!

Schutzmaßnahmen

- Jeglichen Kontakt mit der Haut und den Augen vermeiden: Schutzhandschuhe aus Gummi oder PVC und Schutzbrille mit seitlichem Augenschutz tragen.
- Staub und Dämpfe nicht einatmen. Staubschutzmaske mit Filter FFP2 tragen! Alle Arbeiten, bei denen Stäube freigesetzt werden, sind im laufenden Abzug durchzuführen. Wägearbeiten, die nicht im Abzug vorgenommen werden können, sind in der Analysenwaage bei weitgehend geschlossenen Schiebern durchzuführen.
- Fenster schließen, um starke Luftbewegungen zu vermeiden.
- Hände nach Abschluss der Arbeiten sorgfältig mit Wasser und Seife reinigen.
- Für häufigeres Arbeiten mit diesen Stoffen empfiehlt sich, wenn möglich, die Herstellung und Verwendung von Stammverreibungen, um die Staubentwicklung zu verringern.
- Arbeitsplatz während des Herstellungsvorgangs nicht verlassen, um unnötige Staubaufwirbelungen zu vermeiden.

Verhalten im Gefahrfall – Erste Hilfe

- Bei unbeabsichtigter Freisetzung Substanzkontakt vermeiden.
- Substanz trocken aufnehmen und dem Sondermüll zuführen. Schutzhandschuhe aus Gummi oder PVC und Staubschutzmaske Filter FFP2 tragen.

Nach Hautkontakt: Mit reichlich Wasser spülen und Haut anschließend mit Seife waschen.
Nach Einatmen: Gefahrenbereich verlassen. Frischluft zuführen. Arzt hinzuziehen.
Nach Augenkontakt: Mehrere Minuten mit geöffnetem Lidspalt unter fließendem Wasser spülen.

Nach Verschlucken: Ausreichend Wasser trinken (nicht bei Bewusstlosigkeit!). Kein Erbrechen auslösen. Ggf. Arzt rufen oder aufsuchen. Angaben zum Gefahrstoff und den durchgeführten Maßnahmen machen.

Sachgerechte Entsorgung

Steroidhormone gehören zum Sondermüll. Bis zur Entsorgung in einem mit dem Piktogramm Gesundheitsgefahr (GHS08) gekennzeichneten und verschlossenen Behälter aufbewahren.

18.2 Betriebsanweisung Zytostatika

Betriebsanweisung nach § 14 Gefahrstoffverordnung für den Umgang mit

Zytostatika

Arbeitsplatz/Tätigkeit:
Zytostatikalabor/Herstellung von applikationsfertigen Lösungen

Gefahren für Mensch und Umwelt

Es handelt sich um eine Gruppenbetriebsanweisung für Stoffe und Gemische mit zytostatischer Wirkung. Details zu den jeweils verwendeten Substanzen sind den H-Sätzen und den Sicherheitsdatenblättern zu entnehmen.

GHS08 Gesundheitsgefahr
Signalwort: Gefahr oder **Achtung**

Zytostatika besitzen krebserzeugende, erbgutschädigende und/oder fortpflanzungsgefährdende Eigenschaften. Besonders gefährdet sind Knochenmark, Darmschleimhaut, Haarzellen, Keimdrüsen und das Immunsystem.
Haut- oder Schleimhautkontakt kann zu Reizungen, Brennen und Juckreiz führen.
Zytostatika sind umwelt- und wassergefährdend.
Es besteht ein Expositionsverbot für werdende Mütter!

Schutzmaßnahmen

- Jeglicher Kontakt mit der Haut, Schleimhaut und Augen sowie Inhalation von Aerosolen oder Stäuben ist zu vermeiden.
- Die Zubereitung darf ausschließlich in einer zugelassenen Sicherheitswerkbank erfolgen. Ein Versprühen zystostatikahaltiger Lösung oder das Aufwirbeln von Staub ist zu vermeiden.
- 2 Paar Schutzhandschuhe aus ... (s. Sicherheitsdatenblatt) übereinander tragen. Handschuhe halbstündlich wechseln.
- Vorn hochgeschlossene flüssigkeitsdichte Schutzkittel mit langen eng anliegenden Armbündchen und Schutzhandschuhe, die über die Bündchen des Kittels gehen, tragen. Schutzkittel täglich wechseln.
- Für den Produktschutz Atemschutzmaske und Häubchen tragen.
- Arbeitsplatz während des Herstellungsvorganges nicht verlassen, um unnötige Staubaufwirbelung zu vermeiden.
- Hände nach Abschluss der Arbeiten sorgfältig mit Wasser und Seife reinigen.
- Im Arbeitsbereich nicht essen, trinken oder rauchen.

Verhalten im Gefahrfall – Erste Hilfe

Zur Entsorgung verschütteter Zytostatika das bereitliegende »Notfall-Set« verwenden. Atemschutzmaske FFP2 und Schutzbrille tragen. Aufwirbeln von Pulver vermeiden. Verschüttete Flüssigkeiten mit trockenen Papiertüchern aufnehmen. Flächen anschließend mit Wasser und Putzmittel gründlich reinigen.

Nach Hautkontakt: Mit reichlich Wasser spülen und Haut anschließend mit Seife waschen.
Nach Einatmen: Gefahrenbereich verlassen. Frischluft zuführen. Arzt hinzuziehen.

Nach Augenkontakt: Zehn Minuten mit geöffnetem Lidspalt unter fließendem Wasser spülen.
Nach Verschlucken: Ausreichend Wasser trinken (nicht bei Bewusstlosigkeit!). Kein Erbrechen auslösen. Ggf. Arzt rufen oder aufsuchen. Angaben zum Gefahrstoff und den durchgeführten Maßnahmen machen.

Sachgerechte Entsorgung

Stark verunreinigte Abfälle werden am Ort der Entstehung eingeschweißt, als Zytostatikaabfall gekennzeichnet und anschließend dem Sondermüll zugeführt.
Näheres s. Dienstanweisung Zytostatika

19 Musterbetriebsanweisungen bei Nutzung des neuen Farbcodekonzepts der Bundesapothekerkammer

■ **HINWEIS** Alle diese Betriebsanweisungen sind nur dann geeignet, wenn die Standgefäße nach dem Farbcodekonzept der BAK gekennzeichnet sind.

19.1 Herstellung von Rezepturarzneimitteln – Farbcode gelb

Betriebsanweisung gem. § 14 GefStoffV Nr.: 01
Tätigkeit: Herstellung von Rezepturarzneimitteln

Arbeitsplatz/Bereich: Rezeptur
Datum: 08.04.2014

Gefahrstoff/Gefahrstoffgruppe

Es handelt sich um eine Gruppenbetriebsanweisung für Tätigkeiten in der Rezeptur mit Stoffen/Gemischen, die **für die Haut gefährlich** sind. Dazu gehören Gefahrstoffe, die mit einem oder mehreren der folgenden H-Sätze bzw. nach dem Farbkonzept mit einem gelben Punkt gekennzeichnet sind:

H310 H311 H312 H314 H315 H317 H341
H351 H361 H370 H371 H372 H373 EUH066

Gefahren für Mensch und Umwelt

Stoffe/Gemische, die mit einem der folgenden H-Sätze gekennzeichnet sind, können die Haut/Schleimhaut reizen, verätzen oder auch über die Haut/Schleimhaut in den Körper aufgenommen werden und ggf. innere Organe schädigen oder zu Vergiftungen führen.

H310	Lebensgefahr bei Hautkontakt.
H311	Giftig bei Hautkontakt.
H312	Gesundheitsschädlich bei Hautkontakt.
H314	Verursacht schwere Verätzung der Haut und schwere Augenschäden.
H315	Verursacht Hautreizungen.
H317	Kann allergische Hautreaktionen verursachen.
H341	Kann vermutlich genetische Defekte verursachen (durch Hautkontakt).
H351	Kann vermutlich Krebs erzeugen (durch Hautkontakt).
H361	Kann vermutlich die Fruchtbarkeit beeinträchtigen oder das Kind im Mutterleib schädigen (durch Hautkontakt).
H370	Schädigt die Organe (durch Hautkontakt).
H371	Kann die Organe schädigen (durch Hautkontakt).
H372	Schädigt die Organe bei längerer oder wiederholter Exposition (durch Hautkontakt).
H373	Kann die Organe schädigen bei längerer oder wiederholter Exposition (durch Hautkontakt).
EU EUH066	Wiederholter Kontakt kann zu spröder oder rissiger Haut führen.

Schutzmaßnahmen und Verhaltensregeln

- Jeglicher Kontakt mit der Haut, Schleimhaut und den Augen ist zu vermeiden.
- Geschlossenen Schutzkittel tragen.
- Geeignete Schutzhandschuhe tragen; der Handschuhtyp ist dem Sicherheitsdatenblatt, Kapitel 8, zu entnehmen.
- Folgende Tätigkeiten unter dem Laborabzug durchführen, dabei Frontschieber soweit wie möglich geschlossen:
  - Herstellung pulvergefüllter Hartkapseln und abgeteilter Pulver (Abzug ausgeschaltet, solange Pulver verwirbeln kann).

  - Abfüllen/Umfüllen fester Stoffe und Flüssigkeiten (wenn nicht abgewogen werden muss).
  - Verreiben fester Stoffe.
- Spritzer auf der Haut sofort mit reichlich Wasser entfernen.
- Mit Chemikalien verschmutzte, benetzte und durchtränkte Kleidung sofort ausziehen und wechseln.

Beschäftigungsbeschränkung:

- Beschäftigungsverbot für Schwangere für Tätigkeiten mit Stoffen, die mit H341, H351 oder H361 gekennzeichnet sind.

Verhalten im Gefahrenfall

- Bei unbeabsichtigter Freisetzung Substanzkontakt vermeiden.
- Kontaminierte Kleidung entfernen.
- Zum Aufnehmen verschütteter Substanzen Schutzhandschuhe tragen; Flüssigkeiten mit reichlich Wasser verdünnen und mit Papier oder Stofflappen aufnehmen; verschüttete Trockensubstanz trocken aufnehmen.
- Diensthabenden Apotheker informieren.

Wichtige Telefonnummern

D*-Arzt-Ambulanz:
Betriebsarzt:
Brandfall:
Notfall:

Erste Hilfe

Im Notfall sofort ärztliche Hilfe anfordern!

Nach Hautkontakt:	Kontaminierte Kleidung entfernen. Mit reichlich Wasser spülen und ggf. Haut anschließend mit Seife waschen. Ggf. Arzt rufen oder aufsuchen.
Nach Einatmen:	Betroffenen aus dem Gefahrenbereich bringen. Frischluft zuführen (ans offene Fenster gehen und mehrmals tief durchatmen).
Nach Augenkontakt:	Unter Schutz des unverletzten Auges zehn Minuten mit geöffnetem Lidspalt unter fließendem Wasser spülen. Ggf. Arzt aufsuchen.
Nach Verschlucken:	Ausreichend Wasser trinken (nicht bei Bewusstlosigkeit!). Kein Erbrechen auslösen. Ggf. Arzt rufen oder aufsuchen. Angaben zum Gefahrstoff und den durchgeführten Maßnahmen machen.

Sachgerechte Entsorgung

Gefahrstoffe sind Sondermüll. Nicht in die Kanalisation einleiten. Bis zur Entsorgung in einem gekennzeichneten und verschlossenen Behälter aufbewahren. Kontaminierte Wegwerfartikel dicht verschlossen in den Hausmüll entsorgen.

* Durchgangsarzt

19.2 Herstellung von Rezepturarzneimitteln – Farbcode orange

Betriebsanweisung gem. § 14 GefStoffV Nr.: 03
Tätigkeit: Herstellung von Rezepturarzneimitteln

Arbeitsplatz/Bereich: Rezeptur
Datum: 08.04.2014

Gefahrstoff/Gefahrstoffgruppe

Es handelt sich um eine Gruppenbetriebsanweisung für Tätigkeiten in der Rezeptur mit Stoffen/Gemischen, die **beim Einatmen gefährlich** sind. Dazu gehören Gefahrstoffe, die mit einem oder mehreren der folgenden H-Sätze bzw. nach dem Farbkonzept mit einem orangen Punkt gekennzeichnet sind:

H304 H330 H331 H332 H334 H335 H336 H341
H351 H361 H370 H371 H372 H373
EUH029 EUH031 EUH032 EUH071

Gefahren für Mensch und Umwelt

Stoffe/Gemische, die mit einem der folgenden H-Sätze gekennzeichnet sind, können die Atemwege reizen, verätzen oder auch über die Atemwege in den Körper aufgenommen werden und ggf. innere Organe schädigen, zu Benommenheit oder zu Vergiftungen führen.

H304	Kann bei Verschlucken und Eindringen in die Atemwege tödlich sein.
H330	Lebensgefahr bei Einatmen.
H331	Giftig bei Einatmen.
H332	Gesundheitsschädlich bei Einatmen.
H334	Kann bei Einatmen Allergie, asthmaartige Symptome oder Atembeschwerden verursachen.
H335	Kann die Atemwege reizen.
H336	Kann Schläfrigkeit und Benommenheit verursachen.
H341	Kann vermutlich genetische Defekte verursachen (durch Einatmen).
H351	Kann vermutlich Krebs erzeugen (durch Einatmen).
H361	Kann vermutlich die Fruchtbarkeit beeinträchtigen oder das Kind im Mutterleib schädigen (durch Einatmen).
H370	Schädigt die Organe (durch Einatmen).
H371	Kann die Organe schädigen (durch Einatmen).
H372	Schädigt die Organe bei längerer oder wiederholter Exposition (durch Einatmen).
H373	Kann die Organe schädigen bei längerer oder wiederholter Exposition (durch Einatmen).
EUH029	Entwickelt bei Berührung mit Wasser giftige Gase.
EUH031	Entwickelt bei Berührung mit Säure giftige Gase.
EUH032	Entwickelt bei Berührung mit Säure sehr giftige Gase.
EUH071	Ätzend für die Atemwege.

Schutzmaßnahmen und Verhaltensregeln

- Das Einatmen von Stäuben/Aerosolen/Dämpfen/Nebeln ist zu vermeiden.
- Geschlossenen Schutzkittel tragen.
- Geeigneten Atemschutz verwenden; bei Stäuben/Aerosolen eine FFP2-Maske, bei Nebeln/Dämpfen eine Atemschutzmaske (alternativ unter dem Laborabzug arbeiten).
- Folgende Tätigkeiten unter dem Laborabzug durchführen, dabei Frontschieber soweit wie möglich geschlossen:

  - Herstellung pulvergefüllter Hartkapseln und abgeteilter Pulver (Abzug ausgeschaltet, solange Pulver verwirbeln kann).
  - Abfüllen/Umfüllen fester Stoffe und Flüssigkeiten (wenn nicht abgewogen werden muss).
  - Verreiben fester Stoffe.
- Mit Chemikalien verschmutzte, benetzte und durchtränkte Kleidung sofort ausziehen und wechseln.

Beschäftigungsbeschränkung:

- Beschäftigungsverbot für Schwangere für Tätigkeiten mit Stoffen, die mit H341, H351 oder H361 gekennzeichnet sind.

Verhalten im Gefahrenfall

- Bei unbeabsichtigter Freisetzung Substanzkontakt vermeiden.
- Kontaminierte Kleidung entfernen.
- Zum Aufnehmen verschütteter Substanzen geeigneten Atemschutz tragen; Flüssigkeiten mit reichlich Wasser verdünnen und mit Papier oder Stofflappen aufnehmen; verschüttete Trockensubstanz trocken aufnehmen.
- Arbeitsbereich verlassen und ausreichend lüften.
- Diensthabenden Apotheker informieren.

Wichtige Telefonnummern

D*-Arzt-Ambulanz:
Betriebsarzt:
Brandfall:
Notfall:

Erste Hilfe

Im Notfall sofort ärztliche Hilfe anfordern!

Nach Hautkontakt: Kontaminierte Kleidung entfernen. Mit reichlich Wasser spülen und ggf. Haut anschließend mit Seife waschen.

Nach Einatmen: Betroffenen aus dem Gefahrenbereich bringen. Frischluft zuführen (ans offene Fenster gehen und mehrmals tief durchatmen). Ggf. Arzt rufen oder aufsuchen.

Nach Augenkontakt: Unter Schutz des unverletzten Auges zehn Minuten mit geöffnetem Lidspalt unter fließendem Wasser spülen. Arzt aufsuchen.

Nach Verschlucken: Ausreichend Wasser trinken (nicht bei Bewusstlosigkeit!). Kein Erbrechen auslösen. Ggf. Arzt rufen oder aufsuchen. Angaben zum Gefahrstoff und den durchgeführten Maßnahmen machen.

Sachgerechte Entsorgung

Gefahrstoffe sind Sondermüll. Nicht in die Kanalisation einleiten. Bis zur Entsorgung in einem gekennzeichneten und verschlossenen Behälter aufbewahren. Kontaminierte Wegwerfartikel dicht verschlossen in den Hausmüll entsorgen.

* Durchgangsarzt

19.3 Herstellung von Rezepturarzneimitteln – Farbcode blau

Betriebsanweisung gem. § 14 GefStoffV Nr.: 05
Tätigkeit: Herstellung von Rezepturarzneimitteln

Arbeitsplatz/Bereich: Rezeptur
Datum: 08.04.2014

Gefahrstoff/Gefahrstoffgruppe

Es handelt sich um eine Gruppenbetriebsanweisung für Tätigkeiten in der Rezeptur mit Stoffen/Gemischen, die **für die Augen gefährlich** sind. Dazu gehören Gefahrstoffe, die mit einem oder mehreren der folgenden H-Sätze bzw. nach dem Farbkonzept mit einem hellblauen Punkt gekennzeichnet sind:

● H314 H318 H319 EUH070

Gefahren für Mensch und Umwelt

Stoffe/Gemische, die mit einem der folgenden H-Sätze gekennzeichnet sind, können die Augen reizen, verätzen oder ggf. bei Kontakt über die Augen in den Körper aufgenommen werden und so zu Vergiftungen führen.

H314	Verursacht schwere Verätzungen der Haut und schwere Augenschäden.
H318	Verursacht schwere Augenschäden.
H319	Verursacht schwere Augenreizung.
EUH070	Giftig bei Kontakt mit den Augen.

Schutzmaßnahmen und Verhaltensregeln

- Jeglicher Kontakt mit den Augen ist zu vermeiden.
- Geschlossenen Schutzkittel tragen.
- Geeignete Schutzbrille mit Seitenschutz tragen.
- Folgende Tätigkeiten unter dem Laborabzug durchführen, dabei Frontschieber soweit wie möglich geschlossen:
  - Herstellung pulvergefüllter Hartkapseln und abgeteilter Pulver (Abzug ausgeschaltet, solange Pulver verwirbeln kann).
  - Abfüllen/Umfüllen fester Stoffe und Flüssigkeiten (wenn nicht abgewogen werden muss).
  - Verreiben fester Stoffe.
- Mit Chemikalien verschmutzte, benetzte und durchtränkte Kleidung sofort ausziehen und wechseln.

Beschäftigungsbeschränkung:

- Beschäftigungsverbot für Schwangere für Tätigkeiten mit Stoffen, die mit H341, H351 oder H361 gekennzeichnet sind.

Verhalten im Gefahrenfall

- Bei unbeabsichtigter Freisetzung Substanzkontakt vermeiden.
- Kontaminierte Kleidung entfernen.

- Zum Aufnehmen verschütteter Substanzen geeignete Schutzbrille tragen; Flüssigkeiten mit reichlich Wasser verdünnen und mit Papier oder Stofflappen aufnehmen; verschüttete Trockensubstanz trocken aufnehmen.
- Diensthabenden Apotheker informieren.

Wichtige Telefonnummern	
	D*-Arzt-Ambulanz:
	Betriebsarzt:
	Brandfall:
	Notfall:

Erste Hilfe

Im Notfall sofort ärztliche Hilfe anfordern!

Nach Hautkontakt:	Kontaminierte Kleidung entfernen. Mit reichlich Wasser spülen und ggf. Haut anschließend mit Seife waschen.
Nach Einatmen:	Betroffenen aus dem Gefahrenbereich bringen. Frischluft zuführen (ans offene Fenster gehen und mehrmals tief durchatmen).
Nach Augenkontakt:	Unter Schutz des unverletzten Auges zehn Minuten mit geöffnetem Lidspalt unter fließendem Wasser spülen. Arzt aufsuchen.
Nach Verschlucken:	Ausreichend Wasser trinken (nicht bei Bewusstlosigkeit!). Kein Erbrechen auslösen. Ggf. Arzt rufen oder aufsuchen. Angaben zum Gefahrstoff und den durchgeführten Maßnahmen machen.

Sachgerechte Entsorgung

Gefahrstoffe sind Sondermüll. Nicht in die Kanalisation einleiten. Bis zur Entsorgung in einem gekennzeichneten und verschlossenen Behälter aufbewahren. Kontaminierte Wegwerfartikel dicht verschlossen in den Hausmüll entsorgen.

* Durchgangsarzt

19.4 Herstellung von Rezepturarzneimitteln – Farbcode rot

Betriebsanweisung gem. § 14 GefStoffV Nr.: 07
Tätigkeit: Herstellung von Rezepturarzneimitteln

Arbeitsplatz/Bereich: Rezeptur
Datum: 08.04.2014

Gefahrstoff/Gefahrstoffgruppe

Es handelt sich um eine Gruppenbetriebsanweisung für Tätigkeiten in der Rezeptur mit **CMR-Stoffen (Kat. 1A, 1B)** bzw. Gemischen. Dazu gehören Gefahrstoffe, die mit einem oder mehreren der folgenden H-Sätze bzw. nach dem Farbkonzept mit einem roten Punkt gekennzeichnet sind:

● H340 H350 H350i H360 H360F H360D H360FD H360Fd H360Df

Gefahren für Mensch und Umwelt

Stoffe/Gemische, die mit einem der folgenden H-Sätze gekennzeichnet sind, können Krebs erzeugen, genetische Defekte verursachen, die Fruchtbarkeit beeinträchtigen und das Kind im Mutterleib schädigen.

H340	Kann genetische Defekte verursachen.
H350	Kann Krebs erzeugen.
H350i	Kann Krebs erzeugen beim Einatmen.
H360	Kann die Fruchtbarkeit beeinträchtigen oder das Kind im Mutterleib schädigen.
H360F	Kann die Fruchtbarkeit beeinträchtigen.
H360D	Kann das Kind im Mutterleib schädigen.
H360FD	Kann die Fruchtbarkeit beeinträchtigen. Kann das Kind im Mutterleib schädigen.
H360Fd	Kann die Fruchtbarkeit beeinträchtigen. Kann vermutlich das Kind im Mutterleib schädigen.
H360Df	Kann das Kind im Mutterleib schädigen. Kann vermutlich die Fruchtbarkeit beeinträchtigen.

Schutzmaßnahmen und Verhaltensregeln

- Arbeitsbereich abgrenzen.
- Jeglicher Kontakt mit der Substanz ist zu vermeiden.
- Geschlossenen Schutzkittel tragen.
- Geeignete Schutzhandschuhe tragen; der Handschuhtyp ist dem Sicherheitsdatenblatt, Kapitel 8, zu entnehmen.
- Geeigneten Atemschutz verwenden; bei Stäuben/Aerosolen eine FFP2-Maske, bei Nebeln/Dämpfen eine Atemschutzmaske (alternativ unter dem Laborabzug arbeiten).
- Geeignete Schutzbrille mit Seitenschutz tragen.
- Folgende Tätigkeiten unter dem Laborabzug durchführen, dabei Frontschieber soweit wie möglich geschlossen:
  - Herstellung pulvergefüllter Hartkapseln und abgeteilter Pulver (Abzug ausgeschaltet, solange Pulver verwirbeln kann).
  - Abfüllen/Umfüllen fester Stoffe und Flüssigkeiten (wenn nicht abgewogen werden muss).
  - Verreiben fester Stoffe.

- Spritzer auf der Haut sofort mit reichlich Wasser entfernen.
- Mit Chemikalien verschmutzte, benetzte und durchtränkte Kleidung sofort ausziehen und wechseln.

Beschäftigungsbeschränkung:

- Beschäftigungsverbot für Schwangere und Stillende.

Verhalten im Gefahrenfall

- Bei unbeabsichtigter Freisetzung Substanzkontakt vermeiden.
- Kontaminierte Kleidung entfernen.
- Zum Aufnehmen verschütteter Substanzen Schutzhandschuhe, Schutzbrille und Atemschutz tragen; Flüssigkeiten mit reichlich Wasser verdünnen und mit Papier oder Stofflappen aufnehmen; verschüttete Trockensubstanz trocken aufnehmen.
- Arbeitsbereich verlassen und ausreichend lüften.
- Diensthabenden Apotheker informieren.

Wichtige Telefonnummern

D*-Arzt-Ambulanz:
Betriebsarzt:
Brandfall:
Notfall:

Erste Hilfe

Im Notfall sofort ärztliche Hilfe anfordern!

Nach Hautkontakt:	Kontaminierte Kleidung entfernen. Mit reichlich Wasser spülen und ggf. Haut anschließend mit Seife waschen. Ggf. Arzt rufen oder aufsuchen.
Nach Einatmen:	Betroffenen aus dem Gefahrenbereich bringen. Frischluft zuführen (ans offene Fenster gehen und mehrmals tief durchatmen).
Nach Augenkontakt:	Unter Schutz des unverletzten Auges zehn Minuten mit geöffnetem Lidspalt unter fließendem Wasser spülen. Ggf. Arzt aufsuchen.
Nach Verschlucken:	Ausreichend Wasser trinken (nicht bei Bewusstlosigkeit!). Kein Erbrechen auslösen. Ggf. Arzt rufen oder aufsuchen. Angaben zum Gefahrstoff und den durchgeführten Maßnahmen machen.

Sachgerechte Entsorgung

Gefahrstoffe sind Sondermüll. Nicht in die Kanalisation einleiten. Bis zur Entsorgung in einem gekennzeichneten und verschlossenen Behälter aufbewahren. Kontaminierte Wegwerfartikel dicht verschlossen in den Hausmüll entsorgen.

* Durchgangsarzt

19.5 Rezepturherstellung – Tätigkeiten mit umweltgefährlichen Stoffen

Betriebsanweisung gem. § 14 GefStoffV Nr.: 10
Tätigkeit: Herstellung von Rezepturarzneimitteln
Prüfung der Ausgangsstoffe

Arbeitsplatz/Bereich: Rezeptur, Labor
Datum: 08.04.2014

Gefahrstoff/Gefahrstoffgruppe

Es handelt sich um eine Gruppenbetriebsanweisung für Tätigkeiten in der Rezeptur und im Apothekenlaboratorium mit Stoffen/Gemischen, die **umweltgefährlich** sind. Dazu gehören Stoffe/Gemische, die mit dem folgenden Piktogramm und/oder einem der folgenden H-Sätze gekennzeichnet sind:

H400 H410 H411 H412 H413 EUH059

Gefahren für Mensch und Umwelt

Stoffe/Gemische, die mit einem der folgenden H-Sätze gekennzeichnet sind, können akut oder langfristig schädlich für Wasserorganismen sein oder die Ozonschicht schädigen.

H400	Sehr giftig für Wasserorganismen.
H410	Sehr giftig für Wasserorganismen, mit langfristiger Wirkung.
H411	Giftig für Wasserorganismen, mit langfristiger Wirkung.
H412	Schädlich für Wasserorganismen, mit langfristiger Wirkung.
H413	Kann für Wasserorganismen schädlich sein, mit langfristiger Wirkung.
EUH059	Die Ozonschicht schädigend.

Schutzmaßnahmen und Verhaltensregeln

- Freisetzung der Stoffe/Gemische in die Umwelt vermeiden.
- Kontamination vermeiden.
- Geschlossenen Schutzkittel tragen.
- Spritzer auf der Haut sofort mit reichlich Wasser entfernen.
- Mit Chemikalien verschmutzte, benetzte und durchtränkte Kleidung sofort ausziehen und wechseln.

Verhalten im Gefahrenfall

- Bei unbeabsichtigter Freisetzung Substanzkontakt vermeiden.
- Kontaminierte Kleidung entfernen.
- Zum Aufnehmen verschütteter Substanzen Schutzhandschuhe tragen; Flüssigkeiten mit reichlich Wasser verdünnen und mit Papier oder Stofflappen aufnehmen; verschüttete Trockensubstanz trocken aufnehmen.
- Diensthabenden Apotheker und ggf. Behörden informieren.

Wichtige Telefonnummern

D*-Arzt-Ambulanz:
Betriebsarzt:
Brandfall:
Notfall:

Erste Hilfe

Im Notfall sofort ärztliche Hilfe anfordern!

Nach Hautkontakt: Kontaminierte Kleidung entfernen. Mit reichlich Wasser spülen und ggf. Haut anschließend mit Seife waschen.

Nach Einatmen: Betroffenen aus dem Gefahrenbereich bringen. Frischluft zuführen (ans offene Fenster gehen und mehrmals tief durchatmen).

Nach Augenkontakt: Unter Schutz des unverletzten Auges zehn Minuten mit geöffnetem Lidspalt unter fließendem Wasser spülen. Ggf. Arzt aufsuchen.

Nach Verschlucken: Ausreichend Wasser trinken (nicht bei Bewusstlosigkeit!). Kein Erbrechen auslösen. Ggf. Arzt rufen oder aufsuchen. Angaben zum Gefahrstoff und den durchgeführten Maßnahmen machen.

Sachgerechte Entsorgung

Gefahrstoffe sind Sondermüll. Nicht in die Kanalisation einleiten. Bis zur Entsorgung in einem gekennzeichneten und verschlossenen Behälter aufbewahren. Kontaminierte Wegwerfartikel dicht verschlossen in den Hausmüll entsorgen.

* Durchgangsarzt

19.6 Tätigkeiten mit brand- und/oder explosionsgefährlichen Stoffen

Betriebsanweisung gem. § 14 GefStoffV Nr.: 09
Tätigkeit: Herstellung von Rezepturarzneimitteln
Prüfung der Ausgangsstoffe

Arbeitsplatz/Bereich: Rezeptur, Labor
Datum: 08.04.2014

Gefahrstoff/Gefahrstoffgruppe

Es handelt sich um eine Gruppenbetriebsanweisung für Tätigkeiten in der Rezeptur und im Apothekenlaboratorium mit Stoffen/Gemischen, die **brand- und/oder explosionsgefährlich** sind. Dazu gehören explosive Stoffe, entzündbare Gase/Aerosole/Flüssigkeiten/Feststoffe, oxidierende Gase/Flüssigkeiten/Feststoffe, Gase unter Druck, selbstzersetzliche Stoffe, pyrophore Flüssigkeiten und Feststoffe, selbsterhitzungsfähige Stoffe, Stoffe, die bei der Berührung mit Wasser entzündbare Gase entwickeln und organische Peroxide. Brand- und explosionsfähige Stoffe/Gemische sind mit einem oder mehreren der folgenden Piktogramme gekennzeichnet:

sowie (ohne Piktogramm):

- Expl. 1.5 (H205)
- Entz. Gas 2 (H221)
- Selbstzers. G
- Org. Perox. G

Gefahren für Mensch und Umwelt

- Zusammentreffen von Sauerstoff mit einem brennbaren bzw. explosionsfähigen Stoff und einer Zündquelle (Flamme, Funke, Temperatur, elektrostatische Aufladung)
- Förderung der Verbrennung anderer Materialien durch Tätigkeiten mit brandfördernden Stoffen
- Erwärmung von Gasen unter Druck, Schlag, Reibung explosionsfähiger Stoffe
- Tätigkeiten mit selbstzersetzlichen Stoffen und Gemischen oder organischen Peroxiden, die sich auch ohne Beteiligung von Sauerstoff stark exotherm zersetzen können
- Zusammentreffen von Stoffen, die mit Wasser reagieren und sich spontan entzünden

Schutzmaßnahmen und Verhaltensregeln

- Jeglicher Kontakt mit der Haut, Schleimhaut und den Augen ist zu vermeiden.
- Tätigkeiten mit größeren Mengen brand- und explosionsgefährlichen Stoffen unter dem Laborabzug durchführen, Überhitzung, Schlag, Reibung vermeiden.
- Gefährdung durch Zündquellen beachten.
- Zündquellen, die zu Bränden und Explosionen führen können, vermeiden.
- Vorkehrungen gegen elektrostatische Entladung treffen (Metall- oder Glastrichter beim Um- bzw. Abfüllen größerer Mengen brennbarer Flüssigkeiten verwenden, ggf. spezielle Laborschuhe tragen).
- Ausgelaufene Mengen brennbarer oder explosionsgefährlicher Stoffe unverzüglich mit geeigneten Hilfsmitteln aufnehmen und sachgerecht entsorgen.
- Stoffe mit brand- und explosionsgefährlichen Eigenschaften in den Arbeitsbereichen nur in geringen Mengen vorhalten.
- Geschlossenen Schutzkittel tragen.
- Spritzer auf der Haut sofort mit reichlich Wasser entfernen.

- Mit Chemikalien verschmutzte, benetzte und durchtränkte Kleidung sofort ausziehen und wechseln.

Beschäftigungsbeschränkung:

- Beschäftigungsverbot für Schwangere für Tätigkeiten mit Stoffen, die mit H340, H341, H350, H351, H360, H361 oder Abwandlungen gekennzeichnet sind.

Verhalten im Gefahrenfall

- Bei unbeabsichtigter Freisetzung Substanzkontakt vermeiden.
- Kontaminierte Kleidung entfernen.
- Zum Aufnehmen verschütteter Substanzen Schutzhandschuhe tragen; Flüssigkeiten mit reichlich Wasser verdünnen und mit Papier oder Stofflappen aufnehmen; verschüttete Trockensubstanz trocken aufnehmen.
- Diensthabenden Apotheker informieren.

Wichtige Telefonnummern

D*-Arzt-Ambulanz:
Betriebsarzt:
Brandfall:
Notfall:

Erste Hilfe

Im Notfall sofort ärztliche Hilfe anfordern!

Nach Hautkontakt: Kontaminierte oder brennende Kleidung entfernen. Mit reichlich Wasser spülen und ggf. Haut anschließend mit Seife waschen. Ggf. Arzt rufen oder aufsuchen.

Nach Einatmen: Betroffenen aus dem Gefahrenbereich bringen. Frischluft zuführen (ans offene Fenster gehen und mehrmals tief durchatmen).

Nach Augenkontakt: Unter Schutz des unverletzten Auges zehn Minuten mit geöffnetem Lidspalt unter fließendem Wasser spülen. Ggf. Arzt aufsuchen.

Nach Verschlucken: Ausreichend Wasser trinken (nicht bei Bewusstlosigkeit!). Kein Erbrechen auslösen. Ggf. Arzt rufen oder aufsuchen. Angaben zum Gefahrstoff und den durchgeführten Maßnahmen machen.

Sachgerechte Entsorgung

Gefahrstoffe sind Sondermüll. Nicht in die Kanalisation einleiten. Bis zur Entsorgung in einem gekennzeichneten und verschlossenen Behälter aufbewahren. Kontaminierte Wegwerfartikel dicht verschlossen in den Hausmüll entsorgen.

* Durchgangsarzt

19.7 Prüfung von Ausgangsstoffen – Farbcode gelb

Betriebsanweisung gem. § 14 GefStoffV Nr.: 02
Tätigkeit: Prüfung der Ausgangsstoffe

Arbeitsplatz/Bereich: Labor
Datum: 08.04.2014

Gefahrstoff/Gefahrstoffgruppe

Es handelt sich um eine Gruppenbetriebsanweisung für Tätigkeiten im Apothekenlaboratorium mit Stoffen/Gemischen, die **für die Haut gefährlich** sind. Dazu gehören Gefahrstoffe, die mit einem oder mehreren der folgenden H-Sätze bzw. nach dem Farbkonzept mit einem gelben Punkt gekennzeichnet sind:

H310 H311 H312 H314 H315 H317 H341
H351 H361 H370 H371 H372 H373 EUH066

Gefahren für Mensch und Umwelt

Stoffe/Gemische, die mit einem der folgenden H-Sätze gekennzeichnet sind, können die Haut/Schleimhaut reizen, verätzen oder auch über die Haut/Schleimhaut in den Körper aufgenommen werden und ggf. innere Organe schädigen oder zu Vergiftungen führen.

H310	Lebensgefahr bei Hautkontakt.
H311	Giftig bei Hautkontakt.
H312	Gesundheitsschädlich bei Hautkontakt.
H314	Verursacht schwere Verätzung der Haut und schwere Augenschäden.
H315	Verursacht Hautreizungen.
H317	Kann allergische Hautreaktionen verursachen.
H341	Kann vermutlich genetische Defekte verursachen (durch Hautkontakt).
H351	Kann vermutlich Krebs erzeugen (durch Hautkontakt).
H361	Kann vermutlich die Fruchtbarkeit beeinträchtigen oder das Kind im Mutterleib schädigen (durch Hautkontakt).
H370	Schädigt die Organe (durch Hautkontakt.
H371	Kann die Organe schädigen (durch Hautkontakt).
H372	Schädigt die Organe bei längerer oder wiederholter Exposition (durch Hautkontakt).
H373	Kann die Organe schädigen bei längerer oder wiederholter Exposition (durch Hautkontakt).
EUH066	Wiederholter Kontakt kann zu spröder oder rissiger Haut führen.

Schutzmaßnahmen und Verhaltensregeln

- Jeglicher Kontakt mit der Haut, Schleimhaut und den Augen ist zu vermeiden.
- Geschlossenen Schutzkittel tragen.
- Geeignete Schutzhandschuhe tragen; der Handschuhtyp ist dem Sicherheitsdatenblatt, Kapitel 8, zu entnehmen.
- Folgende Tätigkeiten unter dem Laborabzug durchführen, dabei Frontschieber soweit wie möglich geschlossen:
  - Herstellung von Lösungen/Mischungen, Filtration von Lösungen, Zugabe von Reagenzien bei Farb- und Fällungsreaktionen, DC, Arbeiten mit offener Flamme, Arbeiten mit dem Wasserbad.
- Spritzer auf der Haut sofort mit reichlich Wasser entfernen.

Beschäftigungsbeschränkung:

- Mit Chemikalien verschmutzte, benetzte und durchtränkte Kleidung sofort ausziehen und wechseln.
- Beschäftigungsverbot für Schwangere für Tätigkeiten mit Stoffen, die mit H341, H351 oder H361 gekennzeichnet sind.

Verhalten im Gefahrenfall

- Bei unbeabsichtigter Freisetzung Substanzkontakt vermeiden.
- Kontaminierte Kleidung entfernen.
- Zum Aufnehmen verschütteter Substanzen Schutzhandschuhe tragen; Flüssigkeiten mit reichlich Wasser verdünnen und mit Papier oder Stofflappen aufnehmen; verschüttete Trockensubstanz trocken aufnehmen.
- Diensthabenden Apotheker informieren.

Wichtige Telefonnummern

D*-Arzt-Ambulanz:
Betriebsarzt:
Brandfall:
Notfall:

Erste Hilfe

Im Notfall sofort ärztliche Hilfe anfordern!

Nach Hautkontakt: Kontaminierte Kleidung entfernen. Mit reichlich Wasser spülen und ggf. Haut anschließend mit Seife waschen. Ggf. Arzt rufen oder aufsuchen.

Nach Einatmen: Betroffenen aus dem Gefahrenbereich bringen. Frischluft zuführen (ans offene Fenster gehen und mehrmals tief durchatmen).

Nach Augenkontakt: Unter Schutz des unverletzten Auges zehn Minuten mit geöffnetem Lidspalt unter fließendem Wasser spülen. Ggf. Arzt aufsuchen.

Nach Verschlucken: Ausreichend Wasser trinken (nicht bei Bewusstlosigkeit!). Kein Erbrechen auslösen. Ggf. Arzt rufen oder aufsuchen. Angaben zum Gefahrstoff und den durchgeführten Maßnahmen machen.

Sachgerechte Entsorgung

Gefahrstoffe sind Sondermüll. Nicht in die Kanalisation einleiten. Bis zur Entsorgung in einem gekennzeichneten und verschlossenen Behälter aufbewahren. Kontaminierte Wegwerfartikel dicht verschlossen in den Hausmüll entsorgen.

* Durchgangsarzt

19.8 Prüfung von Ausgangsstoffen – Farbcode orange

Betriebsanweisung gem. § 14 GefStoffV Nr.: 04
Tätigkeit: Prüfung der Ausgangsstoffe

Arbeitsplatz/Bereich: Labor
Datum: 08.04.2014

Gefahrstoff/Gefahrstoffgruppe

Es handelt sich um eine Gruppenbetriebsanweisung für Tätigkeiten im Apothekenlaboratorium mit Stoffen/Gemischen, die **beim Einatmen gefährlich** sind. Dazu gehören Gefahrstoffe, die mit einem oder mehreren der folgenden H-Sätze bzw. nach dem Farbkonzept mit einem orangen Punkt gekennzeichnet sind:

H304 H330 H331 H332 H334 H335 H336 H341
H351 H361 H370 H371 H372 H373
EUH029 EUH031 EUH032 EUH071

Gefahren für Mensch und Umwelt

Stoffe/Gemische, die mit einem der folgenden H-Sätze gekennzeichnet sind, können die Atemwege reizen, verätzen oder auch über die Atemwege in den Körper aufgenommen werden und ggf. innere Organe schädigen, zu Benommenheit oder zu Vergiftungen führen.

H304	Kann bei Verschlucken und Eindringen in die Atemwege tödlich sein.
H330	Lebensgefahr bei Einatmen.
H331	Giftig bei Einatmen.
H332	Gesundheitsschädlich bei Einatmen.
H334	Kann bei Einatmen Allergie, asthmaartige Symptome oder Atembeschwerden verursachen.
H335	Kann die Atemwege reizen.
H336	Kann Schläfrigkeit und Benommenheit verursachen.
H341	Kann vermutlich genetische Defekte verursachen (durch Einatmen).
H351	Kann vermutlich Krebs erzeugen (durch Einatmen).
H361	Kann vermutlich die Fruchtbarkeit beeinträchtigen oder das Kind im Mutterleib schädigen (durch Einatmen).
H370	Schädigt die Organe (durch Einatmen).
H371	Kann die Organe schädigen (durch Einatmen).
H372	Schädigt die Organe bei längerer oder wiederholter Exposition (durch Einatmen).
H373	Kann die Organe schädigen bei längerer oder wiederholter Exposition (durch Einatmen).
EUH029	Entwickelt bei Berührung mit Wasser giftige Gase.
EUH031	Entwickelt bei Berührung mit Säure giftige Gase.
EUH032	Entwickelt bei Berührung mit Säure sehr giftige Gase.
EUH071	Ätzend für die Atemwege.

Schutzmaßnahmen und Verhaltensregeln

- Das Einatmen von Stäuben/Aerosolen/Dämpfen/Nebeln ist zu vermeiden.
- Geschlossenen Schutzkittel tragen.
- Geeigneten Atemschutz verwenden; bei Stäuben/Aerosolen eine FFP2-Maske, bei Nebeln/Dämpfen eine Atemschutzmaske (alternativ unter dem Laborabzug arbeiten).
- Folgende Tätigkeiten unter dem Laborabzug durchführen, dabei Frontschieber soweit wie möglich geschlossen:

  - Herstellung von Lösungen/Mischungen, Filtration von Lösungen, Zugabe von Reagenzien bei Farb- und Fällungsreaktionen, DC, Arbeiten mit offener Flamme, Arbeiten mit dem Wasserbad.
- Mit Chemikalien verschmutzte, benetzte und durchtränkte Kleidung sofort ausziehen und wechseln.

Beschäftigungsbeschränkung:
- Beschäftigungsverbot für Schwangere für Tätigkeiten mit Stoffen, die mit H341, H351 oder H361 gekennzeichnet sind.

Verhalten im Gefahrenfall

- Bei unbeabsichtigter Freisetzung Substanzkontakt vermeiden.
- Kontaminierte Kleidung entfernen.
- Zum Aufnehmen verschütteter Substanzen geeigneten Atemschutz tragen; Flüssigkeiten mit reichlich Wasser verdünnen und mit Papier oder Stofflappen aufnehmen; verschüttete Trockensubstanz trocken aufnehmen.
- Arbeitsbereich verlassen und ausreichend lüften.
- Diensthabenden Apotheker informieren.

Wichtige Telefonnummern

D*-Arzt-Ambulanz:
Betriebsarzt:
Brandfall:
Notfall:

Erste Hilfe

Im Notfall sofort ärztliche Hilfe anfordern!

Nach Hautkontakt:	Kontaminierte Kleidung entfernen. Mit reichlich Wasser spülen und ggf. Haut anschließend mit Seife waschen.
Nach Einatmen:	Betroffenen aus dem Gefahrenbereich bringen. Frischluft zuführen (ans offene Fenster gehen und mehrmals tief durchatmen). Ggf. Arzt rufen oder aufsuchen.
Nach Augenkontakt:	Unter Schutz des unverletzten Auges zehn Minuten mit geöffnetem Lidspalt unter fließendem Wasser spülen. Ggf. Arzt aufsuchen.
Nach Verschlucken:	Ausreichend Wasser trinken (nicht bei Bewusstlosigkeit!). Kein Erbrechen auslösen. Ggf. Arzt rufen oder aufsuchen. Angaben zum Gefahrstoff und den durchgeführten Maßnahmen machen.

Sachgerechte Entsorgung

Gefahrstoffe sind Sondermüll. Nicht in die Kanalisation einleiten. Bis zur Entsorgung in einem gekennzeichneten und verschlossenen Behälter aufbewahren. Kontaminierte Wegwerfartikel dicht verschlossen in den Hausmüll entsorgen.

* Durchgangsarzt

19

19.9 Prüfung von Ausgangsstoffen – Farbcode blau

Betriebsanweisung gem. § 14 GefStoffV Nr.: 06
Tätigkeit: Prüfung der Ausgangsstoffe

Arbeitsplatz/Bereich: Labor
Datum: 08.04.2014

Gefahrstoff/Gefahrstoffgruppe

Es handelt sich um eine Gruppenbetriebsanweisung für Tätigkeiten im Apothekenlaboratorium mit Stoffen/Gemischen, die **für die Augen gefährlich** sind. Dazu gehören Gefahrstoffe, die mit einem oder mehreren der folgenden H-Sätze bzw. nach dem Farbkonzept mit einem hellblauen Punkt gekennzeichnet sind:

H314 H318 H319 EUH070

Gefahren für Mensch und Umwelt

Stoffe/Gemische, die mit einem der folgenden H-Sätze gekennzeichnet sind, können die Augen reizen, verätzen oder ggf. bei Kontakt über die Augen in den Körper aufgenommen werden und zu Vergiftungen führen.

H314	Verursacht schwere Verätzungen der Haut und schwere Augenschäden.
H318	Verursacht schwere Augenschäden.
H319	Verursacht schwere Augenreizung.
EUH070	Giftig bei Kontakt mit den Augen.

Schutzmaßnahmen und Verhaltensregeln

- Jeglicher Kontakt mit den Augen ist zu vermeiden.
- Geschlossenen Schutzkittel tragen.
- Geeignete Schutzbrille mit Seitenschutz tragen.
- Folgende Tätigkeiten unter dem Laborabzug durchführen, dabei Frontschieber soweit wie möglich geschlossen:
  - Herstellung von Lösungen/Mischungen, Filtration von Lösungen, Zugabe von Reagenzien bei Farb- und Fällungsreaktionen, DC, Arbeiten mit offener Flamme, Arbeiten mit dem Wasserbad.
- Mit Chemikalien verschmutzte, benetzte und durchtränkte Kleidung sofort ausziehen und wechseln.

Beschäftigungsbeschränkung:

- Beschäftigungsverbot für Schwangere für Tätigkeiten mit Stoffen, die mit H341, H351 oder H361 gekennzeichnet sind.

Verhalten im Gefahrenfall

- Bei unbeabsichtigter Freisetzung Substanzkontakt vermeiden.
- Kontaminierte Kleidung entfernen.
- Zum Aufnehmen verschütteter Substanzen geeignete Schutzbrille tragen; Flüssigkeiten mit reichlich Wasser verdünnen und mit Papier oder Stofflappen aufnehmen; verschüttete Trockensubstanz trocken aufnehmen.
- Diensthabenden Apotheker informieren.

Wichtige Telefonnummern

D*-Arzt-Ambulanz:
Betriebsarzt:
Brandfall:
Notfall:

Erste Hilfe

Im Notfall sofort ärztliche Hilfe anfordern!

Nach Hautkontakt:	Kontaminierte Kleidung entfernen. Mit reichlich Wasser spülen und ggf. Haut anschließend mit Seife waschen.
Nach Einatmen:	Betroffenen aus dem Gefahrenbereich bringen. Frischluft zuführen (ans offene Fenster gehen und mehrmals tief durchatmen).
Nach Augenkontakt:	Unter Schutz des unverletzten Auges zehn Minuten mit geöffnetem Lidspalt unter fließendem Wasser spülen. Arzt aufsuchen.
Nach Verschlucken:	Ausreichend Wasser trinken (nicht bei Bewusstlosigkeit!). Kein Erbrechen auslösen. Ggf. Arzt rufen oder aufsuchen. Angaben zum Gefahrstoff und den durchgeführten Maßnahmen machen.

Sachgerechte Entsorgung

Gefahrstoffe sind Sondermüll. Nicht in die Kanalisation einleiten. Bis zur Entsorgung in einem gekennzeichneten und verschlossenen Behälter aufbewahren. Kontaminierte Wegwerfartikel dicht verschlossen in den Hausmüll entsorgen.

* Durchgangsarzt

19.10 Prüfung von Ausgangsstoffen – Farbcode rot

Betriebsanweisung gem. § 14 GefStoffV Nr.: 08
Tätigkeit: Prüfung der Ausgangsstoffe

Arbeitsplatz/Bereich: Labor
Datum: 08.04.2014

Gefahrstoff/Gefahrstoffgruppe

Es handelt sich um eine Gruppenbetriebsanweisung für Tätigkeiten im Apothekenlaboratorium mit **CMR-Stoffen (Kat. 1A, 1B)** bzw. Gemischen. Dazu gehören Gefahrstoffe, die mit einem oder mehreren der folgenden H-Sätze bzw. nach dem Farbkonzept mit einem roten Punkt gekennzeichnet sind:

H340 H350 H350i H360 H360F H360D H360FD H360Fd H360Df

Gefahren für Mensch und Umwelt

Stoffe/Gemische, die mit einem der folgenden H-Sätze gekennzeichnet sind, können Krebs erzeugen, genetische Defekte verursachen, die Fruchtbarkeit beeinträchtigen und das Kind im Mutterleib schädigen.

H340	Kann genetische Defekte verursachen.
H350	Kann Krebs erzeugen.
H350i	Kann Krebs erzeugen beim Einatmen.
H360	Kann die Fruchtbarkeit beeinträchtigen oder das Kind im Mutterleib schädigen.
H360F	Kann die Fruchtbarkeit beeinträchtigen.
H360D	Kann das Kind im Mutterleib schädigen.
H360FD	Kann die Fruchtbarkeit beeinträchtigen. Kann das Kind im Mutterleib schädigen.
H360Fd	Kann die Fruchtbarkeit beeinträchtigen. Kann vermutlich das Kind im Mutterleib schädigen.
H360Df	Kann das Kind im Mutterleib schädigen. Kann vermutlich die Fruchtbarkeit beeinträchtigen.

Schutzmaßnahmen und Verhaltensregeln

- Arbeitsbereich abgrenzen.
- Jeglicher Kontakt mit der Substanz ist zu vermeiden.
- Geschlossenen Schutzkittel tragen.
- Geeignete Schutzhandschuhe tragen; der Handschuhtyp ist dem Sicherheitsdatenblatt, Kapitel 8, zu entnehmen.
- Geeigneten Atemschutz verwenden; bei Stäuben/Aerosolen eine FFP2-Maske, bei Nebeln/Dämpfen eine Atemschutzmaske (alternativ unter dem Laborabzug arbeiten).
- Geeignete Schutzbrille mit Seitenschutz tragen.
- Folgende Tätigkeiten unter dem Laborabzug durchführen, dabei Frontschieber soweit wie möglich geschlossen:
  - Herstellung von Lösungen/Mischungen, Filtration von Lösungen, Zugabe von Reagenzien bei Farb- und Fällungsreaktionen, DC, Arbeiten mit offener Flamme, Arbeiten mit dem Wasserbad.
- Spritzer auf der Haut sofort mit reichlich Wasser entfernen.
- Mit Chemikalien verschmutzte, benetzte und durchtränkte Kleidung sofort ausziehen und wechseln.

Beschäftigungsbeschränkung: ▪ Beschäftigungsverbot für Schwangere und Stillende.

Verhalten im Gefahrenfall

- Bei unbeabsichtigter Freisetzung Substanzkontakt vermeiden.
- Kontaminierte Kleidung entfernen.
- Zum Aufnehmen verschütteter Substanzen Schutzhandschuhe, Schutzbrille und Atemschutz tragen; Flüssigkeiten mit reichlich Wasser verdünnen und mit Papier oder Stofflappen aufnehmen; verschüttete Trockensubstanz trocken aufnehmen.
- Arbeitsbereich verlassen und ausreichend lüften.
- Diensthabenden Apotheker informieren.

Wichtige Telefonnummern

D*-Arzt-Ambulanz:
Betriebsarzt:
Brandfall:
Notfall:

Erste Hilfe

Im Notfall sofort ärztliche Hilfe anfordern!

Nach Hautkontakt: Kontaminierte Kleidung entfernen. Mit reichlich Wasser spülen und ggf. Haut anschließend mit Seife waschen. Ggf. Arzt rufen oder aufsuchen.

Nach Einatmen: Betroffenen aus dem Gefahrenbereich bringen. Frischluft zuführen (ans offene Fenster gehen und mehrmals tief durchatmen).

Nach Augenkontakt: Unter Schutz des unverletzten Auges zehn Minuten mit geöffnetem Lidspalt unter fließendem Wasser spülen. Ggf. Arzt aufsuchen.

Nach Verschlucken: Ausreichend Wasser trinken (nicht bei Bewusstlosigkeit!). Kein Erbrechen auslösen. Ggf. Arzt rufen oder aufsuchen. Angaben zum Gefahrstoff und den durchgeführten Maßnahmen machen.

Sachgerechte Entsorgung

Gefahrstoffe sind Sondermüll. Nicht in die Kanalisation einleiten. Bis zur Entsorgung in einem gekennzeichneten und verschlossenen Behälter aufbewahren. Kontaminierte Wegwerfartikel dicht verschlossen in den Hausmüll entsorgen.

* Durchgangsarzt

19.11 Prüfung der Ausgangsstoffe – Tätigkeiten mit umweltgefährlichen Stoffen

Die Betriebsanweisung zur Prüfung der Ausgangsstoffe bei Tätigkeiten mit umweltgefährlichen Stoffen ist Teil der Betriebsanweisung Nr. 10 „Herstellung von Rezepturarzneimitteln/Prüfung der Ausgangsstoffe – Tätigkeiten mit umweltgefährlichen Stoffe" (▸ Kap. 19.5).

20 Musterbetriebsanweisung Biologische Arbeitsstoffe

Betriebsanweisung nach § 12 BioStoffV für den Umgang mit

Biologischen Arbeitsstoffen

Hepatitis B und C, HIV

Arbeitsplatz/Bereich: Apotheke, Offizin
Tätigkeit: Durchführung der Blutuntersuchungen

Gefahren für Mensch und Umwelt

Infektionsgefahr durch Mikroorganismen und Viren durch:

- Schnitt- und Stichverletzungen mit verunreinigten Lanzetten
- Blut und Blutbestandteile, die auf kleinste Hautdefekte gelangen
- Spritzer virushaltigen Materials auf die Augenschleimhaut
- Kontakt viruskontaminierter Finger mit Augen und Mund

Schutzmaßnahmen und Verhaltensregeln

Arbeitsstätte

- Hygieneplan beachten
- Arbeitsmedizinische Untersuchung nach ArbMedVV durchführen lassen
- Impfungen gegen Hepatitis B

Im Arbeitsbereich

- Essen, Trinken und Rauchen am Messplatz nicht zulässig
- Keine Lebensmittel aufbewahren

Handschutz

- Keine Ringe/Schmuck u. ä. an Händen und Unterarmen tragen
- Verwendung von flüssigkeitsdichten Schutzhandschuhen, z. B. aus Latex (puderfrei)
- Umgehende Desinfektion von Hautstellen, die mit Blut in Berührung gekommen sind
- Nach Arbeitsende ist eine Händereinigung mit Seife und Handdesinfektion erforderlich
- Hautschutz und Hautpflege nach Hautschutzplan

Körperschutz

- Geschlossenen Kittel tragen
- Kontaminierte Kleidung sofort wechseln
- Verletzungen durch benutzte spitze oder scharfe Gegenstände vermeiden (sichere Arbeitsgeräte bei Punktionen verwenden)
- Vorsicht beim Aufheben heruntergefallener Punktierhilfen bzw. Lanzetten
- Versorgen und flüssigkeitsdichtes Abdecken von bereits vorhandenen – auch kleinsten – Verletzungen
- Gebrauchte Lanzetten und Teststreifen niemals offen transportieren sondern umgehend in durchstichsichere verschließbare Behälter geben

Beschäftigungsbeschränkung:

- Blutabnahme darf nur von Fachpersonal oder unterwiesenem Personal unter Aufsicht vorgenommen werden
- Beschäftigungsbeschränkung für Jugendliche und werdende und stillende Mütter beachten

Verhalten im Gefahrenfall

- Verunreinigte Schutzkleidung wechseln
- Arbeits- und kontaminierte Flächen sind entsprechend den Hygienevorschriften zu reinigen und zu desinfizieren

Wichtige Telefonnummern

D*-Arzt-Ambulanz:
Betriebsarzt:
Brandfall:
Notfall:

Erste Hilfe

Nach Hautkontakt bei unverletzter Haut ist die betroffene Hautpartie unter fließendem Wasser abzuspülen und mit virus- und bakterienwirksamen Mitteln zu desinfizieren.
Bei Schleimhautkontakt ist mit schleimhautverträglichem Desinfektionsmittel zu spülen.
Bei Stichverletzungen muss zunächst jemand zu Hilfe herbeigeholt werden.

▪ Verletzung	Blutung anregen (ohne zu quetschen), desinfizieren
▪ D-Arzt aufsuchen	Impfausweis vorlegen – davon abhängig Diagnostik bzw. Prophylaxe durchführen lassen. Abklärung der Kontaminationsquelle wegen nachfolgender Maßnahmen (serologische Kontrolle des Patienten durch den Arzt)
▪ Unfallbogen ausfüllen	Behandlungsschein/Unfallmeldebogen unbedingt aufheben!
▪ Nachkontrollen	Nach 2 und 6 Monaten beim D-Arzt oder beim Betriebsarzt vornehmen lassen
▪ Betriebsarzt informieren	

Sachgerechte Entsorgung

Lanzetten, benutzte Teststreifen/Testkassetten, Tupfer und Einmalhandschuhe umgehend in einem gekennzeichneten durchstichsicheren Behälter sammeln und mit dem Hausmüll entsorgen. Kontaminierte Arbeits- und Schutzkleidung ist entsprechend den Hygienevorschriften zu sammeln und zu reinigen.

* Durchgangsarzt

21 Hilfetexte für die Unterweisung der Mitarbeiter

Die folgenden Ausführungen können als Hilfestellung für die mündliche Unterrichtung der Mitarbeiter verwendet werden:

- Allgemeine Richtlinien für das Arbeiten mit Gefahrstoffen.
- Regeln für die Verwendung der Schutzkleidung.
- Unterweisung für Tätigkeiten mit ätzenden Stoffen.
- Unterweisung für Tätigkeiten mit entzündbaren Flüssigkeiten.
- Unterweisung für Tätigkeiten mit Stoffen mit akut toxischen und sonstigen gesundheitsgefährdenden Eigenschaften.
- Unterweisung für Tätigkeiten mit biologischen Arbeitsstoffen.

21.1 Allgemeine Richtlinien für das Arbeiten mit Gefahrstoffen

Im Sinne des vorbeugenden Arbeitsschutzes sind bei Arbeiten mit gefährlichen Stoffen folgende Basismaßnahmen einzuhalten, um Gefahren weitgehend auszuschließen:

- Am Arbeitsplatz nicht essen, trinken oder rauchen, auch keine Lebens- oder Genussmittel aufbewahren.
- Gründliche Reinigung der Hände nach der Arbeit oder vor Pausen.
- Am Arbeitsplatz nur Arbeitskleidung tragen, keine Straßen- oder Hauskleidung.
- Kontakt zwischen Gefahrstoff und Körper durch geeignete Schutzmaßnahmen vermeiden.
- Augen schützen.
- Gefahrstoffe immer in korrekt beschrifteten Behältnissen aufbewahren (Verwechslungsgefahr). Auch Bechergläser etc. mit Gefahrstoffen im Arbeitsgang sollte man mit Aufklebeschildchen versehen, wenn der Arbeitsplatz vorübergehend verlassen wird.
- Mit Gefahrstoffen besonders sorgfältig arbeiten und konzentriert „bei der Sache“ sein.
- Der korrekte Umgang mit Feuerlöschern muss beherrscht werden, d. h. die Gebrauchsanweisung sollte nicht erst im Brandfalle gelesen werden; Feuerlöscher nicht auf Menschen richten.
- Bei Arbeiten in Rezeptur und Labor Kopfschutz tragen, der die Haare umschließt.

- Flaschen mit Gefahrstoffen dürfen zum Transport nicht am Hals getragen, sondern müssen am Boden unterstützt werden.
- Werden Flüssigkeiten im Reagenzglas erhitzt, darf dieses maximal zu ¼ gefüllt sein und die Öffnung muss vom Menschen abgewandt werden.
- Tritt Gasgeruch auf, sofort Fenster öffnen und keine Zündquellen (auch elektrische Schalter) betätigen. Erst anschließend nach der Ursache suchen.
- Sollen mittels Pipetten Flüssigkeiten angesaugt werden, dann darf dies niemals mit dem Mund geschehen. Es sind geeignete Pipettierhilfen zu verwenden (z. B. Peleusball).
- Zur Entsorgung dürfen keine Stoffe gemischt werden, die zu unvorhersehbaren oder stark exothermen Reaktionen führen könnten. Es sind getrennte Abfallbehälter bereitzustellen (z. B. für Lösungsmittel, Säuren/Laugen und Gifte).

21.2 Regeln für die Verwendung von Schutzkleidung

21.2.1 Schutzhandschuhe

Bei der Auswahl ist zu berücksichtigen, dass nicht alle Handschuhmaterialien gleichermaßen geeignet sind. Entsprechende Empfehlungen werden bei den jeweiligen Stoffgruppen gegeben (soweit dies ermittelt werden konnte). Auch die Sicherheitsdatenblätter sollten entsprechende Empfehlungen enthalten. Die Handschuhe sind vor der Verwendung auf Risse zu überprüfen. Es sollten verschiedene Größen bereitgehalten werden.

Insbesondere beim Umgang mit ätzenden Substanzen in fester oder flüssiger Form und mit organischen Lösungsmitteln sollten unbedingt dafür zugelassene Handschuhe mit der entsprechenden Permeationsstabilität ausgewählt werden. Wertvolle Hinweise dazu findest man z. B. in der Informationsbroschüre „Chemikalienschutzhandschuhe“ der Deutschen Gesetzlichen Unfallversicherung, die man sich kostenlos unter http://publikationen.dguv.de/dguv/pdf/10002/i-868.pdf downloaden kann.

Für die Herstellung apothekenüblicher Rezepturen (Ausnahme Zytostatika) reichen aus pragmatischen Erwägungen heraus in den meisten Fällen die klassischen (möglichst latexfreien) Einmalhandschuhe aus, da das Permeationsvermögen der allermeisten Rezeptursubstanzen als gering einzuschätzen ist. Es ist aber dabei zu beachten, dass diese Untersuchungshandschuhe nicht für den Umgang mit Chemikalien zugelassen sind. Es liegt hier in der Verantwortung der Apothekenleitung, im Rahmen der Gefährdungsbeurteilung für besonders kritische Rezepturen die Benutzung spezieller Schutzhandschuhe, z. B. auf der Basis von Nitril-Kautschuk, festzulegen.

21.2.2 Augenschutz

Geeignet für den Apothekenbereich sind Schutzbrillen und ggf. Gesichtsschutzschirme. Da die Stoffe auch von der Seite her einwirken können, ist ein umfassender Augenschutz erforderlich. Bei der Auswahl sollte auch der Tragekomfort Berücksichtigung finden, denn wenn eine Brille drückt oder die gute Sicht behindert ist (Bildverzerrungen, Eintrübungen etc.), ist man geneigt, sie abzunehmen.

Feuchtigkeitsaustausch muss möglich sein, um ein Beschlagen zu verhindern. Auch bei Brillenträgern muss eine optimale Abdeckung des Augenraums gewährleistet sein. Durch entsprechende Wartung und Lagerung ist der Augenschutz in einwandfreiem Zustand zu halten:

- Nicht auf die Sichtscheiben legen, um Kratzer zu vermeiden.
- Scheiben zwischendurch mit Seifenwasser reinigen und mit einem weichen Tuch abtrocknen.

21.2.3 Labormantel

Der Labormantel muss langärmelig sein und darf nicht offen getragen werden. Er muss aus Baumwolle bestehen, da Kunstfasermaterial bei Brand mit der Haut verkleben und giftige Stoffe freisetzen kann.

21.2.4 Kopf- und Haarschutz

Dieser sollte aus dünnem, atmungsaktivem Material bestehen und die Haare komplett einschließen (Hygienemaßnahme Rezeptur, Schutz bei Arbeit an offenen Flammen).

21.2.5 Partikelfiltermasken

Zur Vermeidung inhalativer Belastungen sollten bei allen Arbeitsprozessen, bei denen gesundheitsgefährdende Stäube freigesetzt werden können (Abwägen, Verreiben, Kapseln befüllen usw.) für die Dauer dieser Arbeiten entsprechende Schutzmasken getragen werden. Ein einfacher Mundschutz aus Zellstofflagen, wie er z. B. im Rahmen ärztlicher Untersuchungen getragen wird, genügt nicht, da dieser nur als Hygieneschutz für das Produkt, aber nicht als Schutz vor inhalativen Stäuben dienen kann.

Empfohlen und praktisch erprobt sind Partikelfiltermasken mit der Filterdichte FFP2. Diese erlauben einen sicheren Arbeitseinsatz unter Bedingungen, die theoretisch eine bis zu 10fache Überschreitung von Partikelgrenzwerten aufweisen. Hier sollte jeder in der Rezeptur tätige Mitarbeiter eine ausschließlich persönlich zu benutzende Maske erhalten, die nach einer Gesamteinsatzdauer von maximal 8 h gewechselt werden sollte.

21.3 Unterweisung für Tätigkeiten mit ätzenden Stoffen

Die folgenden Texte können in Verbindung mit der Betriebsanweisung als Hilfestellung für die Unterweisung verwendet werden, sind aber an die jeweiligen betrieblichen Voraussetzungen anzupassen.

Säuren, Laugen und andere Ätzmittel sind in der Lage, Zelleiweiß zu denaturieren. Die Folge kann, je nach Konzentration und Einwirkzeit, von einer örtlichen Reizung (Entzündung) bis zur Gewebezerstörung von Haut oder Schleimhaut (Nekrose) reichen.

Laugenverätzungen haben eine Auflösung des Gewebes zur Folge und führen zu einer Kolliquationsnekrose, d. h. betroffenes Gewebe wird aufgelöst, und die Lauge kann in tiefere Schichten vordringen.

Säureverätzungen haben eine Koagulationsnekrose zur Folge. Es entsteht durch Eiweißfällung ein sog. „Ätzschorf", der ein weiteres Vordringen der Säure in tiefere Schichten zunächst verhindert. Bei weiterer Einwirkung löst sich dieser Schorf allerdings wieder auf.

21.3.1 Gefahren

Orale Aufnahme

Das Verschlucken von Laugen führt i. d. R. zur Verätzung der Speiseröhre (sie sind viskos und passieren diese nur langsam), im schlimmsten Fall zu deren Perforation. Nach der Abheilung bleibt Narbengewebe zurück. Im Magen erfolgt je nach Füllungszustand und pH-Wert eine teilweise oder vollständige Neutralisation.

Werden Säuren verschluckt, wird vor allem der Magen verätzt. Auch hier besteht neben der Gefahr von Blutungen und Nekrosen die Möglichkeit einer Perforation und damit des Übertrittes der Säure in den Bauchraum.

Benetzung des Auges

Besonders gefährdet sind die Augen, da eine Hornhautverätzung zu einer dauerhaften Trübung, Narbenbildung und im schlimmsten Falle zur Erblindung führen kann. Auch ein Verwachsen von Augapfel und Augenlid ist nach Laugenverätzungen beobachtet worden, was die freie Beweglichkeit des Auges einschränkt.

Schon wenige Spritzer eines Ätzmittels können zu einer Sehbehinderung durch Narbenbildung führen.

Eine Gefahr für die Augen geht nicht nur von den flüssigen Ätzmitteln aus, sondern auch von Feststoffen (Stäuben), die ihre Ätzwirkung durch Reaktion mit der Augenflüssigkeit entfalten. Auch die Dämpfe flüchtiger Stoffe (rauchende Säuren, konzentrierte Ammoniaklösung usw.) stellen eine Gefahr für die Schleimhäute des Auges dar.

Einatmen von Dämpfen

Eingeatmete Dämpfe reizen bzw. verätzen die Atemwege. Als Folge können Schleimhautschädigungen und Krämpfe der Bronchialmuskulatur entstehen. Besonders bei Mitarbeitern mit broncho-pulmonalen Vorerkrankungen kann dies bis zum lebensbedrohlichen Asthmaanfall führen.

21.3.2 Schutzmaßnahmen und Verhaltensregeln

Neben den in ▸Kap. 21.1 genannten „Allgemeinen Verhaltensregeln“ ist insbesondere zu beachten:

- Haut- und Schleimhautkontakt ist zu vermeiden. Dazu ist immer geeignete Schutzkleidung zu verwenden. Dies gilt auch für die Reinigung gebrauchter Gefäße sowie die Entfernung verschütteter Stoffe!
- Augenschutz tragen, der unbedingt auch **seitlich geschlossen** ist.
- Mit Stoffen, die Dämpfe freisetzen, wird im **eingeschalteten Abzug** gearbeitet. Im Anschluss ist ggf. für ausreichende Frischluftzufuhr zu sorgen. Dämpfe nicht einatmen.
- Um ein versehentliches Verschütten zu vermeiden, sollten die Gefäße nach Gebrauch sofort wieder verschlossen werden.
- Behältnisse mit ätzendem Inhalt, insbesondere Flüssigkeiten, **nicht über Augenhöhe** aufbewahren.
- Während des Verdünnens von Säuren und Laugen vorsichtig umrühren, um lokale Überhitzung zu vermeiden (exotherme Reaktion).
- Zum Verdünnen von Säuren (insbesondere Schwefelsäure) nicht das Wasser in die Säure gießen, sondern umgekehrt.
- Zum Erhitzen thermostabile Gefäße verwenden.

Geeignete Handschuhmaterialien

Säurebeständige Materialien: Am besten geeignet sind Handschuhe aus PVC oder dickem Naturkautschuk. Gummihandschuhe sind nicht gegenüber allen Säuren beständig.

Laugenbeständige Materialien: PVC sowie Gummi oder Naturkautschuk. PVC ist ebenso geeignet für Arbeiten mit Wasserstoffperoxid oder Silbernitratlösung und erweist sich als das geeignetste Material für Arbeiten mit verschiedenen Ätzgiften.

Übersicht dazu unter: http://publikationen.dguv.de/dguv/pdf/10002/i-868.pdf

21.3.3 Verhalten im Gefahrenfall – Erste Hilfe

Maßnahmen nach oraler Aufnahme von ätzenden Stoffen

Wichtigste Sofortmaßnahme ist die schluckweise Verdünnung mit möglichst viel Wasser. Bei Verätzungen des Mundes mit Wasser spülen.

Kein Erbrechen herbeiführen! Dies würde zu einer wiederholten Verätzung der Speiseröhre und des Mundes führen.

Die orale Aufnahme von konzentrierten Säuren und Laugen ist lebensgefährlich! (Die Letaldosen der starken Säuren und Laugen liegen in der Größenordnung von 20 ml!)

Neutralisation: Neutralisationen sind exotherme Reaktionen, die das vorgeschädigte Gewebe durch Hitzeeinwirkung weiter schädigen können. Eine Neutralisation von Säuren mittels Carbonaten kann durch CO_2-Entwicklung sogar ein Reißen des verletzten Magens verursachen und darf deshalb keinesfalls vorgenommen werden.

Maßnahmen nach Einatmen von ätzenden Stoffen

Flüchtige Säuren und Laugen können durch Einatmen die Atemwege reizen oder verätzen (Ammoniak, Essigsäure u. a.). Die Folge sind Schleimhautschädigungen und Krämpfe der Bronchialmuskulatur.

Auch eine Schädigung der Augen durch aufsteigende Dämpfe ist hier zu bedenken! Es ist für ausreichend Frischluftzufuhr zu sorgen.

Wenn möglich, soll Wasserdampf eingeatmet werden, um für eine Verdünnung der Säure bzw. Lauge zu sorgen.

Maßnahmen bei Hautkontakt mit ätzenden Stoffen

Benetzte Kleidung entfernen und mit möglichst viel Wasser abwaschen. Geschädigte Hautbereiche steril abdecken und Arzt hinzuziehen.

Maßnahmen bei Augenkontakt

Auge mit Daumen und Zeigefinger offen halten und mit reichlich Wasser mindestens zehn Minuten lang spülen. Dabei den Kopf des Verletzten so drehen, dass das andere Auge nicht benetzt wird. Anschließend unbedingt einen Augenarzt aufsuchen.

Zur Beachtung: Dem Spülen muss Vorrang vor anderen Maßnahmen gegeben werden! Ein Unterlassen kann Beeinträchtigung oder Verlust der Sehkraft bedeuten!

21.3.4 Entsorgung und Umweltschutz

Reststoffe werden in geeigneten Behältern bis zur Entsorgung gesammelt (Beispiel: Flusssäure greift Glas an; Kunststoff-Flaschen verwenden).

Säuren und Laugen können nach Maßgabe des Apothekenleiters vor der Entsorgung neutralisiert werden. Dies trägt dazu bei, die Gesamtmenge gefährlicher Reststoffe zu reduzieren. Alternativ können getrennte Abfallfraktionen (Abfall Säuren, Abfall Laugen) gebildet werden.

Das verwendete Gefäß unterliegt grundsätzlich der Kennzeichnungspflicht, wie sie innerbetrieblich auch für Vorratsbehältnisse angewendet wird (▸Kap. 11.4).

Da Abfallgemische keine genau definierte Zusammensetzung besitzen, empfiehlt sich aus Sicherheitsgründen folgende Kennzeichnung:

Abfall Säuren

Verursacht schwere Verätzungen der Haut und schwere Augenschäden. Kein Wasser einfüllen.

■ **WICHTIG** Gefahrstoffe sind Sondermüll. Sie dürfen nicht in die Kanalisation eingeleitet werden. Es sind die örtlichen Vorschriften zur Abfallentsorgung zu beachten. Je nach Abfallentsorgungssystem der jeweiligen Kommunen (individuelle Abfrage notwendig) ist es teilweise möglich, kleinere Flüssigkeitsmengen an Feststoffe/Granulate zu binden und diese der regulären Müllentsorgung zuzuführen.

21.4 Unterweisung für Tätigkeiten mit entzündbaren Flüssigkeiten

Die folgenden Texte können in Verbindung mit der Betriebsanweisung als Hilfestellung für die Unterweisung verwendet werden, sind aber erst an die jeweiligen betrieblichen Voraussetzungen anzupassen.

Brennbare Flüssigkeiten sind nicht nur dadurch gefährlich, dass sie sich entzünden lassen, sondern vor allem, weil sie Dämpfe freisetzen, die in Verbindung mit Luft entzündliche bzw. explosive Gemische bilden. Diese Dämpfe sind schwerer als Luft und befinden sich im Bodenbereich.

Genaueres zu den entzündbaren Flüssigkeiten findet sich in ▸Kap. 10.4

Zur Beachtung: Viele feuergefährliche Stoffe sind auch akut toxisch oder in anderer Weise gesundheitsgefährdend, weswegen sie im Zusammenhang mit der *Unterweisung über Giftstoffe* zu sehen sind. Die hier geschilderten Gefahren beziehen sich nur auf ihre feuergefährliche Eigenschaft!

21.4.1 Schutzmaßnahmen und Verhaltensregeln

- Feuergefährliche Stoffe, insbesondere brennbare Flüssigkeiten, in dicht verschlossenen Behältnissen kühl und trocken lagern.
- Von Zündquellen fernhalten, nicht rauchen.
- Auch das Umfüllen darf nicht in Räumen erfolgen, die eine Zündquelle aufweisen.
- Arbeiten mit brennbaren Stoffen sind im eingeschalteten Abzug durchzuführen. An Arbeitsplätzen dürfen die feuergefährlichen Stoffe nur in einer Menge aufbewahrt werden, die für den Fortgang der Arbeit erforderlich ist.
- Um- und Abfüllarbeiten mit größeren Gefäßen, die nicht im Abzug möglich sind, werden im gut belüfteten Labor ausgeführt. Alle Zündquellen, auch versteckte, sind auszuschließen – Explosionsgefahr!

21.4.2 Verhalten im Gefahrenfall – Erste Hilfe

Verbrennungen

- Brennende Personen unter die Dusche stellen oder Brand mit Decken (vorzugsweise zugelassene Brandschutzdecken) ersticken. Keine Synthetikfaserdecken verwenden; diese setzen beim Brennen giftige Gase frei und verkleben mit der Haut!
- Verbrannte Hautstellen ausgiebig mit Wasser kühlen, bis die Schmerzen abklingen. Bei großflächigen Verbrennungen nasse Tücher verwenden.
- Leichte Verbrennungen können mit Brandgel behandelt werden.
- Brandwunden keimfrei abdecken (sterile Kompressen), es besteht Infektionsgefahr durch die geschädigten Hautstellen.
- Auf der Haut anhaftende Stoffe nicht entfernen.
- Bei großflächigen Verbrennungen besteht Schockgefahr. Überwachung des Patienten. Notarzt rufen.
- Je nach Schwere der Verbrennung ist ärztliche Hilfe in Anspruch zu nehmen.

Löschen von Bränden

- Brennende Stellen mit Sand abdecken oder Feuerlöscher verwenden. Brennende Substanzen in Gefäßen werden mit einem Uhrglas abgedeckt.
- Der Apothekenleiter hat dafür zu sorgen, dass das Personal mit der Handhabung der vorhandenen Feuerlöschgeräte vertraut ist und dass für den Brandfall ein Alarmplan erstellt wird.
- Die Gebrauchsanleitung des Feuerlöschers sollte bereits vor dem Ernstfall sorgfältig gelesen werden.
- Bei größeren Bränden unverzüglich die Feuerwehr benachrichtigen.

21.4.3 Entsorgung und Umweltschutz

- Reststoffe werden in gut verschließbaren Gefäßen bis zur Entsorgung gesammelt. Es ist aus Sicherheitsgründen einem unzerbrechlichen Gefäß (▸Kap. 10.4) der Vorzug zu geben.
- Die Aufbewahrung erfolgt im Vorrats- bzw. Lagerraum für brennbare Flüssigkeiten.
- Das verwendete Gefäß unterliegt der Kennzeichnungspflicht für Vorratsbehältnisse.
- Um Abfälle möglichst exakt kennzeichnen zu können und um unkalkulierbare Reaktionen der Substanzen untereinander zu vermeiden, empfiehlt sich die Bildung von Abfallfraktionen, z. B. Lösungsmittelreste – wasserfrei. Aufgrund der haut- und atemwegsreizenden und z. T. auch narkotischen Eigenschaften organischer Lösungsmittel

darf man sich hier auch bei der vereinfachten Kennzeichnung nicht nur auf die entzündbaren Eigenschaften beschränken.

Lösungsmittelreste
wasserfrei

Behälter dicht geschlossen halten.
Von Zündquellen fern halten – nicht rauchen.
Nicht in die Kanalisation gelangen lassen.

21.5 Unterweisung für Tätigkeiten mit akut toxischen Stoffen und solchen mit sonstigen gesundheitsgefährdenden Eigenschaften

21.5.1 Gefahren

Die folgenden Texte können in Verbindung mit der Betriebsanweisung als Hilfestellung für die Unterweisung verwendet werden, sind aber erst an die jeweiligen betrieblichen Voraussetzungen anzupassen.

Von zahlreichen Stoffen aus dem Apothekenlabor geht eine Gesundheitsgefährdung aus. Die Vergiftungen können folgendermaßen entstehen:

- Versehentliches Verschlucken.
- Hautkontakt bei Stoffen, die über die Haut aufgenommen werden können.
- Einatmen.

Je nach Art des Stoffes kann es sich um *akute* oder *chronische* Toxizität handeln. Näheres ist den Sicherheitsdatenblättern zu den jeweiligen Stoffen zu entnehmen. Auch die Hinweise auf dem Vorratsgefäß signalisieren die Art der Gefährdung.

Die Vergiftungssymptome sind sehr vielfältig. Sie reichen von Übelkeit, Erbrechen, Leibschmerzen, Kopfschmerzen, Krämpfen, Schwindel, Schweißausbrüchen, Kreislaufstörungen bis hin zu Schock, Koma, Tod.

Ernsthafte Gesundheitsschäden gehen neben den Gefahren der akuten Toxizität auch vor allem von den Stoffen aus, die schwerwiegende Organschäden hervorrufen können oder als CMR-Stoffe eingestuft sind.

21.5.2 Schutzmaßnahmen und Verhaltensregeln

Vor der Arbeit mit diesen Stoffen sollten die von ihnen ausgehenden Gefahren sowie die Sicherheitshinweise für die einzelnen Stoffe anhand der H- und P-Sätze oder der Sicherheitsdatenblätter in Erfahrung gebracht werden.

Insbesondere ist zu beachten:

- Kontakt mit Augen und Haut vermeiden. Dazu Schutzhandschuhe und eine seitlich geschlossene Schutzbrille tragen.
- Bei Flüssigkeiten auf geeignetes Handschuhmaterial achten!
- Entstehende Stäube nicht einatmen.
- Beim Umgang mit Substanzen, die Stäube oder Dämpfe freisetzen, muss im eingeschalteten Abzug gearbeitet werden.
- Nach der Arbeit und vor einer Pause sind die Hände gründlich zu reinigen, um eine versehentliche Aufnahme zu vermeiden.

21.5.3 Verhalten im Gefahrenfall – Erste Hilfe

Wichtigste Aufgabe des Ersthelfers ist es, das Gift so *schnell wie möglich* zu entfernen. Die Maßnahmen hängen von der Art der Giftaufnahme ab:

- Verschlucken,
- Hautkontakt,
- Augenkontakt,
- Einatmen.

Giftentfernung nach Verschlucken

Bei allen oralen Vergiftungen steht im Rahmen der Ersten Hilfe überlegtes Handeln und das Vermeiden übereilter Maßnahmen im Mittelpunkt.

Dies bedeutet konkret:

- Kein Erbrechen auslösen. Wenn Erbrechen spontan auftritt, dann Betroffenen halten und unterstützen.
- Kein Salzwasser zu trinken geben.
- Keine Milch zu trinken geben.

Es empfiehlt sich, umgehend die regional zuständige Giftnotrufzentrale anzurufen und den Hinweisen der erfahrenen Mitarbeiter zu folgen.

Wichtig sind dabei folgende Informationen:

- **Wer** hat sich vergiftet (Alter, Geschlecht, Körpergewicht)?
- **Was** hat er zu sich genommen (genauen Produktnamen/Substanznamen) angeben?
- **Wie viel** hat er zu sich genommen?
- **Wann** trat der Vergiftungsfall ein?
- Was wurde bisher getan und wie geht es dem Betroffenen?

Der Betroffene sollte ruhig gelagert werden und mit neutralen Getränken (Wasser, Tee) versorgt werden.

Notfallbehandlungen zur Bindung und Ausschleusung der Giftstoffe ggf. mit Medizinischer Kohle sollten nur in Absprache mit dem Fachpersonal der Giftinformationszentren erfolgen.

Dosierung und Vorgehensweise bei der Kohlegabe
Es muss ein deutlicher Überschuss zur aufgenommenen Giftmenge verabreicht werden. 50 bis 100 Gramm sind in den meisten Fällen ausreichend. Als Faustregel kann ein Gewicht von 5 Gramm pro Esslöffel dienen. Nicht unterdosieren, medizinische Kohle hat keine giftigen Nebenwirkungen! Die Kohle wird in einem Glas Wasser angerührt und schluckweise verabreicht.

Qualität der Aktivkohle: Es ist in jedem Falle dem Pulver der Vorzug zu geben. Granulate und Tabletten besitzen eine wesentlich geringere Bindekraft. Laut ApBetrO (§ 15 Abs. 1 Nr. 7) muss in jeder Apotheke im Notfallsortiment auch Medizinische Kohle bereitgehalten werden. Alle Mitarbeiter sind davon zu unterrichten, wo sich diese Medikamente befinden.

Die Kohle sollte in dicht verschlossenen Gefäßen aufbewahrt werden, da sie an der Luft an Adsorptionsfähigkeit einbüßt. Erst kurz vor Gebrauch erfolgt ein Anrühren mit Wasser.

Kontraindikation: Bei Verätzungen mit Mineralsäuren und Laugen darf keine Aktivkohle verabreicht werden, da diese ohnehin nicht adsorbiert werden, aber die Verätzung verdeckt und die Gefahren verschleiert werden. Auch jegliche Neutralisationsversuche sollten auf jeden Fall unterbleiben.

Giftentfernung nach Hautkontakt
Kontaminierte Kleidungsstücke entfernen und die betroffenen Hautstellen mit reichlich Wasser mehrere Minuten lang spülen. Schlecht wasserlösliche Substanzen (z. B. organische Lösungsmittel) werden mit Wasser und Seife abgewaschen oder zuvor mit einer Kompresse abgetupft.

Giftentfernung nach Augenkontakt
Auge mit Daumen und Zeigefinger offen halten und mit reichlich Wasser mindestens zehn Minuten lang spülen. Dabei den Kopf des Verletzten so drehen, dass das andere Auge nicht benetzt wird. Anschließend unbedingt einen Augenarzt aufsuchen.

Zur Beachtung: Dem Spülen muss Vorrang vor anderen Maßnahmen gegeben werden! Ein Unterlassen kann Beeinträchtigung oder Verlust der Sehkraft bedeuten!

21.5.4 Entsorgung und Umweltschutz
Reststoffe werden in dicht verschlossenen Behältern bis zur Entsorgung gesammelt. Die Aufbewahrung muss unter Verschluss oder so erfolgen, sodass nur sachkundige Personen Zugang haben. Um die Gefahr gering zu halten, sollte keine zu großen Abfallmengen angesammelt werden. Das verwendete Gefäß unterliegt nach TRGS 201 der Kennzeichnungspflicht bei Tätigkeiten mit ortsbeweglichen Behältern für Gefahrstoffe.

Eine mögliche Kennzeichnung eines Abfallbehälters für Reste giftiger Feststoffe wird in folgender Abbildung dargestellt:

■ **WICHTIG** Gefahrstoffe sind Sondermüll. Sie dürfen nicht in die Kanalisation eingeleitet werden. Es sind die örtlichen Vorschriften zur Abfallentsorgung zu beachten. Je nach Abfallentsorgungssystem der jeweiligen Kommunen (individuelle Abfrage notwendig) ist es teilweise möglich, kleinere Gefahrstoffmengen an Feststoffe/Granulate zu binden und diese der regulären Müllentsorgung zuzuführen.

Teil F
Für den Notfall

22 Wichtige Adressen und Rufnummern

Ärzte in der Nähe der Apotheke

Arzt für Allgemeinmedizin

Name

Adresse Tel.

Internist

Name

Adresse Tel.

Nächstgelegene Giftnotrufzentrale

Name

Adresse Tel.

Nächstgelegenes Krankenhaus

Name

Adresse Tel.

Rettungsleitstelle

Name

Adresse Tel.

23 Notfallarzneimittel

Auf der Basis von § 15 (Vorratshaltung) der ApBetrO (zuletzt geändert am 19.02.2013) müssen in jeder Apotheke bestimmte Notfallarzneimittel vorrätig gehalten oder – im Falle von speziellen Antiseren – aus den zentralen Notfalldepots zeitnah beschafft werden können.

§ 15 Abs. 1 ApBetrO
Der Apothekenleiter hat die Arzneimittel und apothekenpflichtigen Medizinprodukte, die zur Sicherstellung einer ordnungsgemäßen Arzneimittelversorgung der Bevölkerung notwendig sind, in einer Menge vorrätig zu halten, die mindestens dem durchschnittlichen Bedarf für eine Woche entspricht. Darüber hinaus sind in der Apotheke vorrätig zu halten:

1. Analgetika,
2. Betäubungsmittel, darunter Opioide zur Injektion sowie zum Einnehmen mit unmittelbarer Wirkstofffreisetzung und mit veränderter Wirkstofffreisetzung,
3. Glucocorticosteroide zur Injektion,
4. Antihistaminika zur Injektion,
5. Glucocorticoide zur Inhalation zur Behandlung von Rauchgas-Intoxikationen,
6. Antischaum-Mittel zur Behandlung von Tensid-Intoxikationen,
7. medizinische Kohle, 50 Gramm Pulver zur Herstellung einer Suspension,
8. Tetanus-Impfstoff,
9. Tetanus-Hyperimmun-Globulin 250 I. E.,
10. Epinephrin zur Injektion,
11. 0,9 Prozent Kochsalzlösung zur Injektion,
12. Verbandstoffe, Einwegspritzen und -kanülen, Katheter, Überleitungsgeräte für Infusionen sowie Produkte zur Blutzuckerbestimmung.

Welche Handelspräparate jeweils bereitgehalten werden, entscheidet die Apothekenleitung. Die Menge muss ausreichend sein, um eine unmittelbare Erstversorgung zu gewährleisten, eine Weiterbehandlung dürfte danach ohnehin in einer Klinik erfolgen. Die Landesapothekerkammern stellen den Apotheken ein Merkblatt zur Verfügung, das Empfehlungen für geeignete Handelspräparate und zusätzliche Kurzinformationen zur Anwendung, Dosierung etc. enthält; dieses muss für alle Mitarbeiter einsehbar aufbewahrt werden.

23.1 Ergänzendes Merkblatt zu §15 Absatz 1 Apothekenbetriebsordnung – Notfallsortiment

Tab. 23.1 Ergänzendes Merkblatt zu §15 Absatz 1 Apothekenbetriebsordnung – Notfallsortiment

§15 ApBetrO Abs. 1	Beispiele für Arzneistoffe und Handelspräparate	Anmerkungen
1. Analgetika	Nicht-Opioidanalgetika sowie niederpotente Opioidanalgetika in peroraler Darreichungsform, wie z. B. Paracetamol, Ibuprofen, Metamizol, Tramadol, Tilidin/Naloxon oder Dihydrocodein	Je eine Packung (N1/N2, 10–20 St.) von z. B. Paracetamol (500 mg), Ibuprofen (600 mg), Metamizol (500 mg) und Tramadol (50 mg)
2. Betäubungsmittel, darunter ▪ Opioide zur Injektion; ▪ Opioide zum Einnehmen mit unmittelbarer Wirkstofffreisetzung; ▪ Opioide zum Einnehmen mit veränderter Wirkstofffreisetzung	z. B. Morphin 10 mg/ml 5 Ampullen; z. B. Oramorph® 10 EDB Trinkampullen oder Morphin Merck 2 % Tropfen (50 ml) oder Sevredol® 10 mg 20 Filmtabletten; z. B. Morphin 10 mg 20 Retardtabletten/-kapseln	▪ Applikationsform und Dosierung werden individuell gewählt ▪ Applikationsintervall und Tageshöchstdosis sowie BtMVV sind zu beachten
3. Glucocorticosteroide zur Injektion	z. B. Methylprednisolon (z. B. Urbason® solubile 250 mg 1 Amp.) oder Prednisolon (z. B. Solu-Decortin® H 250 mg 1 Inj.-Fl.)	Methylprednisolon-Dosierung: ▪ Bei akut lebensbedrohlichen Zuständen: 250–1 000 mg ▪ Bei anaphylaktischem Schock: 250–500 mg ▪ Bei schwerem Asthmaanfall: 250–500 mg Prednisolon-Dosierung: ▪ Bei anaphylaktischem Schock: 1 000 mg ▪ Bei schwerem Asthmaanfall: 100–500 mg
4. Antihistaminika zur Injektion	z. B. Dimetinden (z. B. Fenistil®) oder Clemastin (z. B. Tavegil®) Injektionslösung (5 Ampullen)	▪ Intravenöse H_1-Antihistaminika zur Akuttherapie schwerer allergischer bzw. anaphylaktischer Reaktionen (nach Epinephrin) ▪ Dosierung: 1 Ampulle i. v.

Tab. 23.1 Ergänzendes Merkblatt zu § 15 Absatz 1 Apothekenbetriebsordnung – Notfallsortiment (Fortsetzung)

§ 15 ApBetrO Abs. 1	Beispiele für Arzneistoffe und Handelspräparate	Anmerkungen
5. Glucocorticoide zur Inhalation zur Behandlung von Rauchgas-Intoxikationen	1 Dos.-Aerosol Ventolair® oder Junik® oder Beclometason-CT oder ratiopharm® oder anderes	400 µg Beclometasondipropionat unmittelbar nach Rauchgasexposition. Wiederholte Gabe möglich. Nach Ablauf von weiteren 2 h erneut 400 µg. Bei weiterhin auftretenden Symptomen (Husten, Dyspnoe) Fortsetzung der Therapie mit 400 µg alle 2 Stunden bis zum Abklingen der Beschwerden
6. Antischaum-Mittel zur Behandlung von Tensid-Intoxikationen	z. B. Lefax® Pump-Liquid 1 × 50 ml oder sab simplex® Suspension 1 × 30 ml oder Espumisan® Emulsion 1 × 30 ml	▪ Entschäumer zerstört durch Antitensidwirkung physikalisch Schaum ▪ Dosierung, nach Schwere der Vergiftung: sab simplex®: mindestens 5 ml Lefax® bzw. Espumisan®: Erwachsene 10–20 ml, Kinder 2,510 ml
7. Medizinische Kohle, 50 Gramm Pulver zur Herstellung einer Suspension	Ultracarbon® Granulat oder Kohle pulvis 1 × 50 g oder entsprechende Menge Kohle-Suspension 15 % (m/V) NRF 19.5. (für Kleinkinder)	▪ Kohle sollte möglichst frühzeitig gegeben werden ▪ Dosierung: Erwachsene: 25–100 g, Kinder: 0,5–1 g/kg KG ▪ Anschließend kann ein Laxans, z. B. Natriumsulfat-Decahydrat (ca. 20 g), gegeben werden. ▪ Kohletabletten sind aufgrund der Ergänzung „Pulver zur Herstellung einer Suspension" nicht mehr geeignet ▪ Kohle-Suspension nach NRF 19.5. als gebrauchsfertige, sterilisierte Rezeptur (für Kleinkinder)
8. Tetanus Impfstoff	1 Fertigspritze Tetanol® pur oder Tetanus-Impfstoff Mérieux®	Impfstoff zur aktiven Tetanus-Immunisierung; zur Tetanus-Prophylaxe im Verletzungsfall
9. Tetanus-Hyperimmun-Globulin 250 I. E.	z. B. Tetagam® P 1 Fertigspritze	Immunglobulin zur passiven Tetanus-Immunisierung; zur Prophylaxe bei nicht oder unvollständig immunisierten Frischverletzten sowie zur Therapie des klinisch manifesten Tetanus

Tab. 23.1 Ergänzendes Merkblatt zu § 15 Absatz 1 Apothekenbetriebsordnung – Notfallsortiment (Fortsetzung)

§ 15 ApBetrO Abs. 1	Beispiele für Arzneistoffe und Handelspräparate	Anmerkungen

10. Epinephrin zur Injektion	Epinephrin-Lösung 1 : 1 000 (z. B. Suprarenin® Ampullen) 5 St.	■ Aufbewahrung im Kühlschrank, vor Licht geschützt
		■ Epinephrin (Adrenalin) beim anaphylaktischen Schock als erste Maßnahme, Dosierung:
		  ■ i. m.: bei Erwachsenen 0,3–0,5 ml der unverdünnten (1 mg/ml) Lösung; Wiederholung bei Bedarf
		  ■ i. v.: 1 ml Epinephrin-Lösung (1 : 1 000) wird mit 9 ml 0,9 % NaCl Lösung auf 10 ml verdünnt; von dieser verdünnten (0,1 mg/ml) Lösung wird bei Erwachsenen 1 ml langsam i. v. appliziert; wiederholte Applikationen unter minütlicher Kreislauf-und Pulskontrolle (cave: Herzrhythmusstörungen); sind möglich

11. 0,9 % Kochsalzlösung zur Injektion	z. B. 10 ml Ampullen 0,9 % NaCl	Zur Verdünnung von Epinephrin zur i. v.-Injektion
12. Verbandstoffe, Einwegspritzen und kanülen, Katheter, Überleitungsgeräte für Infusionen sowie Produkte zur Blutzuckerbestimmung	Diverse	Übliche Verbandstoffe zur Akutversorgung z. B. ■ 1, 2, 5 und 10 ml Einwegspritzen ■ Einmalkanülen zur i. m.- und i. v.-Injektion ■ Katheter (Def.: röhren- oder schlauchförmige Instrumente zum Einführen in Hohlorgane oder Gefäße wie Blasen- oder (zentrale) Venenkatheter. Die Interpretation des Begriffs als peripherer Venenkatheter (PVK, Venenverweilkanüle) ist naheliegend): Die Auswahl an verfügbaren Medizinprodukten ist groß (z. B. Vasofix® Braunüle®). Dazu passend ist ein Infusionsbesteck (als Überleitungsgeräte für Infusionen) Hilfsmittelpositionsnummer 03.99.08.0 (Infusionsbestecke zur Schwerkraftapplikation) auszuwählen (z. B. Intrafix® Air P). ■ Produkte zur Blutzuckerbestimmung: Eine aktuelle Übersicht über Blutzuckermessgeräte findet sich z. B. auf dem Diabetes-Portal DiabSite. Ein übliches Blutzuckermessgerät inkl. Teststreifen und Stechhilfe sollten den Anforderungen genügen.

Die aufgeführten Präparate sind Beispiele, die einen Kompromiss zwischen Notwendigkeit und Praktikabilität bezüglich Menge, Packungsgröße und Lagerstabilität für die öffentliche Apotheke darstellen. Falls nichts anderes angegeben, beziehen sich Angaben zur Dosierung auf Erwachsene.

Es empfiehlt sich, diese Arzneimittel gesammelt an einem besonderen Ort (z. B. Lagerort „Notfallarzneimittel") aufzubewahren und alle Mitarbeiter darüber zu informieren, wo sich dieser befindet. Alternativ bietet sich eine tabellarische Übersicht zu den Lagerorten der einzelnen Bestandteile des Notfallsortiments an (◘ Tab. 23.2)

In angemessenen Zeitabständen sollte eine Überprüfung hinsichtlich Vollständigkeit und Haltbarkeit erfolgen.

◘ Tab. 23.2 kann dabei behilflich sein, diese Notfallarzneimittel zu „pflegen".

Darüber hinaus haben die Apotheken die Aufgabe, eine Reihe von lebensrettenden Sera, Impfstoffen usw. für dringende Notfälle bereitzustellen.

§ 15 Abs. 2 ApBetrO

(1) Der Apothekenleiter muss sicherstellen, dass die Arzneimittel mit folgenden Wirkstoffen entweder in der Apotheke vorrätig gehalten werden oder kurzfristig beschafft werden können:

1. Botulismus-Antitoxin vom Pferd,
2. Diphtherie-Antitoxin vom Pferd,
3. Schlangengift-Immunserum, polyvalent, Europa,
4. Tollwut-Impfstoff,
5. Tollwut-Immunglobulin,
6. Varizella-Zoster-Immunglobulin,
7. C1-Esterase-Inhibitor,
8. Hepatitis-B-Immunglobulin,
9. Hepatitis-B-Impfstoff,
10. Digitalis-Antitoxin,
11. Opioide in transdermaler und in transmucosaler Darreichungsform.

Diese brauchen nicht von jeder einzelnen Apotheke vorrätig gehalten werden, müssen aber kurzfristig beschaffbar sein. Deshalb haben die Landesapothekerkammern Notfalldepots eingerichtet. Sie befinden sich in Krankenhäusern, sodass ein Zugriff rund um die Uhr möglich ist.

Telefonnummern und Adressen der nächstgelegenen Notfalldepots müssen in der Apotheke an gut sichtbarer Stelle angebracht sein.

■ **WICHTIG** Alle im Kundenverkehr tätigen Mitarbeiter sollten wissen, welche Arzneimittel sich in den Notfalldepots befinden, sodass im Bedarfsfall schnell gehandelt werden kann und man nicht erst eine Bestellung beim Großhändler vornimmt. Dazu ist es empfehlenswert, einen entsprechenden Aushang gut sichtbar anzubringen.

23.2 Vorgehensweise zur Entnahme eines Arzneimittels

Nachdem ein entsprechendes Rezept vorgelegt wurde, kann die Apotheke das gewünschte Arzneimittel abholen und dem Patienten übergeben. Die Arzneikosten werden mit dem Patienten bzw. dessen Krankenkasse abgerechnet.

Die Apotheke ist für den Vorgang verantwortlich und hat auch die Aufzeichnungen nach dem Transfusionsgesetz zu machen.

Da es sich um apothekenpflichtige Arzneimittel handelt, ist es nicht gestattet, den Kunden selbst zur Abholung zu veranlassen.

Die folgende Mustertabelle eignete sich zum betriebsinternen Management des kompletten Notfallsortiments in der Apotheke auch im Rahmen von Qualitätsdokumentationsmaßnahmen (◻ Tab. 23.2).

◻ **Tab. 23.2** Mustertabelle – Notfallsortiment in der Apotheke

Lagerort(e) und Bestandspflege der Notfallarzneimittel und des sonstigen Notfallsortiments in der Apotheke					
	Vorhandenes Präparat	**Lagerort**	**Verwendbar bis**	**Geprüft am**	**Namenszeichen**
1. Analgetika					
2.1 Opioide zur Injektion					
2.2 Opioide zum Einnehmen.					
2.3 Opioide zum Einnehmen mit veränderter Wirkstofffreisetzung					
3. Glucocorticoide zur Injektion					
4. Antihistaminika zur Injektion					
5. Glucocorticoide zur Inhalation					
6. Antischaummittel					
7. Medizinische Kohle, 50 g Pulver					
8. Tetanus-Impfstoff					
9. Tetanus-Hyperimmun-Globulin 250 I. E.					
10. Epinephrin zur Injektion.					
11. 0,9%ige Kochsalzlösung zur Injektion					
12.1 Verbandstoffe					
12.2 Einwegspritzen					
12.3 Einwegkanülen					
12.4 Katheter					
12.5 Überleitungsgeräte für Infusionen					
12.6 Produkte zur Blutzuckerbestimmung					

Teil G Anhang

Übersicht der Anhänge

Anhang-Nr.	Inhalt und Zweck	Bezug zum Textteil
Nr. 1 und 2	Es handelt sich um „Endverbleibserklärungen" für die Dokumentation der Abgabe von Chemikalien, die der „Grundstoffüberwachung" (illegale Drogensynthese) unterstehen	▸Kap. 9.10
Nr. 3 und 4	Allgemeine Schutzmaßnahmen, Mindeststandards für jegliche Tätigkeit mit gefährlichen Stoffen in der Apotheke	▸Kap. 14.3.3
Nr. 5 und 6	Rezepturstandards auf der Basis des „alten" Gefahrstoffrechts, übergangsweise anwendbar bis 01.06.2015	▸Kap. 14.3.3
Nr. 7	Rezepturstandard „neu" auf der Basis der EG-CLP-VO	▸Kap. 14.3.3
Nr. 8	Musterformular „leer" für Gefährdungsbeurteilungen auf der Basis des „alten" Gefahrstoffrechts, übergangsweise anwendbar bis 01.06.2015	▸Kap. 14.3.3
Nr. 9	Beispiel für ein ausgefülltes Formular: Gefährdungsbeurteilung der Herstellung halbfester Zubereitungen im geschlossenen System auf der Basis des „alten" Gefahrstoffrechts, übergangsweise anwendbar bis 01.06.2015	▸Kap. 14.3.3
Nr. 10	Musterformular „leer" für Gefährdungsbeurteilungen auf Basis der EG-CLP-VO	▸Kap. 14.3.3
Nr. 11	Beispiel für ein ausgefülltes Formular: Gefährdungsbeurteilung der Herstellung halbfester Zubereitungen im geschlossenen System auf Basis der EG-CLP-VO	▸Kap. 14.3.3
Nr. 12 und 13	Musterformular „leer" und Beispiel für ein ausgefülltes Formular des Explosionsschutzdokuments auf der Basis des „alten" Gefahrstoffrechts, übergangsweise anwendbar bis 01.06.2015	▸Kap. 15.3
Nr. 14 und 15	Musterformular „leer" und Beispiel für ein ausgefülltes Formular des Explosionsschutzdokuments auf Basis der EG-CLP-VO	▸Kap. 15.3
Nr. 16 und 17	Musterformular „leer" und Beispiel für ein ausgefülltes Formular der Gefährdungsbeurteilung für Blutuntersuchungen in der Apotheke auf der Basis der BioStoffV	▸Kap. 14.3.4
Nr. 18	Musterformular für eine Empfangsbestätigung bei der Abgabe von Gefahrstoffen	▸Kap. 9.6

Anhang-Nr.	Inhalt und Zweck	Bezug zum Textteil
Nr. 19	Musterformular für die Bestätigung der Unterweisung der Mitarbeiter	▶Kap. 14.5
Nr. 20	Musterformular für die Pflichtenübertragung bei der Erstellung der Gefährdungsbeurteilungen	▶Kap. 14.3.5
Nr. 21	Musterformular für die Pflichtenübertragung bei der Erstellung der Gefährdungsbeurteilung für Blutuntersuchungen in der Apotheke auf der Basis der BioStoffV	▶Kap. 14.3.5

Die Anhänge Nr. 3–17 und Nr. 20–21 basieren auf den Handlungshilfen der Bundesapothekerkammer (Empfehlungen der BAK zu Arbeitsschutzmaßnahmen), bearbeitet von Frau Peggy Ahl.

Die Handlungshilfen stehen unter http://www.abda.de/arbeitsschutzmassnahmen.html als Download zur Verfügung.

A1: Formular Endverbleibserklärung für einmalige Vorgänge

Erklärung des Kunden über den (die) genauen Verwendungszweck(e) des erfassten Stoffes der Kategorie 1 oder 2 (einmaliger Vorgang)

Ich/Wir

Name: ____________________

Anschrift ____________________

Genehmigungs-/Erlaubnis-/Registrierungskennzeichen ____________________
(Nichtzutreffendes streichen)

ausgestellt am ____________ von ____________________
(Name und Anschrift der Behörde)

und unbefristet gültig/gültig bis ____________________

____
(Nichtzutreffendes streichen)

habe(n) bei

Name: ____________________

Anschrift ____________________

den folgenden Stoff bestellt:

Stoffbezeichnung ____________________

____

KN-Code ____________ Menge ____________________

Der Stoff wird ausschließlich verwendet für ____________________

____

Ich/Wir bestätige(n), dass der vorstehend genannte Stoff nur unter der Bedingung weiterverkauft oder anderweitig an einen weiteren Kunden geliefert wird, dass dieser eine diesem Muster entsprechende Erklärung über den Verwendungszweck oder für die Stoffe der Kategorie 2 eine Erklärung über mehrmalige Vorgänge abgibt.

Unterschrift ____________________ Name ____________________
(in Blockschrift)

Stellung im Unternehmen: ____________ Datum ____________________

A2: Formular Endverbleibserklärung für mehrmalige Vorgänge

Erklärung des Kunden über den (die) genauen Verwendungszweck(e) des erfassten Stoffes der Kategorie 2 (mehrmaliger Vorgang)

Ich/Wir

Name: ______________________________

Anschrift ______________________________

Registrierungskennzeichen ______________________________
(Nichtzutreffendes streichen)

ausgestellt am ____________ von ______________________________
(Name und Anschrift der Behörde)

und unbefristet gültig/gültig bis ______________________________

____
(Nichtzutreffendes streichen)

beabsichtige(n) bei

Name: ______________________________

Anschrift ______________________________

den folgenden Stoff zu bestellen:

Stoffbezeichnung ______________________________

____

KN-Code __________________ Menge ______________________________

Der Stoff wird ausschließlich verwendet für ______________________________

____

Ich/Wir bestätige(n), dass der vorstehend genannte Stoff nur unter der Bedingung weiterverkauft oder anderweitig an einen weiteren Kunden geliefert wird, dass dieser eine ähnliche Erklärung über den Verwendungszweck oder eine Erklärung über einmalige Vorgänge abgibt.

Unterschrift ______________________________ Name ______________________________
(in Blockschrift)

Stellung im Unternehmen: __________________ Datum ______________________________

A3: Allgemeine Maßnahmen der Schutzstufe 1 (alt)

Information und Kennzeichnung

- Die Ausgangsstoffe werden ordnungsgemäß und übersichtlich geordnet aufbewahrt.
- Die Ausgangsstoffe werden gemäß ApBetrO und nach Gefahrstoffrecht eindeutig gekennzeichnet.
- Das Gefahrstoffverzeichnis wird mind. einmal jährlich und bei Verwendung neuer Substanzen aktualisiert.
- Die Sicherheitsdatenblätter der Ausgangsstoffe stehen zur Einsicht zur Verfügung.
- Die Betriebsanweisungen sowie die Liste der Giftinformationszentren stehen schriftlich zur Verfügung.
- Die Arbeitnehmer werden über die Gefahren und Schutzmaßnahmen anhand der Betriebsanweisung mind. einmal jährlich unterrichtet.

Arbeitsplatz

- Trittsichere Fußböden und leicht zu reinigende Oberflächen sind im Arbeitsbereich vorhanden.
- Eine ausreichende Lüftung im Arbeitsbereich ist möglich.
- Der Arbeitsplatz ist aufgeräumt, die Gerätschaften werden sauber aufbewahrt.
- Der Arbeitsplatz wird unverzüglich nach der Tätigkeit mit geeigneten Methoden, z. B. tensidhaltiger Reinigungslösung, und möglichst ohne Staubbelastung gereinigt.
- Ein Hautschutzplan (Hautgefährdung, richtige Anwendung der zur Verfügung gestellten Hautreinigungs- und Hautpflegemittel) wird vom Arbeitgeber erstellt.
- Waschgelegenheiten mit Einmalhandtüchern, Hautreinigungsmitteln, Desinfektionsmitteln, Hautschutz- und Hautpflegemitteln sind vorhanden. Der Hautschutzplan wird an allen Waschgelegenheiten ausgehängt und während der Unterweisung erläutert.

Arbeitsverfahren

- Die standardisierten Herstellungsverfahren, z. B. des DAC/NRF, werden eingehalten.
- Die Leitlinien der Bundesapothekerkammer zur Qualitätssicherung werden eingehalten.
- Wenn möglich, werden Stammverreibungen bzw. Stammkonzentrate verwendet.
- Halbfeste Zubereitungen werden vorzugsweise in geschlossenen Systemen, wie Unguator oder Topitec, hergestellt.

Arbeitsorganisation

- Gefährliche Ausgangsstoffe werden nur in geringen Mengen im unmittelbaren Bereich der Tätigkeit aufbewahrt. Ätzende Flüssigkeiten werden nicht über Augenhöhe gelagert.
- Ungestörtes Arbeiten wird sichergestellt. Unterbrechungen und Störungen des Arbeitsprozesses werden weitgehend ausgeschlossen.
- Der Arbeitsplatz wird möglichst während der Tätigkeit nicht verlassen.
- Plötzliches Öffnen von Türen und Fenstern wird vermieden.
- Unterschiedliche Tätigkeiten mit verschiedenen gefährlichen Stoffen werden räumlich oder zeitlich getrennt durchgeführt. Dies bedeutet z. B., dass bei der Prüfung von Ausgangsstoffen im Labor nicht gleichzeitig eine Herstellung durchgeführt wird.
- Brennbare Flüssigkeiten werden grundsätzlich unter dem Abzug ab- oder umgefüllt.

Hygiene

- Essen, Trinken, Rauchen in den Herstellungsbereichen ist nicht gestattet.
- Nahrungsmittel werden außerhalb des Herstellungsbereichs aufbewahrt.
- Bei der Herstellung und Prüfung werden die Grundregeln der Hygiene eingehalten.
- Jeglicher Kontakt mit Gefahrstoffen wird weitgehend vermieden.
- Die persönliche Schutzausrüstung (Kittel, Schutzbrille, geeignete Schutzhandschuhe nach Maßgabe des Sicherheitsdatenblattes, ggf. Staubschutzmaske, Atemschutzmaske) wird bestimmungsgemäß verwendet. Der geschlossene Kittel gewährleistet den notwendigen Schutz.
- Die Grundregeln der persönlichen Hygiene werden eingehalten (Reinigung verschmutzter Körperstellen, Hände waschen vor dem Essen und Trinken, nach dem Toilettengang).
- Verschmutzte Arbeitskleidung wird gewechselt.

Reinigung/Entsorgung

- Verunreinigungen durch auslaufende oder verschüttete Arbeitsstoffe werden unverzüglich mit geeigneten Mitteln beseitigt.
- Arbeitsgeräte nach der Tätigkeit werden sorgsam von grober Verschmutzung (Rückstände von Arbeitsstoffen an den Gerätschaften, Behältern) befreit und zum Spülen gegeben; Hautkontakt wird vermieden.
- Abfälle und mit Gefahrstoffen verunreinigter Zellstoff/Papiertücher werden in bereitgestellten Behältern gesammelt und ordnungsgemäß entsorgt.

A4: Allgemeine Maßnahmen zur Hygiene und zum Arbeitsschutz (neu)

Information und Kennzeichnung

- Die Gefahrstoffe werden nach Gefahrstoffrecht eindeutig gekennzeichnet (Ausgangsstoffe entspr. ApBetrO).
- Gefahrstoffe werden in geeigneten, dicht schließenden Gefäßen aufbewahrt. Gefahrstoffe werden nicht in solchen Behältern aufbewahrt, durch deren Form oder Bezeichnung der Inhalt mit Lebensmitteln verwechselt werden kann.
- Die Gefahrstoffe (Ausgangsstoffe, Chemikalien, Reagenzien) werden ordnungsgemäß und übersichtlich geordnet aufbewahrt.
- Giftige und sehr giftige Gefahrstoffe sowie CMR-Stoffe Kat. 1A und 1B werden unter Verschluss aufbewahrt.
- Das Gefahrstoffverzeichnis wird mind. einmal jährlich und bei Verwendung neuer Substanzen aktualisiert.
- Die Sicherheitsdatenblätter der Gefahrstoffe stehen zur Einsicht zur Verfügung.
- Die Betriebsanweisungen sowie die Liste der Giftinformationszentren stehen schriftlich zur Verfügung.
- Die Arbeitnehmer werden über die Gefahren und Schutzmaßnahmen anhand der Betriebsanweisung mind. einmal jährlich unterrichtet.

Arbeitsplatz

- Trittsichere Fußböden und leicht zu reinigende Oberflächen sind im Arbeitsbereich vorhanden.
- Eine ausreichende Lüftung im Arbeitsbereich ist möglich.
- Der Arbeitsplatz ist aufgeräumt, die Gerätschaften werden sauber aufbewahrt.
- Der Arbeitsplatz wird unverzüglich nach der Tätigkeit mit geeigneten Methoden, z. B. tensidhaltiger Reinigungslösung, und möglichst ohne Staubbelastung gereinigt.
- Waschgelegenheiten mit Einmalhandtüchern, Hautreinigungsmitteln, Desinfektionsmitteln, Hautschutz- und Hautpflegemitteln sind vorhanden. Der Hautschutzplan wird an allen Waschgelegenheiten ausgehängt und während der Unterweisung erläutert.
- Ein Hautschutzplan (Hautgefährdung, richtige Anwendung der zur Verfügung gestellten Hautreinigungs- und Hautpflegemittel) wird vom Arbeitgeber erstellt.

Arbeitsverfahren

- Die standardisierten Prüf- und Herstellungsverfahren, z. B. des Ph. Eur., des DAC/NRF, werden eingehalten.
- Die Leitlinien der Bundesapothekerkammer zur Qualitätssicherung werden eingehalten.
- Wenn möglich, werden Stammverreibungen bzw. Stammkonzentrate verwendet.
- Halbfeste Zubereitungen werden vorzugsweise in geschlossenen Systemen (Unguator oder Topitec) hergestellt.

Arbeitsorganisation

- Gefahrstoffe werden nur in geringen Mengen im unmittelbaren Bereich der Tätigkeit aufbewahrt.
- Ätzende Flüssigkeiten werden nicht über Augenhöhe gelagert.
- Der Arbeitsbereich ist nur für die Mitarbeiter zugänglich, die ihn zur Ausübung bestimmter Arbeiten betreten müssen.
- Unterbrechungen und Störungen des Arbeitsprozesses werden weitgehend ausgeschlossen.
- Der Arbeitsplatz wird möglichst während der Tätigkeit nicht verlassen. Plötzliches Öffnen von Türen und Fenstern wird vermieden.
- Unterschiedliche Tätigkeiten mit verschiedenen gefährlichen Stoffen werden räumlich oder zeitlich getrennt durchgeführt. Dies bedeutet, dass bei der Prüfung von Ausgangsstoffen im Labor nicht gleichzeitig eine Herstellung durchgeführt wird.
- Arbeitsplatzgrenzwerte (AGW) werden eingehalten und durch Messung überprüft. (In der Apotheke gibt es nur wenige Stoffe, für die AGW bestimmt worden sind. Wird unter einem funktionierenden Abzug gearbeitet, ist die Überschreitung der AGW unwahrscheinlich.)
- Brennbare Flüssigkeiten werden grundsätzlich unter dem Abzug ab- oder umgefüllt.

Hygiene

- Essen, Trinken, Rauchen in den Herstellungsbereichen und im Labor sind nicht gestattet.
- Nahrungsmittel werden außerhalb des Herstellungsbereichs und des Labors aufbewahrt.
- Bei der Herstellung und Prüfung werden die Grundregeln der Hygiene eingehalten.
- Die persönliche Schutzausrüstung (Kittel, Schutzbrille, geeignete Schutzhandschuhe nach Maßgabe des Sicherheitsdatenblattes, ggf. Staubschutzmaske, Atemschutzmaske) wird sachgerecht aufbewahrt, vor Gebrauch geprüft und falls nötig nach Gebrauch gereinigt. Sie wird bestimmungsgemäß verwendet. Schadhafte persönliche Schutzausrüstung wird ausgebessert bzw. ausgetauscht.
- Die Grundregeln der persönlichen Hygiene werden eingehalten (Reinigung verschmutzter Körperstellen, Hände waschen vor dem Essen und Trinken, nach dem Toilettengang).
- Verschmutzte Arbeitskleidung wird gewechselt.

Reinigung/Entsorgung

- Verunreinigungen durch auslaufende oder verschüttete Arbeitsstoffe werden unverzüglich mit geeigneten Mitteln beseitigt.
- Arbeitsgeräte nach der Tätigkeit werden sorgsam von grober Verschmutzung (Rückstände von Arbeitsstoffen an den Gerätschaften, Behältern) befreit und zum Spülen geben; Hautkontakt wird vermieden.
- Gefahrstoffe, die nicht mehr benötigt werden, und entleerte Behältnisse, die noch Reste von Gefahrstoffen enthalten können, werden vom Arbeitsplatz entfernt und sachgerecht gelagert bzw. entsorgt.
- Abfälle und mit Gefahrstoffen verunreinigter Zellstoff/Papiertücher werden in bereitgestellten Behältern gesammelt und ordnungsgemäß entsorgt.

A5: Rezepturstandard 1 (alt)

Rezepturstandard 1

Tätigkeit: Herstellung einer halbfesten Zubereitung im geschlossenen System (Unguator/Topitec)

Gefährliche Eigenschaften der Inhaltsstoffe:

Xn

Gesundheitsschädlich

Xi

Reizend

C

Ätzend

nicht C, M, R_F (Cat. 1,2)

Menge der Gefahrstoffe: mg- bis 100-g-Bereich (Menge Gefahrstoff für einen Ansatz)

Eventuelle Gefahren:

1. Inhalative Gefährdung: Staubentwicklung bei der Einwaage der Festsubstanzen
   Staubentwicklung bei der Überführung der Festsubstanzen in die Spenderdose
2. Dermale Gefährdung: Hautkontakt bei der Entfernung des Unguator-Rührwerks

Herstellungsvorgang:

1. Benötigte Substanzen und Arbeitsgeräte in der Reihenfolge der Zugabe/Verarbeitung bereitstellen
2. Vorratsgefäß mit der Salbengrundlage öffnen
3. **Teilmenge der Salbengrundlage mit Pflastermesser oder Spatel entnehmen, unmittelbar in die Spenderdose einwiegen und gleichmäßig auf dem Boden der Spenderdose verteilen**
4. **Verwendetes Pflastermesser oder Spatel auf dem Spatelschlitten ablegen**
5. Salben-Vorratsgefäß verschließen
6. **Vorratsgefäß des einzubringenden Wirkstoffs/Hilfsstoffs neben der Waage vorsichtig und langsam öffnen**
7. Benötigte Menge Substanz geeigneter Teilchengröße mit einem für die Menge geeigneten Arbeitsgerät (Spatel/Löffel/Pipette) entnehmen und in die Spenderdose einwiegen
8. Benutzte Arbeitsgeräte auf einer geeigneten Unterlage außerhalb des engeren Arbeitsbereiches ablegen
9. Deckel des Vorratsgefäßes wieder vorsichtig verschließen, um Staubentwicklung oder Spritzern vorzubeugen
10. Mit weiteren Wirkstoffen/Hilfsstoffen wird in gleicher Weise verfahren
11. Restliche Salbengrundlage in die Spenderdose einwiegen, bis die Sollmasse erreicht ist

Unguator®

12. Flügelrührer durch die Öffnung des Dosendeckels einstecken; Flügel sollte dabei am Deckel sitzen (Anschlag)
13. Vorsichtig auf das Dosenunterteil aufschrauben und in den Unguator einhängen
14. Rührvorgang starten; geeignete Rührgeschwindigkeit wählen
15. Am Ende der vorgesehenen Dauer des Rührvorgangs Spenderdose vom Gerät nehmen

16. Dosendeckel vorsichtig abschrauben und anhaftende Salbe vom Flügelrührer abkratzen; dabei Hautkontakt vermeiden
17. Rührer auf geeignete Unterlage ablegen
18. Visuelle Kontrolle der Zubereitung
19. Spenderdose verschließen

Topitec®

12. Rührwerk vorschriftsmäßig zusammenbauen
13. Rührwerk vorsichtig und langsam in die Spenderdose einbauen, dabei Spritzer und Staubentwicklung vermeiden
14. Spenderdose in den Topitec einbauen
15. Rührvorgang starten; geeignete Rührgeschwindigkeit wählen
16. Am Ende der vorgesehenen Dauer des Rührvorgangs Spenderdose vom Gerät nehmen
17. Rührstab aus der Spenderdose entfernen
18. Spenderdose zur visuellen Kontrolle der Zubereitung öffnen
19. Spenderdose verschließen

Schutzmaßnahmen: Schutzstufe 2

1. Allgemeine Maßnahmen der Schutzstufe 1 beachten
2. Substitution der Gefahrstoffe aufgrund der ärztlichen Verordnung nicht möglich
3. Ist der Gefahrstoff »fruchtschädigend«, d. h. mit R_E (embryotoxisch, entwicklungsschädigend) gekennzeichnet (R 61 oder R 63), und/oder gehört er zu den C, M, R_F (Cat. 3)-Stoffen (R 40, R 68 oder R 62), ist Schwangeren und stillenden Müttern die Herstellung der Rezeptur verboten
4. Getrennte Aufbewahrungsmöglichkeiten für Arbeits-/Schutzkleidung und Straßenkleidung
5. Geschlossenen Kittel, geeignete Schutzhandschuhe (siehe Sicherheitsdatenblatt, Kapitel 8) und Schutzbrille tragen
6. Atemschutzmaske FFP2 bei möglicher Staub- oder Aerosolentwicklung tragen
7. Gefahrstoffhaltige Abfälle ordnungsgemäß entsorgen
8. Entsorgung der kontaminierten Wegwerfartikel dicht verschlossen in den Hausmüll

Wirksamkeitskontrolle:

1. Beachtung der organisatorischen Maßnahmen jährlich überprüfen

A6: Rezepturstandard 2 (alt)

Rezepturstandard 2

Tätigkeit: Herstellung einer halbfesten Zubereitung im geschlossenen System (Unguator/Topitec)

Gefährliche Eigenschaften der Inhaltsstoffe:

T

Giftig

T^+

Sehr giftig

nicht C, M, R_F (Cat. 1,2)

Menge der Gefahrstoffe: mg- bis 100-g-Bereich (Menge Gefahrstoff für einen Ansatz)

Eventuelle Gefahren:

1. Inhalative Gefährdung: Staubentwicklung bei der Einwaage der Festsubstanzen
   Staubentwicklung bei der Überführung der Festsubstanzen in die Spenderdose
2. Dermale Gefährdung: Hautkontakt bei der Entfernung des Unguator-Rührwerks

Herstellungsvorgang:

1. Benötigte Substanzen und Arbeitsgeräte in der Reihenfolge der Zugabe/Verarbeitung bereitstellen
2. Vorratsgefäß mit der Salbengrundlage öffnen
3. **Teilmenge der Salbengrundlage mit Pflastermesser oder Spatel entnehmen, unmittelbar in die Spenderdose einwiegen und gleichmäßig auf dem Boden der Spenderdose verteilen**
4. **Verwendetes Pflastermesser oder Spatel auf dem Spatelschlitten ablegen**
5. Salben-Vorratsgefäß verschließen
6. **Vorratsgefäß des einzubringenden Wirkstoffs/Hilfsstoffs neben der Waage vorsichtig und langsam öffnen**
7. Benötigte Menge Substanz geeigneter Teilchengröße mit einem für die Menge geeigneten Arbeitsgerät (Spatel/Löffel/Pipette) entnehmen und in die Spenderdose einwiegen
8. Benutzte Arbeitsgeräte auf einer geeigneten Unterlage außerhalb des engeren Arbeitsbereiches ablegen
9. Deckel des Vorratsgefäßes wieder vorsichtig verschließen, um Staubentwicklung oder Spritzern vorzubeugen
10. Mit weiteren Wirkstoffen/Hilfsstoffen wird in gleicher Weise verfahren
11. Restliche Salbengrundlage in die Spenderdose einwiegen, bis die Sollmasse erreicht ist

Unguator®

12. Flügelrührer durch die Öffnung des Dosendeckels einstecken; Flügel sollte direkt am Deckel sitzen (Anschlag)
13. Vorsichtig auf das Dosenunterteil aufschrauben und in den Unguator einhängen
14. Rührvorgang starten; geeignete Rührgeschwindigkeit wählen
15. Am Ende der vorgesehenen Dauer des Rührvorgangs Spenderdose vom Gerät nehmen

16. Dosendeckel vorsichtig abschrauben und anhaftende Salbe vom Flügelrührer abkratzen; dabei Hautkontakt vermeiden
17. Rührer auf geeignete Unterlage ablegen
18. Visuelle Kontrolle der Zubereitung
19. Spenderdose verschließen

Topitec®

12. Rührwerk vorschriftsmäßig zusammenbauen
13. Rührwerk vorsichtig und langsam in die Spenderdose einbauen, dabei Spritzer und Staubentwicklung vermeiden
14. Spenderdose in den Topitec einbauen
15. Rührvorgang starten; geeignete Rührgeschwindigkeit wählen
16. Am Ende der vorgesehenen Dauer des Rührvorgangs Spenderdose vom Gerät nehmen
17. Rührstab aus der Spenderdose entfernen
18. Spenderdose zur visuellen Kontrolle der Zubereitung öffnen
19. Spenderdose verschließen

Schutzmaßnahmen: Schutzstufe 3

1. Allgemeine Maßnahmen der Schutzstufe 1 beachten
2. Substitution der Gefahrstoffe aufgrund der ärztlichen Verordnung nicht möglich
3. Die Belastung des Einzelnen minimieren
4. Ist der Gefahrstoff »fruchtschädigend«, d.h. mit R_E (embryotoxisch, entwicklungsschädigend) gekennzeichnet (R 61 oder R 63), und/oder gehört er zu den C, M, R_F (Cat. 3)-Stoffen (R 40, R 68 oder R 62), ist Schwangeren und stillenden Müttern die Herstellung der Rezeptur verboten
5. Lagerung der Gefahrstoffe unter Verschluss
6. Getrennte Aufbewahrungsmöglichkeiten für Arbeits-/Schutzkleidung und Straßenkleidung
7. Geschlossenen Kittel, geeignete Schutzhandschuhe (siehe Sicherheitsdatenblatt, Kapitel 8) und Schutzbrille tragen
8. Atemschutzmaske FFP2 bei möglicher Staub- oder Aerosolentwicklung tragen
9. Gefahrstoffhaltige Abfälle ordnungsgemäß entsorgen
10. Entsorgung der kontaminierten Wegwerfartikel dicht verschlossen in den Hausmüll

Wirksamkeitskontrolle:

1. Beachtung der organisatorischen Maßnahmen jährlich überprüfen

A7: Rezepturstandard 1 (neu)

Rezepturstandard 1

Tätigkeit: Herstellung einer halbfesten Zubereitung im geschlossenen System (Unguator/Topitec)

Gefährliche Eigenschaften der Inhaltsstoffe:
Die Ausgangsstoffe sind keine CMR-Stoffe der Kategorie 1A oder 1B, d.h. kein Ausgangsstoff ist mit einem dieser H-Sätze gekennzeichnet.

~~H340~~
~~H350~~
~~H360*~~

* umfasst auch die verschiedenen Abstufungen von H360

Menge der Gefahrstoffe: mg- bis 100-g-Bereich (Menge Gefahrstoff für einen Ansatz)

Eventuelle Gefahren:

Inhalative Gefährdung:	Staubentwicklung bei der Einwaage der Festsubstanzen Staubentwicklung bei der Überführung der Festsubstanzen in die Spenderdose
Dermale Gefährdung:	Hautkontakt bei der Entfernung des Unguator-Rührwerks
Gefährdung für die Augen:	Spritzer, Stäube

Herstellungsvorgang:

1. Benötigte Substanzen und Arbeitsgeräte in der Reihenfolge der Zugabe/Verarbeitung bereitstellen
2. Vorratsgefäß mit der Salbengrundlage öffnen
3. Teilmenge der Salbengrundlage mit Pflastermesser oder Spatel entnehmen, unmittelbar in die Spenderdose einwiegen und gleichmäßig auf dem Boden der Spenderdose verteilen
4. Verwendetes Pflastermesser oder Spatel auf dem Spatelschlitten ablegen
5. Salben-Vorratsgefäß verschließen
6. Vorratsgefäß des einzubringenden Wirkstoffs/Hilfsstoffs neben der Waage vorsichtig und langsam öffnen
7. Benötigte Menge Substanz geeigneter Teilchengröße mit einem für die Menge geeigneten Arbeitsgerät (Spatel/Löffel/Pipette) entnehmen und in die Spenderdose einwiegen
8. Benutzte Arbeitsgeräte auf einer geeigneten Unterlage außerhalb des engeren Arbeitsbereichs ablegen
9. Deckel des Vorratsgefäßes wieder vorsichtig verschließen, um Staubentwicklung oder Spritzer vorzubeugen
10. Mit weiteren Wirkstoffen/Hilfsstoffen wird in gleicher Weise verfahren
11. Restliche Salbengrundlage in die Spenderdose einwiegen, bis die Sollmasse erreicht ist

Unguator®

12. Flügelrührer durch die Öffnung des Dosendeckels einstecken; Flügel sollte dabei am Deckel sitzen (Anschlag)
13. Vorsichtig auf das Dosenunterteil aufschrauben und in den Unguator einhängen
14. Rührvorgang starten; geeignete Rührgeschwindigkeit wählen
15. Am Ende der vorgesehenen Dauer des Rührvorgangs Spenderdose vom Gerät nehmen
16. Dosendeckel vorsichtig abschrauben und anhaftende Salbe vom Flügelrührer abkratzen; dabei Hautkontakt vermeiden
17. Rührer auf geeignete Unterlage ablegen

18. Visuelle Kontrolle der Zubereitung
19. Spenderdose verschließen

Topitec®

12. Rührwerk vorschriftsmäßig zusammenbauen
13. Rührwerk vorsichtig und langsam in die Spenderdose einbauen, dabei Spritzer und Staubentwicklung vermeiden
14. Spenderdose in den Topitec einbauen
15. Rührvorgang starten; geeignete Rührgeschwindigkeit wählen
16. Am Ende der vorgesehenen Dauer des Rührvorgangs Spenderdose vom Gerät nehmen
17. Rührstab aus der Spenderdose entfernen
18. Spenderdose zur visuellen Kontrolle der Zubereitung öffnen
19. Spenderdose verschließen

Beschäftigungsverbot:

Bei bestimmten Gefahrenhinweisen (H-Sätze) sind Beschäftigungsverbote zu beachten

Beschäftigungsverbot für Schwangere	Beschäftigungsverbot für Stillende
H341 H351 H361	H362

Schutzmaßnahmen:

1. Allgemeine Maßnahmen zur Hygiene und zum Arbeitsschutz sowie Explosionsschutzdokument beachten
2. Substitution der Gefahrstoffe aufgrund der ärztlichen Verordnung nicht möglich
3. Getrennte Aufbewahrungsmöglichkeiten für Arbeits-/Schutzkleidung und Straßenkleidung
4. Geschlossenen Kittel tragen
5. Weitere erforderliche Schutzmaßnahmen sind individuell entsprechend den Gefahreneigenschaften des verwendeten Stoffes zu ergreifen. Diesbezügliche Information sind den Gefahrenhinweisen (H-Sätzen) zu entnehmen.

Gelbe Kategorie	Geeignete Schutzhandschuhe[1]
H310	Lebensgefahr bei Hautkontakt.
H311	Giftig bei Hautkontakt.
H312	Gesundheitsschädlich bei Hautkontakt.
H314	Verursacht schwere Verätzungen der Haut und schwere Augenschäden.
H315	Verursacht Hautreizungen.
H317	Kann allergische Hautreaktionen verursachen.
H341[3]	Kann vermutlich genetische Defekte verursachen (durch Hautkontakt).
H351[3]	Kann vermutlich Krebs erzeugen (durch Hautkontakt).
H361[3]	Kann vermutlich die Fruchtbarkeit beeinträchtigen oder das Kind im Mutterleib schädigen (durch Hautkontakt).
H370[3]	Schädigt die Organe (durch Hautkontakt).
H371[3]	Kann die Organe schädigen (durch Hautkontakt).
H372[3]	Schädigt die Organe bei längerer oder wiederholter Exposition (durch Hautkontakt).
H373[3]	Kann die Organe schädigen bei längerer oder wiederholter Exposition (durch Hautkontakt).
EUH066	Wiederholter Kontakt kann zu spröder und rissiger Haut führen.

Orange Kategorie	Geeigneter Atemschutz[2]
H304	Kann bei Verschlucken und Eindringen in die Atemwege tödlich sein.
H330	Lebensgefahr bei Einatmen.
H331	Giftig bei Einatmen.
H332	Gesundheitsschädlich bei Einatmen.
H334	Kann bei Einatmen Allergie, asthmaartige Symptome oder Atembeschwerden verursachen.
H335	Kann die Atemwege reizen.
H336	Kann Schläfrigkeit und Benommenheit verursachen.
H341[3]	Kann vermutlich genetische Defekte verursachen (durch Einatmen).
H351[3]	Kann vermutlich Krebs erzeugen (durch Einatmen).
H361[3]	Kann vermutlich die Fruchtbarkeit beeinträchtigen oder das Kind im Mutterleib schädigen (durch Einatmen).
H370[3]	Schädigt die Organe (durch Einatmen).
H371[3]	Kann die Organe schädigen (durch Einatmen).
H372[3]	Schädigt die Organe bei längerer oder wiederholter Exposition (durch Einatmen).
H373[3]	Kann die Organe schädigen bei längerer oder wiederholter Exposition (durch Einatmen).
EUH029	Entwickelt bei Berührung mit Wasser giftige Gase.
EUH031	Entwickelt bei Berührung mit Säure giftige Gase.
EUH032	Entwickelt bei Berührung mit Säure sehr giftige Gase.
EUH071	Ätzend für die Atemwege.

Hellblaue Kategorie	Schutzbrille
H314	Verursacht schwere Verätzungen der Haut und schwere Augenschäden.
H318	Verursacht schwere Augenschäden.
H319	Verursacht schwere Augenreizung.
EUH070	Giftig bei Kontakt mit den Augen.

[1] Nähere Informationen sind ggf. dem Sicherheitsdatenblatt, Kapitel 8, zu entnehmen.
[2] Bei Stäuben eine FFP2-Maske, bei Dämpfen eine Atemschutzmaske gegen Gase und Dämpfe; alternativ die Arbeit unter dem Laborabzug
[3] Ist der Expositionsweg (durch Hautkontakt, durch Einatmen) im SDB nicht explizit angegeben, sind geeignete Schutzhandschuhe und Atemschutz erforderlich

Die persönliche Schutzausrüstung (PSA) ist während des gesamten Herstellungsvorganges zu tragen.

6. Gefahrstoffhaltige Abfälle ordnungsgemäß entsorgen
7. Entsorgung der kontaminierten Wegwerfartikel dicht verschlossen in den Hausmüll

Wirksamkeitskontrolle:
Beachtung der organisatorischen Maßnahmen jährlich überprüfen

A8: Gefährdungsbeurteilung (alt) – Leerformular

Gefährdungsbeurteilung
(nach § 7 GefStoffV)

1. Apotheke:

Apothekenleiter:

Gefährdungsbeurteilung durchgeführt vom:
☐ Apothekenleiter
☐ Beauftragten ____
(fachkundige Person nach § 7 Abs. 7 GefStoffV)

Am ________ wurde eine Pflichtübertragung gem. § 9 Abs. 2 OWiG auf die beauftragte Person vorgenommen. Sie handelt eigenverantwortlich und wurde über die rechtlichen Konsequenzen dieser Übertragung (persönliche Haftung) informiert.

2. Arbeitsbereich:

Bezeichnung der Tätigkeit:

Gefahrstoffe	Gefahrensymbol u. -bezeichnung	R-Sätze	S-Sätze	C, M, R_F (Cat. 1, 2)?	R_E und/oder C, M, R_F (Cat. 3)?

☐ **sowie Laborchemikalien entsprechend den Prüfvorschriften**

3. Arbeitsbereich:

Sicherheitsdatenblätter vorhanden und aktuell? ☐ ja ☐ nein
(§ 7 Abs. 8 GefStoffV)

4. Menge der Gefahrstoffe im Arbeitsgang: ☐ mg bis g ☐ g bis kg

Art und Weise des Umgangs:

5. Exposition

Art:
☐ inhalativ
☐ dermal
- lokalschädigend
- organschädigend (Resorption)

☐ physikalisch-chemisch

Ausmaß:
☐ gering
☐ beachtlich

bei dermaler Exposition:
☐ keine
☐ kleinflächig (Spritzer)
☐ großflächig

Dauer:
☐ kurz
☐ lang

bei dermaler Exposition:
☐ keine
☐ kurzfristig (<15 min)
☐ längerfristig (>15 min)

6. Arbeitsplatzgrenzwert vorhanden?
(TRGS 900: z. B. Aceton, Ethanol, Ether, Methanol, Propan-2-ol) ☐ ja ☐ nein

Biologischer Grenzwert vorhanden?
(TRGS 903: z. B. Aceton, Glycerintrinitrat, Methanol, Propan-2-ol) ☐ ja ☐ nein

☐ Grenzwerte sind vorhanden, aber Messungen sind nicht erforderlich, da die Tätigkeiten unter einem gut funktionierenden Abzug durchgeführt werden.

7. Substitution möglich? **(§ 9 Abs. 1 GefStoffV)**
☐ ja Alternativen:
☐ nein
☐ nein, da es sich um eine ärztliche Verordnung handelt **(§ 7 Abs. 1 ApBetrO)**

8. Bestimmung der Schutzstufe ☐ 1 2 ☐ 3 ☐ 4
Begründung:

9. Schutzmaßnahmen:
1.
2.
3.
4.
5.
6.

10. Überprüfung der Wirksamkeit der Schutzmaßnahmen:
☐ Einhaltung der organisatorischen Maßnahmen
☐ Funktion der technischen Schutzausrüstungen

am:	Ergebnis:	durch:
am:	Ergebnis:	durch:
am:	Ergebnis:	durch:

11. Schlussfolgerungen aus arbeitsmedizinischen Vorsorgeuntersuchungen
(Anh. V Nr. 2 GefStoffV)

12. Beurteilung der Gefährdung für die Gesundheit und Sicherheit der Beschäftigten:

____

☐ Bei Beachtung der erforderlichen Schutzmaßnahmen können Gefährdungen für die Beschäftigten ausgeschlossen werden.

13.
Datum: Unterschrift: ____
Apothekenleiter **Beauftragter**

A9: Gefährdungsbeurteilung Rezepturstandard 1 (alt) Schutzstufe 2 – Beispiel

Gefährdungsbeurteilung Halbfeste Zubereitung **29.04.2014**

Gefährdungsbeurteilung nach § 7 GefStoffV

Durchgeführt von Dr. F. Pistill

Apotheke Gefahren-Apotheke
Chemikalienstraße 13
04111 Ätzhausen

Beurteilte Tätigkeit: Herstellen einer Rezeptur nach BAK-Rezepturstandard »Halbfeste Zubereitungen (Salben, Cremes) im Unguator/Topitect«

Beurteilter Arbeitsbereich: Rezeptur

Verwendete Gefahrstoffe:

Aluminiumchlorid-Hexahydrat

Reizend

Gefährliche Eigenschaften und Gefahrenhinweise
Reizt die Augen und die Haut.
Sicherheitsratschläge
Darf nicht in die Hände von Kindern gelangen. Bei Verschlucken sofort ärztlichen Rat einholen und Verpackung oder Etikett vorzeigen.

Citronensäure (Monohydrat)

Reizend

Gefährliche Eigenschaften und Gefahrenhinweise
Reizt die Augen.
Sicherheitsratschläge
Darf nicht in die Hände von Kindern gelangen. Berührung mit den Augen und der Haut vermeiden. Bei der Arbeit geeignete Schutzhandschuhe und Schutzbrille/Gesichtsschutz tragen. Bei Verschlucken sofort ärztlichen Rat einholen und Verpackung oder Etikett vorzeigen.

Clotrimazol

Gesundheitsschädlich

Gefährliche Eigenschaften und Gefahrenhinweise
Gesundheitsschädlich beim Einatmen und Verschlucken.
Sicherheitsratschläge
Darf nicht in die Hände von Kindern gelangen. Bei Verschlucken sofort ärztlichen Rat einholen und Verpackung oder Etikett vorzeigen.

Dihydroxyanthranol

Gesundheitsschädlich

Gefährliche Eigenschaften und Gefahrenhinweise
Gesundheitsschädlich beim Einatmen, Verschlucken und Berührung mit der Haut. Reizt die Atmungsorgane und die Haut. Verdacht auf krebserzeugende Wirkung. Gefahr ernster Augenschäden. Sensibilisierung durch Einatmen und Hautkontakt möglich.
Sicherheitsratschläge
Darf nicht in die Hände von Kindern gelangen. Berührung mit den Augen und der Haut vermeiden. Bei Berührung mit den Augen sofort gründlich mit Wasser abspülen und Arzt konsultieren. Bei der Arbeit geeignete Schutzhandschuhe und Schutzbrille/Gesichtsschutz tragen. Bei Unfall oder Unwohlsein sofort Arzt hinzuziehen (wenn möglich dieses Etikett vorzeigen).

Erythromycin

Gesundheitsschädlich

Gefährliche Eigenschaften und Gefahrenhinweise
Sensibilisierung durch Einatmen und Hautkontakt möglich.
Sicherheitsratschläge
Darf nicht in die Hände von Kindern gelangen. Bei der Arbeit geeignete Schutzkleidung, Schutzhandschuhe und Schutzbrille/Gesichtsschutz tragen. Bei Verschlucken sofort ärztlichen Rat einholen und Verpackung oder Etikett vorzeigen.

Metronidazol

Gesundheitsschädlich

Gefährliche Eigenschaften und Gefahrenhinweise
Verdacht auf krebserzeugende Wirkung.
Sicherheitsratschläge
Darf nicht in die Hände von Kindern gelangen. Bei der Arbeit geeignete Schutzhandschuhe und Schutzkleidung tragen. Bei Verschlucken sofort ärztlichen Rat einholen und Verpackung oder Etikett vorzeigen.

Natriumdisulfit

Gesundheitsschädlich

Gefährliche Eigenschaften und Gefahrenhinweise
Gesundheitsschädlich beim Verschlucken. Entwickelt bei Berührung mit Säure giftige Gase. Gefahr ernster Augenschäden.
Sicherheitsratschläge
Darf nicht in die Hände von Kindern gelangen. Bei Berührung mit den Augen sofort gründlich mit Wasser abspülen und Arzt konsultieren. Schutzbrille/Gesichtsschutz tragen. Bei Verschlucken sofort ärztlichen Rat einholen und Verpackung oder Etikett vorzeigen.

Oxytetracyclinhydrochlorid

Gesundheitsschädlich

Gefährliche Eigenschaften und Gefahrenhinweise
Gesundheitsschädlich beim Einatmen, Verschlucken und Berührung mit der Haut.
Sicherheitsratschläge
Darf nicht in die Hände von Kindern gelangen. Bei der Arbeit geeignete Schutzkleidung, Schutzhandschuhe und Schutzbrille/Gesichtsschutz tragen. Bei Verschlucken sofort ärztlichen Rat einholen und Verpackung oder Etikett vorzeigen.

Salicylsäure

Gesundheitsschädlich

Gefährliche Eigenschaften und Gefahrenhinweise
Gesundheitsschädlich beim Verschlucken. Reizt die Atmungsorgane und die Haut. Gefahr ernster Augenschäden.
Sicherheitsratschläge
Darf nicht in die Hände von Kindern gelangen. Berührung mit der Haut vermeiden. Bei Berührung mit den Augen sofort gründlich mit Wasser abspülen und Arzt konsultieren. Schutzbrille/Gesichtsschutz tragen. Bei Verschlucken sofort ärztlichen Rat einholen und Verpackung oder Etikett vorzeigen.

Art und Ausmaß der Exposition:
Inhalativ, Freisetzung von Staub – Ausmaß: Gering
Dermal – Ausmaß: Gering

Dauer der Exposition: Bis zu 15 Minuten am Tag

Verwendeter Mengenbereich: Milligramm bis 1-Gramm

Substitution:	Es kann kein Stoff substituiert werden, da ärztliche Verordnung.
Schutzstufe:	2
Begründung:	Es handelt sich nicht um Giftstoffe.
Sicherheitsdatenblätter:	Sicherheitsdatenblätter für Aluminiumchlorid-Hexahydrat vorhanden. Sicherheitsdatenblätter für Citronensäure (Monohydrat) vorhanden. Sicherheitsdatenblätter für Clotrimazol vorhanden. Sicherheitsdatenblätter für Dihydroxyanthranol vorhanden. Sicherheitsdatenblätter für Erythromycin vorhanden. Sicherheitsdatenblätter für Metronidazol vorhanden. Sicherheitsdatenblätter für Natriumdisulfit vorhanden. Sicherheitsdatenblätter für Oxytetracyclinhydrochlorid vorhanden. Sicherheitsdatenblätter für Salicylsäure vorhanden.
Betriebsanweisung:	Den Mitarbeitern stehen erforderliche Betriebsanweisungen zur Verfügung.
Unterweisung:	Es wurden alle Mitarbeiter unterwiesen.
Arbeitsplatzgrenzwert:	Ein Arbeitsplatzgrenzwert nach TRGS 900 ist für die ausgewählten Stoffe nicht festgelegt.
Schutzmaßnahmen:	Die Herstellung erfolgt genau nach den Vorgaben des BAK-Rezepturstandards 1 »Halbfeste Zubereitungen (Salben, Cremes) im Unguator/Topitect«. Ein Ausdruck dieses Rezepturstandards liegt bei. Die Freisetzung von Staub ist durch sachgerechte Arbeitstechnik (keine unnötige Staubaufwirbelung) zu verhindern. Dennoch entstehende Stäube nicht einatmen und Hautkontakt vermeiden. Im Abzug arbeiten, Atemschutzmaske FFP2 tragen. Auf Arbeitsflächen abgesetzter Staub wird durch feuchte Aufnahme entfernt. Alle geforderten Schutzmaßnahmen sind einzuhalten.
Beschäftigungsbeschränkungen:	Schwangeren und stillenden Frauen ist der Umgang mit folgenden Stoffen verboten: Dihydroxyanthranol, Metronidazol
Vorsorgeuntersuchungen:	Es ergeben sich folgende Konsequenzen aus arbeitsmedizinischen Vorsorgeuntersuchungen von Mitarbeitern: Aufgrund der Ergebnisse der arbeitsmedizinischen Vorsorgeuntersuchungen sind keine weiteren Schutzmaßnahmen oder spezielle Regelungen für die beurteilte Tätigkeit erforderlich.
Beurteilung:	Eine Gefährdung der Sicherheit und Gesundheit der Mitarbeiter ist bei Einhaltung aller Schutzmaßnahmen nicht zu erwarten.
Datum: ________________	Unterschrift: ______________________________ Apothekenleiter Beauftragter

Überprüfung: Die Einhaltung der geforderten personellen und organisatorischen Schutzmaßnahmen sowie die Funktionsfähigkeit der technischen Schutzausrüstung wurde überprüft (mindestens 1 × jährlich):

Datum: ______________ **Unterschrift:** ______________________________
Apothekenleiter Beauftragter

Datum: ______________ **Unterschrift:** ______________________________
Apothekenleiter Beauftragter

Datum: ______________ **Unterschrift:** ______________________________
Apothekenleiter Beauftragter

Diese Gefährdungsbeurteilung richtet sich an folgende Personengruppen:
Pharmazeutische Mitarbeiter

Diese Gefährdungsbeurteilung wurde gelesen und zur Kenntnis genommen.

______________ ______________ ______________

______________ ______________ ______________

______________ ______________ ______________

A10: Gefährdungsbeurteilung (neu) – Leerformular

Gefährdungsbeurteilung
(nach § 7 GefStoffV)

1. Apotheke:

Apothekenleiter:

Gefährdungsbeurteilung durchgeführt vom:
☐ Apothekenleiter
☐ Beauftragten ____
(fachkundige Person nach § 6 Abs. 9 GefStoffV)

Am ________ wurde eine Pflichtübertragung gem. § 9 Abs. 2 OWiG auf die beauftragte Person vorgenommen. Sie handelt eigenverantwortlich und wurde über die rechtlichen Konsequenzen dieser Übertragung (persönliche Haftung) informiert.

2. Arbeitsbereich:

Bezeichnung der Tätigkeit:

Gefahrstoffe	Piktogramm/e	Signalwort	Gefahrenhinweise (H-Sätze)

3. Sicherheitsdatenblätter vorhanden und aktuell? ☐ ja ☐ nein
(§ 6 Abs. 2 GefStoffV)

4. Menge der Gefahrstoffe im Arbeitsgang: ☐ mg bis 100 g ☐ 100 g bis kg

Art und Weise der Tätigkeit:

5. Exposition

Art:
☐ inhalativ ☐ dermal ☐ physikalisch-chemisch

Ausmaß:
☐ gering ☐ beachtlich

bei dermaler Exposition:
☐ keine
☐ kleinflächig (Spritzer, Stäube)
☐ großflächig

Dauer:
☐ kurz ☐ lang

bei dermaler Exposition:
☐ keine
☐ kurzfristig (<15 min)
☐ längerfristig (>15 min)

6. Arbeitsplatzgrenzwert vorhanden?
(TRGS 900: z. B. Aceton, Ethanol, Ether, Methanol, Propan-2-ol) ☐ ja ☐ nein

Biologischer Grenzwert vorhanden?
(TRGS 903: z. B. Aceton, Glycerintrinitrat, Methanol, Propan-2-ol) ☐ ja ☐ nein

☐ Grenzwerte sind vorhanden, aber Messungen sind nicht erforderlich, da die Tätigkeiten unter einem gut funktionierenden Abzug durchgeführt werden.

7. Substitution möglich? **(§ 6 Abs. 1 GefStoffV)**
☐ ja Alternativen:
☐ nein
☐ nein, da es sich um eine ärztliche Verordnung handelt **(§ 7 Abs. 1 ApBetrO)**

8. Beschäftigungsverbote

Schwangere	☐ mit allen in der Liste aufgeführten Stoffe	☐ mit folgenden Stoffen: ______________________________
Stillende	☐ mit allen in der Liste aufgeführten Stoffe	☐ mit folgenden Stoffen: ______________________________

9. Schutzmaßnahmen:
1.
2.
3.
4.
5.
6.

10. Überprüfung der Wirksamkeit der Schutzmaßnahmen:
☐ Einhaltung der organisatorischen Maßnahmen
Funktion der technischen Schutzausrüstungen

am:	Ergebnis:	durch:
am:	Ergebnis:	durch:
am:	Ergebnis:	durch:

11. Schlussfolgerungen aus arbeitsmedizinischen Vorsorgeuntersuchungen
(§ 8 ArbMedVV)

12. Beurteilung der Gefährdung für die Gesundheit und Sicherheit der Beschäftigten:
____
Bei Beachtung der erforderlichen Schutzmaßnahmen können Gefährdungen für die Beschäftigten ausgeschlossen werden.

13.
Datum: Unterschrift: ____
Apothekenleiter **Beauftragter**

A11: Gefährdungsbeurteilung Rezepturstandard 1 (neu) – Beispiel

Gefährdungsbeurteilung Halbfeste Zubereitung Unguator **29.04.2014**

Gefährdungsbeurteilung nach § 6 GefStoffV

Durchgeführt von **Apotheke**	Dr. F. Pistill Gefahren-Apotheke Chemikalienstraße 13 04111 Ätzhausen
Beurteilte Tätigkeit:	Herstellen einer Rezeptur nach BAK-Rezepturstandard »Halbfeste Zubereitungen (Salben, Cremes) im Unguator/Topitect«
Beurteilter Arbeitsbereich:	Rezeptur
Verwendete Gefahrstoffe:	
Aluminiumchlorid-Hexahydrat **Achtung**	**Gefahrenhinweise** Verursacht Hautreizungen. Verursacht schwere Augenreizungen.
Citronensäure (Monohydrat) **Achtung**	**Gefahrenhinweise** Verursacht schwere Augenreizungen.
Clotrimazol **Achtung**	**Gefahrenhinweise** Gesundheitsschädlich bei Verschlucken. Gesundheitsschädlich bei Einatmen.
Dihydroxyanthranol **Gefahr**	**Gefahrenhinweise** Gesundheitsschädlich bei Verschlucken. Gesundheitsschädlich bei Hautkontakt. Verursacht Hautreizungen. Kann allergische Hautreaktionen verursachen. Verursacht schwere Augenschäden. Kann bei Einatmen Allergie, asthmaartige Symptome oder Atembeschwerden verursachen. Kann die Atemwege reizen. Kann vermutlich genetische Defekte verursachen. Kann vermutlich Krebs erzeugen.
Erythromycin **Gefahr**	**Gefahrenhinweise** Kann allergische Hautreaktionen verursachen. Kann bei Einatmen Allergie, asthmaartige Symptome oder Atembeschwerden verursachen.

Metronidazol  **Achtung**	**Gefahrenhinweise** Kann vermutlich Krebs erzeugen.
Natriumdisulfit   **Gefahr**	**Gefahrenhinweise** Gesundheitsschädlich bei Verschlucken. Verursacht schwere Augenschäden. Entwickelt bei Berührung mit Säure giftige Gase.
Oxytetracyclinhydrochlorid  **Achtung**	**Gefahrenhinweise** Gesundheitsschädlich bei Verschlucken. Gesundheitsschädlich bei Hautkontakt. Gesundheitsschädlich bei Einatmen.
Salicylsäure  **Gefahr**	**Gefahrenhinweise** Gesundheitsschädlich bei Verschlucken. Verursacht Hautreizungen. Verursacht schwere Augenreizung. Kann die Atemwege reizen.
Art und Ausmaß der Exposition:	Inhalativ, Freisetzung von Staub – Ausmaß: Gering
Dauer der Exposition:	Bis zu 15 Minuten am Tag
Verwendeter Mengenbereich:	Milligramm bis 100-Gramm
Substitution:	Es kann kein Stoff substituiert werden, da ärztliche Verordnung.
Sicherheitsdatenblätter:	Sicherheitsdatenblätter für Aluminiumchlorid-Hexahydrat vorhanden. Sicherheitsdatenblätter für Citronensäure (Monohydrat) vorhanden. Sicherheitsdatenblätter für Clotrimazol vorhanden. Sicherheitsdatenblätter für Dihydroxyanthranol vorhanden. Sicherheitsdatenblätter für Erythromycin vorhanden. Sicherheitsdatenblätter für Metronidazol vorhanden. Sicherheitsdatenblätter für Natriumdisulfit vorhanden. Sicherheitsdatenblätter für Oxytetracyclinhydrochlorid vorhanden. Sicherheitsdatenblätter für Salicylsäure vorhanden.
Betriebsanweisung:	Den Mitarbeitern stehen erforderliche Betriebsanweisungen zur Verfügung.

Unterweisung:	Es wurden alle Mitarbeiter unterwiesen.
Arbeitsplatzgrenzwert:	Ein Arbeitsplatzgrenzwert nach TRGS 900 ist für die ausgewählten Stoffe nicht festgelegt.
Schutzmaßnahmen:	Die Herstellung erfolgt genau nach den Vorgaben des BAK-Rezepturstandards 1. Ein Ausdruck dieses Rezepturstandards liegt bei. Die Freisetzung von Staub ist durch sachgerechte Arbeitstechnik (keine unnötige Staubaufwirbelung) zu verhindern. Dennoch entstehende Stäube nicht einatmen und Hautkontakt vermeiden. Im Abzug arbeiten, Atemschutzmaske FFP2 tragen. Auf Arbeitsflächen abgesetzter Staub wird durch feuchte Aufnahme entfernt. Alle geforderten Schutzmaßnahmen sind einzuhalten. ● Geeigneten Atemschutz tragen ● Geeignete Schutzhandschuhe tragen ● Schutzbrille tragen
Beschäftigungsbeschränkungen:	Schwangeren und stillenden Frauen ist der Umgang mit folgenden Stoffen verboten: Dihydroxyanthranol, Metronidazol
Vorsorgeuntersuchungen:	Es ergeben sich folgende Konsequenzen aus arbeitsmedizinischen Vorsorgeuntersuchungen von Mitarbeitern: Aufgrund der Ergebnisse der arbeitsmedizinischen Vorsorgeuntersuchungen sind keine weiteren Schutzmaßnahmen oder spezielle Regelungen für die beurteilte Tätigkeit erforderlich.
Beurteilung:	Eine Gefährdung der Sicherheit und Gesundheit der Mitarbeiter ist bei Einhaltung aller Schutzmaßnahmen nicht zu erwarten.
Datum: ________________	**Unterschrift:** ________________________________ Apothekenleiter Beauftragter
Überprüfung:	Die Einhaltung der geforderten personellen und organisatorischen Schutzmaßnahmen sowie die Funktionsfähigkeit der technischen Schutzausrüstung wurde überprüft (mindestens 1 × jährlich):
Datum: ________________	**Unterschrift:** ________________________________ Apothekenleiter Beauftragter
Datum: ________________	**Unterschrift:** ________________________________ Apothekenleiter Beauftragter
Datum: ________________	**Unterschrift:** ________________________________ Apothekenleiter Beauftragter

Diese Gefährdungsbeurteilung richtet sich an folgende Personengruppen:
Pharmazeutische Mitarbeiter

Diese Gefährdungsbeurteilung wurde gelesen und zur Kenntnis genommen.

____________________	____________________	____________________
____________________	____________________	____________________
____________________	____________________	____________________

A12: Explosionsschutzdokument (alt) – Leerformular

Gefährdungsbeurteilung
Brand- und Explosionsgefahren
Explosionsschutzdokument
(nach § 12 GefStoffV; §§ 3 und 6 BetrSichV)

1. Apotheke:

Apothekenleiter:

Gefährdungsbeurteilung durchgeführt vom:
☐ Apothekenleiter
☐ Beauftragten ____
(fachkundige Person nach § 7 Abs. 7 GefStoffV)

Am wurde eine Pflichtübertragung gem. § 9 Abs. 2 OWiG auf die beauftragte Person vorgenommen. Sie handelt eigenverantwortlich und wurde über die rechtlichen Konsequenzen dieser Übertragung (persönliche Haftung) informiert.

2. Arbeitsbereich:
☐ Lagerraum
☐ Rezeptur
☐ Labor
☐ Weitere:

3. Tätigkeiten:
☐ Lagerung
☐ Transport
☐ Umfüllen
☐ Abfüllen
☐ Einwiegen
☐ Rezepturherstellung
☐ Analytische Nachweisreaktionen
☐ Weitere:

4. Gefahrstoffe:

Bezeichnung	Gefahrensymbol und -bezeichnung	R-Sätze	S-Sätze	Menge Arbeitsbereich	Menge Lager

5. Sicherheitsdatenblätter vorhanden und aktuell? ☐ ja ☐ nein
(§ 7 Abs. 8 GefStoffV)

6. Art und Weise der Tätigkeit:

7. Zoneneinteilung:

Zone 0

Ist ein Bereich, in dem gefährliche explosionsfähige Atmosphäre als Gemisch aus Luft und brennbaren Gasen, Dämpfen oder Nebeln ständig, über lange Zeiträume oder häufig vorhanden ist.

☐ Arbeitsbereiche:

Zone 1

Ist ein Bereich, in dem sich bei Normalbetrieb gelegentlich eine gefährliche explosionsfähige Atmosphäre als Gemisch aus Luft und brennbaren Gasen, Dämpfen oder Nebeln bilden kann.

z.B.

– das Innere von Sicherheitsschränken ohne technische Lüftung

☐ Arbeitsbereiche:

Zone 2

Ist ein Bereich, in dem bei Normalbetrieb eine gefährliche explosionsfähige Atmosphäre als Gemisch aus Luft und brennbaren Gasen, Dämpfen oder Nebeln normalerweise nicht oder aber nur kurzfristig austritt.

z.B.

– das Innere von Sicherheitsschränken mit technischer Lüftung
– der Umkreis von mind. 2,5 m um den nicht technisch belüfteten Sicherheitsschrank bis zu einer Höhe von mind. 0,5 m über dem Fußboden
– Labor, Rezeptur, Lagerraum

☐ Arbeitsbereiche:

8. Lüftungseinrichtung:

Natürliche Lüftung vorhanden ☐ Arbeitsbereiche:

Technische Lüftungseinrichtung vorhanden ☐ Arbeitsbereiche:

9. Ausmaß der Exposition:

☐ Bei den verwendeten Mengen erfordern die Auswirkungen keine baulichen Maßnahmen

10. Schutzmaßnahmen:

11. Überprüfung der Wirksamkeit der Schutzmaßnahmen:

☐ Einhaltung der organisatorischen Maßnahmen

☐ Funktion der technischen Schutzausrüstungen, z.B. Laborabzug, Sicherheitsschrank

am: durch: Ergebnis:

am: durch: Ergebnis:

12. Beurteilung der physikalisch-chemischen Gefährdung:

☐ Bei Beachtung der erforderlichen Schutzmaßnahmen ist Brand- und Explosionsgefahr minimiert.

13.

Datum: Unterschrift: ______________________________

Apothekenleiter **Beauftragter**

A13: Explosionsschutzdokument (alt) – Beispiel

Gefährdungsbeurteilung
Brand- und Explosionsgefahren
Explosionsschutzdokument
(nach § 12 GefStoffV; §§ 3 und 6 BetrSichV)

1. Apotheke: *Musterapotheke, Breite Str. 11, 10111 Musterhausen*

   Apothekenleiter: *Peter Mustermann*

   Gefährdungsbeurteilung durchgeführt vom:
   ☒ Apothekenleiter
   ☐ Beauftragten ____
   (fachkundige Person nach § 7 Abs. 7 GefStoffV)

   Am _______ wurde eine Pflichtübertragung gem. § 9 Abs. 2 OWiG auf die beauftragte Person vorgenommen. Sie handelt eigenverantwortlich und wurde über die rechtlichen Konsequenzen dieser Übertragung (persönliche Haftung) informiert.

2. Arbeitsbereich:
   ☐ Lagerraum
   ☒ Rezeptur
   ☒ Labor
   ☐ Weitere:

3. Tätigkeiten:
   ☒ Lagerung
   ☒ Transport
   ☒ Umfüllen
   ☒ Abfüllen
   ☒ Einwiegen
   ☒ Rezepturherstellung
   ☒ Analytische Nachweisreaktionen
   ☐ Weitere:

4. Gefahrstoffe:

Bezeichnung	Gefahrensymbol und -bezeichnung	R-Sätze	S-Sätze	Menge Arbeitsbereich	Menge Lager
Ethanol	*F (leichtentzündlich)*	*11*	*2–7–16–46*	*1l/Rezeptur* *1l/Labor*	–
Isopropylalkohol	*F (leichtentzündlich)* *Xi (reizend)*	*11–36–67*	*2–7–16–24/25–26–46*	*1l/Rezeptur* *1l/Labor*	–
Ether	*F+ (hochentzündlich)* *Xn (gesundheitsschädlich)*	*12–19–22–66–67*	*2–9–16–29–33–46*	*1l/Labor*	–

5. Sicherheitsdatenblätter vorhanden und aktuell? ☒ ja ☐ nein
   (§ 7 Abs. 8 GefStoffV)

6. Art und Weise der Tätigkeit:
Rezeptur: entspricht Standard für Tätigkeiten mit brand- und explosionsgefährlichen Stoffen
Labor: entspricht Standard für Tätigkeiten mit brand- und explosionsgefährlichen Stoffen

7. Zoneneinteilung:
Zone 0
Ist ein Bereich, in dem gefährliche explosionsfähige Atmosphäre als Gemisch aus Luft und brennbaren Gasen, Dämpfen oder Nebeln ständig, über lange Zeiträume oder häufig vorhanden ist.
☐ Arbeitsbereiche:

Zone 1
Ist ein Bereich, in dem sich bei Normalbetrieb gelegentlich eine gefährliche explosionsfähige Atmosphäre als Gemisch aus Luft und brennbaren Gasen, Dämpfen oder Nebeln bilden kann.
z.B.
– das Innere von Sicherheitsschränken ohne technische Lüftung
☒ Arbeitsbereiche: *Sicherheitsschrank ohne techn. Lüftung*

Zone 2
Ist ein Bereich, in dem bei Normalbetrieb eine gefährliche explosionsfähige Atmosphäre als Gemisch aus Luft und brennbaren Gasen, Dämpfen oder Nebeln normalerweise nicht oder aber nur kurzfristig austritt.
z.B.
– das Innere von Sicherheitsschränken mit technischer Lüftung
– der Umkreis von mind. 2,5 m um den nicht technisch belüfteten Sicherheitsschrank bis zu einer Höhe von mind. 0,5 m über dem Fußboden
– Labor, Rezeptur, Lagerraum
☒ Arbeitsbereiche: *Labor, Rezeptur*

8. Lüftungseinrichtung:
Natürliche Lüftung vorhanden ☐ Arbeitsbereiche: *Labor, Rezeptur*
Technische Lüftungseinrichtung vorhanden ☐ Arbeitsbereiche:

9. Ausmaß der Exposition:
☒ Bei den verwendeten Mengen erfordern die Auswirkungen keine baulichen Maßnahmen

10. Schutzmaßnahmen:
1. Allgemeine Maßnahmen der Schutzstufe 1 beachten
2. Brennbare Flüssigkeiten/Stoffe nicht in gefährlichen Mengen oder Konzentrationen, die zu Brand- oder Explosionsgefahren führen können, lagern
Bezüglich der Lagermengen TRbF 20 (Kapitel 3) beachten
Wenn möglich, brennbare Flüssigkeiten in Sicherheitsgefäßen aufbewahren
3. Brennbare Stoffe (entzündliche, leichtentzündliche, hochentzündliche, brandfördernde und explosionsgefährliche Gefahrstoffe) in den Arbeitsbereichen nur in geringen Mengen vorhalten

4. Tätigkeiten mit größeren Mengen von brand- und explosionsgefährlichen Stoffen unter dem Laborabzug durchführen
5. Gefährdung durch Zündquellen beachten
   Zündquellen, die zu Bränden und Explosionen führen können, vermeiden
6. Vorkehrungen gegen elektrostatische Entladung treffen (Metall- oder Glastrichter beim Um- bzw. Abfüllen größerer Mengen brennbarer Flüssigkeiten, ggf. spezielle Laborschuhe)
7. Ausgelaufene Mengen brennbarer oder explosionsgefährlicher Stoffe unverzüglich mit geeigneten Hilfsmitteln aufnehmen und sachgerecht entsorgen
8. Allgemeine Maßnahmen zum Brandschutz beachten (Flucht- und Rettungswege, Feuerlöscher)

11. Überprüfung der Wirksamkeit der Schutzmaßnahmen:
☒ Einhaltung der organisatorischen Maßnahmen
☒ Funktion der technischen Schutzausrüstungen, z.B. Laborabzug, Sicherheitsschrank

am:	durch:	Ergebnis:
am:	durch:	Ergebnis:
am:	durch:	Ergebnis:

12. Beurteilung der physikalisch-chemischen Gefährdung:

☒ Bei Beachtung der erforderlichen Schutzmaßnahmen ist Brand- oder Explosionsgefahr minimiert.

13.
Datum: *02.06.2014* Unterschrift: *Peter Mustermann*
Apothekenleiter **Beauftragter**

A14: Explosionsschutzdokument (neu) – Leerformular

Gefährdungsbeurteilung
Brand- und Explosionsgefahren
Explosionsschutzdokument
(nach § 6 BetrSichV)

1. Apotheke:

Apothekenleiter:

Gefährdungsbeurteilung durchgeführt vom:
☐ Apothekenleiter
☐ Beauftragten ____
(fachkundige Person nach § 6 Abs. 9 GefStoffV)

Am______ wurde eine Pflichtübertragung gem. § 9 Abs. 2 OWiG auf die beauftragte Person vorgenommen. Sie handelt eigenverantwortlich und wurde über die rechtlichen Konsequenzen dieser Übertragung (persönliche Haftung) informiert.

2. Arbeitsbereich:
☐ Lagerraum
☐ Rezeptur
☐ Labor
☐ Weitere:

3. Tätigkeiten:
☐ Lagerung
☐ Transport
☐ Umfüllen
☐ Abfüllen
☐ Einwiegen
☐ Rezepturherstellung
☐ Analytische Nachweisreaktionen
☐ Weitere:

4. Gefahrstoffe:

Bezeichnung	Gefahren-kategorie/n	Pikto-gramme	Signal-wort	Gefahren-hinweise (H-Sätze)	Menge Arbeits-bereich	Menge Lager

5. Sicherheitsdatenblätter vorhanden und aktuell? ☐ ja ☐ nein
(§ 6 Abs. 2 GefStoffV)

6. Art und Weise des Umgangs/der Tätigkeit/der Lagerung:

7. Zoneneinteilung:
Zone 0
Ist ein Bereich, in dem gefährliche explosionsfähige Atmosphäre als Gemisch aus Luft und brennbaren Gasen, Dämpfen oder Nebeln ständig, über lange Zeiträume oder häufig vorhanden ist.
☐ Arbeitsbereiche:

Zone 1
Ist ein Bereich, in dem sich bei Normalbetrieb gelegentlich eine gefährliche explosionsfähige Atmosphäre als Gemisch aus Luft und brennbaren Gasen, Dämpfen oder Nebeln bilden kann.
z.B.
- das Innere von Sicherheitsschränken ohne technische Lüftung

☐ Arbeitsbereiche:

Zone 2
Ist ein Bereich, in dem bei Normalbetrieb eine gefährliche explosionsfähige Atmosphäre als Gemisch aus Luft und brennbaren Gasen, Dämpfen oder Nebeln normalerweise nicht oder aber nur kurzfristig austritt.
z.B.
- das Innere von Sicherheitsschränken mit technischer Lüftung
- der Umkreis von mind. 2,5 m um den nicht technisch belüfteten Sicherheitsschrank bis zu einer Höhe von mind. 0,5 m über dem Fußboden
- Labor, Rezeptur, Lagerraum

☐ Arbeitsbereiche:

8. Lüftungseinrichtung:
Natürliche Lüftung vorhanden ☐ Arbeitsbereiche:
Technische Lüftungseinrichtung vorhanden ☐ Arbeitsbereiche:

9. Ausmaß der Exposition:
☐ Bei den verwendeten Mengen erfordern die Auswirkungen keine baulichen Maßnahmen

10. Schutzmaßnahmen:
1.
2.
3.
4.
5.
6.

11. Überprüfung der Wirksamkeit der Schutzmaßnahmen:
☐ Einhaltung der organisatorischen Maßnahmen
☐ Funktion der technischen Schutzausrüstungen, z.B. Laborabzug, Sicherheitsschrank

am:	Ergebnis:	durch:
am:	Ergebnis:	durch:
am:	Ergebnis:	durch:

12. Beurteilung der physikalisch-chemischen Gefährdung:

☐ Bei Beachtung der erforderlichen Schutzmaßnahmen ist Brand- und Explosionsgefahr minimiert.

13.
Datum: Unterschrift: ____
Apothekenleiter **Beauftragter**

A15: Explosionsschutzdokument (neu) – Beispiel

Explosionsschutzdokument **29.04.2014**

Explosionsschutzdokument nach § 11 GefStoffV

Erstellt von Dr. F. Pistill

Apotheke Gefahren-Apotheke
Chemikalienstraße 13
04111 Ätzhausen

Tätigkeiten: Lagerung
Transport
Umfüllen
Einwiegen
Rezepturherstellung
Analytische Nachweisreaktion

Arbeitsbereiche: Labor
Rezeptur

Gefahrstoffe:

Diethylether

Gefahr

Gefahrenhinweise
Flüssigkeit und Dampf extrem entzündbar. Gesundheitsschädlich bei Verschlucken. Kann Schläfrigkeit und Benommenheit verursachen. Kann explosionsfähige Peroxide bilden. Wiederholter Kontakt kann zu spröder oder rissiger Haut führen.
Menge Arbeitsbereiche
1 l Labor

Ethanol 96%

Gefahr

Gefahrenhinweise
Flüssigkeit und Dampf leicht entzündbar.
Menge Arbeitsbereiche
500 ml Rezeptur

Isopropylalkohol 70%

Gefahr

Gefahrenhinweise
Flüssigkeit und Dampf leicht entzündbar. Verursacht schwere Augenreizung. Kann Schläfrigkeit und Benommenheit verursachen.
Menge Arbeitsbereiche
1 l Rezeptur

Sicherheitsdatenblätter: Sicherheitsdatenblatt für Diethylether vorhanden.
Sicherheitsdatenblatt für Ethanol 96% vorhanden.
Sicherheitsdatenblatt für Isopropylalkohol 70% vorhanden.

Art und Weise der Tätigkeit: Entspricht BAK-Standard für Tätigkeiten mit brand- und explosionsgefährlichen Stoffen.

Zoneneinteilung:	☐ **Zone 0** Ist ein Bereich, in dem gefährliche explosionsfähige Atmosphäre als Gemisch aus Luft und brennbaren Gasen, Dämpfen oder Nebeln ständig, über lange Zeiträume oder häufig vorhanden ist. ☑ **Zone 1** Ist ein Bereich, in dem sich bei Normalbetrieb gelegentlich eine gefährliche explosionsfähige Atmosphäre als Gemisch aus Luft und brennbaren Gasen, Dämpfen oder Nebeln bilden kann. **Arbeitsbereiche** Labor ☑ **Zone 2** Ist ein Bereich, in dem bei Normalbetrieb eine gefährliche explosionsfähige Atmosphäre als Gemisch aus Luft und brennbaren Gasen, Dämpfen oder Nebeln normalerweise nicht oder aber nur kurzfristig austritt. **Arbeitsbereiche** Rezeptur
Lüftungseinrichtung:	☑ Natürliche Lüftung vorhanden **Arbeitsbereiche** Labor Rezeptur ☑ Technische Lüftungseinrichtung vorhanden **Arbeitsbereiche** Labor
Ausmaß der Exposition:	☑ Bei den verwendeten Mengen erfordern die Auswirkungen keine baulichen Maßnahmen.
Schutzmaßnahmen:	Alle Arbeiten erfolgen genau nach den Vorgaben des Standards für Tätigkeiten mit brand- und explosionsgefährlichen Stoffen. Ein Ausdruck des Standards liegt bei; alle geforderten Schutzmaßnahmen sind einzuhalten.
Überprüfung der Wirksamkeit der Schutzmaßnahmen:	☑ Einhaltung der organisatorischen Maßnahmen ☑ Funktion der technischen Schutzausrüstungen, z.B. Laobrabzug, Sicherheitsschrank

am ____________ **durch** ____________ **Ergebnis:** ____________
am ____________ **durch** ____________ **Ergebnis:** ____________
am ____________ **durch** ____________ **Ergebnis:** ____________

Beurteilung der physikalisch-chemischen Gefährdung:	☑ Bei Beachtung der erforderlichen Schutzmaßnahmen ist Brand- und Explosionsgefahr minimiert.

Datum: ____________ **Unterschrift:** ______________________________

Apothekenleiter Beauftragter

Dieses Explosionsschutzdokument richtet sich an folgende Personengruppen:
Pharmazeutische Mitarbeiter

Diese Gefährdungsbeurteilung wurde gelesen und zur Kenntnis genommen.

____________	____________	____________
____________	____________	____________
____________	____________	____________

A16: Gefährdungsbeurteilung Blutuntersuchungen – Leerdokument

Gefährdungsbeurteilung für die Durchführung von Blutuntersuchungen
(nach § 8 BioStoffV)

1.

Apotheke:

Apothekenleiter:

2.

Arbeitsplatz/-bereich:

Mitarbeiter, die an diesem Arbeitsplatz tätig sind:

Bezeichnung der Tätigkeit:

Kurzbeschreibung der Tätigkeit:

3.

Identität des biologischen Arbeitsstoffs:

Einstufung des biologischen Arbeitsstoffs:

Infektionspotenzial:

Sensibilisierende Wirkung:

Toxische Wirkung:

Menge des biologischen Arbeitsstoffes im Arbeitsgang:

4.

Wo tritt der biologische Arbeitsstoff auf?:

Betriebsablauf/Arbeitsverfahren:

Dauer der Tätigkeit:

Exposition der Beschäftigten:

Mögliche Übertragungswege:

5.

Informationen über branchenspezifische Erkrankungen oder Hilfestellungen:

6.

Entscheidung über die Art der Tätigkeit:

7.

Beurteilung der Tätigkeit:

8.

Schutzmaßnahmen:

1.
2.
3.
4.
5.

9.

Ist die Umsetzung der Schutzmaßnahmen erfolgt?

10.

Überprüfung der Schutzmaßnahmen

☐ Einhaltung der organisatorischen Maßnahmen

☐ Funktion der technischen Schutzausrüstungen

am:	Ergebnis:	durch:
am:	Ergebnis:	durch:
am:	Ergebnis:	durch:

11.

Sind Erkrankungen/Beeinträchtigungen bei der Arbeit aufgetreten?

12.

Beurteilung der Gefährdung für die Gesundheit und Sicherheit der Beschäftigten:

- -

☐ Bei Beachtung der erforderlichen Schutzmaßnahmen kann die Gefahr für die Beschäftigten bestmöglich reduziert werden.

13.

Datum: Unterschrift: _

Apothekenleiter

A17: Gefährdungsbeurteilung Blutuntersuchungen – Beispiel

Gefährdungsbeurteilung für die Durchführung von Blutuntersuchungen
(nach § 8 BioStoffV)

1.

Apotheke:	Muster-Apotheke, Musterstadt
Apothekenleiter:	Peter Müller

2.

Arbeitsplatz/-bereich:	Offizin, Blutuntersuchung
Mitarbeiter, die an diesem Arbeitsplatz tätig sind:	2 Apotheker, 3 PTA
Bezeichnung der Tätigkeit:	Durchführung von Blutuntersuchungen
Kurzbeschreibung der Tätigkeit:	Dem Patienten mit Wunsch nach Blutglukose- bzw. Blutfettwertbestimmung wird mit einer Punktierhilfe ein Tropfen Blut aus der Fingerbeere entnommen. Diese Blutprobe wird auf den entsprechenden Teststreifen aufgetragen. Mit Hilfe eines Testgeräts wird der gewünschte Wert bestimmt. Näheres ist in entsprechender SOP geregelt.

3.

Identität des biologischen Arbeitsstoffs:	Blut, ggf. kontaminiert mit HBV, HCV oder HIV
Einstufung des biologischen Arbeitsstoffs:	Risikogruppe 3**
Infektionspotenzial:	Infektionsgefahr durch Mikroorganismen und Viren durch ▪ Schnitt- und Stichverletzungen mit verunreinigten Lanzetten ▪ Blut und Blutbestandteile, die auf kleinste Hautdefekte gelangen ▪ Spritzer virushaltigen Materials auf die Augenschleimhaut Kontakt viruskontaminierter Finger mit Augen und Mund
Sensibilisierende Wirkung:	nein
Toxische Wirkung:	nein
Menge des biologischen Arbeitsstoffes im Arbeitsgang:	1 Tropfen

4.

Wo tritt der biologische Arbeitsstoff auf?:	Fingerbeere des Patienten
	Lanzette und Punktierhilfe
	Ggf. die verwendete Kapillare zum Auftragen der Blutprobe
	Teststreifen/Testkassette
	Testgerät
	Tupfer
Betriebsablauf/Arbeitsverfahren:	siehe SOP der Apotheke für die Blutuntersuchung
Dauer der Tätigkeit:	5–10 min pro Patient; ca. 3–5 Patienten am Tag
Exposition der Beschäftigten:	Die Exposition erstreckt sich auf die gesamte Dauer der Tätigkeit vom Zeitpunkt der Blutentnahme bis zur Entsorgung der Lanzette, des Teststreifens/Testkassette, der Handschuhe sowie der Reinigung der Arbeitsgeräte.
Mögliche Übertragungswege:	Einwirkung auf die Haut
	Einwirkung auf die Schleimhaut
	Eindringen in tiefes Gewebe durch Stich- oder Schnittverletzungen

5.

Informationen über branchenspezifische Erkrankungen oder Hilfestellungen:

Nach Angabe der BGW sind keine durch Blut übertragenen Erkrankungen in Apotheken bekannt.

6.

Entscheidung über die Art der Tätigkeit:

Es handelt sich um eine nicht gezielte Tätigkeit, bei der die Bestimmung bestimmter Blutwerte und keine Untersuchung auf Mikroorganismen im Vordergrund steht.

7.

Beurteilung der Tätigkeit:

Entsprechend der Einstufung des biologischen Arbeitsstoffes in die Risikogruppe 3** erfolgt die Zuordnung zur Schutzstufe 2.

8.

Schutzmaßnahmen

1. Einhaltung der allgemeinen Maßnahmen zur Hygiene und zum Arbeitsschutz entsprechend BioStoffV Anlage III, TRBA 250, TRBA 500
2. Kennzeichnung des Messplatzes mit dem Symbol Biogefährdung
3. Tätigkeit nur von Personen mit abgeschlossener Ausbildung in Gesundheitsberuf oder unter Aufsicht
4. Den mit der Tätigkeit betrauten Mitarbeitern ist eine Immunisierung gegen Hepatitis B anzubieten
5. Begrenzung der Zahl der exponierten Beschäftigten
6. Werdende oder stillende Mütter sollten möglichst nicht mit der Tätigkeit betraut werden
7. Zugangsbeschränkung zum Messplatz auf berechtigte Personen
8. Verwendung sicherer Arbeitsgeräte zum Punktieren
9. Persönliche Schutzausrüstung zur Verfügung stellen (Schutzkittel, Schutzhandschuhe)
10. Geeignete Abfallbehälter für biologische Arbeitsstoffe
11. Abfälle fachgerecht entsorgen

9.

Ist die Umsetzung der Schutzmaßnahmen erfolgt?

10.

Überprüfung der Schutzmaßnahmen

☒ Einhaltung der organisatorischen Maßnahmen

☐ Funktion der technischen Schutzausrüstungen

am:	Ergebnis:	durch:
am:	Ergebnis:	durch:
am:	Ergebnis:	durch:

11.

Sind Erkrankungen/Beeinträchtigungen bei der Arbeit aufgetreten?

12.

Beurteilung der Gefährdung für die Gesundheit und Sicherheit der Beschäftigten:

- -

☐ Bei Beachtung der erforderlichen Schutzmaßnahmen kann die Gefahr für die Beschäftigten bestmöglich reduziert werden.

13.

Datum: Unterschrift: _

Apothekenleiter

A18: Empfangsbestätigung – Formular

Empfangsbestätigung nach § 3 ChemVerbotsV

Frau/Herr ________________________________

Adresse ________________________________

hat am ________________________________

in unserer Apotheke den folgenden Gefahrstoff erhalten:

________________________ Menge ____________________________

Verwendungszweck ____

Die/Der Erwerber/in wurde über die mit dem Verwenden verbundenen Gefahren, notwendige Vorsichtsmaßnahmen beim bestimmungsgemäßen Gebrauch und für den Fall des unvorhergesehenen Verschüttens oder Freisetzens sowie über die ordnungsgemäße Entsorgung unterrichtet.

Die/Der Erwerber/in bestätigt, den Gefahrstoff nur für den angegebenen Zweck zu verwenden.

________________________, den ________________________

____
Unterschrift des Erwerbers

____
Name des Abgebenden Apothekenstempel

A19: Unterweisungsbestätigung – Formular

Unterweisungsbestätigung

Frau/Herr _

wurde am _

gemäß GefStoffV § 14 mündlich und arbeitsplatzbezogen über den Umgang mit Gefahrstoffen in der Apotheke, die damit verbundenen Gefahren sowie erforderliche Schutzmaßnahmen und Verhaltensregeln unterwiesen. Die Unterweisung enthielt Maßnahmen der Ersten Hilfe im Gefahrenfall und Hinweise auf die ordnungsgemäße Entsorgung der Gefahrstoffe.

Die schriftliche Form dieser Betriebsanweisung liegt zur Einsichtnahme in der Apotheke aus.

_ _
Unterschrift des Apothekenleiters

_ _
Unterschrift des Unterwiesenen

Apothekenstempel

A20: Pflichtenübertragung Gefahrstoffe – Formular

Erklärung zur Pflichtenübertragung gem. § 9 Abs. 2 Satz 2 OWiG

Zwischen

_ _

Leiter der _ _ _ _ _ _ _ _ _ _ _ _ _ _ _ _ –Apotheke (nachstehend „Apothekenleiter" genannt),

und

_ _

(nachstehend „Beauftragter" genannt),

wird folgendes vereinbart:

Der Beauftragte ist eine fachkundige Person im Sinne des § 6 Abs. 9 Gefahrstoffverordnung. Die dem Apothekenleiter nach § 6 Gefahrstoffverordnung obliegenden Pflichten zur Informationsermittlung und Gefährdungsbeurteilung in der _ _ _ _ _ _ _ _ _ _ _ _ _ _ _ –Apotheke werden dem Beauftragten übertragen. Dieser führt die entsprechenden Arbeiten eigenverantwortlich durch. Zu den Arbeiten gehören insbesondere:

Mit dieser Übertragung wird der Beauftragte neben dem Apothekenleiter persönlich für die ordnungsgemäße Erledigung der betroffenen Tätigkeiten verantwortlich und kann bei Versäumnissen von den Ordnungsbehörden in Anspruch genommen werden (§ 9 Abs. 2 OWiG). Der Apothekenleiter bleibt dafür verantwortlich, dass er alle erforderlichen organisatorischen Maßnahmen zur ordnungsgemäßen Erledigung der Pflichten ergreift und den Beauftragten in ausreichendem Maße überwacht. Schriftliche Dokumentationen zu den dem Beauftragten übertragenen Arbeiten werden sowohl von ihm als auch vom Apothekenleiter unterzeichnet.

_ , den _

_ _	_ _
Unterschrift des Apothekenleiters	Unterschrift des Unterwiesenen

A21: Pflichtenübertragung Blutuntersuchungen – Formular

Mustererklärung zur Pflichtenübertragung gem. §9 Abs. 2 Satz 2 OWiG

Zwischen

_ ,

Leiter der _ _ _ _ _ _ _ _ _ _ _ _ _ _ -Apotheke (nachstehend „Apothekenleiter" genannt),

und

_ ,

(nachstehend „Beauftragter" genannt),

wird folgendes vereinbart:

Der Beauftragte ist eine fachkundige Person im Sinne des §8 Biostoffverordnung. Die dem Apothekenleiter nach §5 Biostoffverordnung obliegenden Pflichten zur Informationsermittlung und Gefährdungsbeurteilung in der _ _ _ _ _ _ _ _ _ _ _ -Apotheke werden dem Beauftragten übertragen. Dieser führt die entsprechenden Arbeiten eigenverantwortlich durch. Zu den Arbeiten gehören insbesondere:

_ _ _ _

_ _ _ _

_ _ _ _

Mit dieser Übertragung wird der Beauftragte neben dem Apothekenleiter persönlich für die ordnungsgemäße Erledigung der betroffenen Tätigkeiten verantwortlich und kann bei Versäumnissen von den Ordnungsbehörden in Anspruch genommen werden (§9 Abs. 2 Satz 2 OWiG). Der Apothekenleiter bleibt dafür verantwortlich, dass er alle erforderlichen organisatorischen Maßnahmen zur ordnungsgemäßen Erledigung der Pflichten ergreift und den Beauftragten in ausreichendem Maße überwacht. Schriftliche Dokumentationen zu den dem Beauftragten übertragenen Arbeiten werden sowohl von ihm als auch vom Apothekenleiter unterzeichnet.

_ , den _

_ _ _ _ _ _ _ _ _ _ _ _ _ _ _ _ _ _	_ _ _ _ _ _ _ _ _ _ _ _ _ _ _ _ _ _
(Apothekenleiter)	(Beauftragter)

Literaturverzeichnis

Ahl P. Arbeitsschutz in Apotheken, Gefährdungsbeurteilung unter Berücksichtigung von GHS. Govi-Verlag, Eschborn 2014

Ahl P. Gefahrstoffrecht – Neue Regelungen in der Apotheke. Pharm Ztg 47: S. 18 ff., 2010

Arbeitsschutzgesetz (ArbSchG) vom 7. August 1996, zuletzt geändert durch Art. 15 G v. 5.2.2009: http://www.gesetze-im-internet.de/bundesrecht/arbschg/gesamt.pdf

BekGS 408. Anwendung der GefStoffV und TRGS mit dem Inkrafttreten der CLP-Verordnung. Ausgabe Dezember 2009 mit Änderungen und Ergänzungen: GMBl 2012 S. 119 [Nr. 8] (vom 15.03.2012). http://www.baua.de/de/Themen-von-A-Z/Gefahrstoffe/TRGS/Bekanntmachung-408.html

Berichtigung der Verordnung (EG) Nr. 1272/2008 des Europäischen Parlaments und des Rates vom 16. Dezember 2008 über die Einstufung, Kennzeichnung und Verpackung von Stoffen und Gemischen, zur Änderung und Aufhebung der Richtlinien 67/548/EWG und 1999/45/EG und zur Änderung der Verordnung (EG) Nr. 1907/2006: http://eur-lex.europa.eu/LexUriServ/LexUriServ.do?uri=OJ:L:2011:016:0001:0006:DE:PDF

Berichtigung der Verordnung (EG) Nr. 790/2009 vom 13.11.2009: http://www.reach-clp-biozid-helpdesk.de/de/Downloads/CLP-VO/Fehlerliste_VO_790_2009.pdf?__blob=publicationFile&v=2

Berichtigung der Verordnung (EG) Nr. 286/2011 v. 26.05.2011: http://www.reach-clp-biozid-helpdesk.de/de/Downloads/VO-Gesetze/Berichtigung-der-Verordnung-286-2011-1.pdf?__blob=publicationFile&v=2

Berichtigung der Verordnung (EG) Nr. 286/2011 v. 23.09.2011: http://www.reach-clp-biozid-helpdesk.de/de/Downloads/VO-Gesetze/Berichtigung-der-Verordnung-286-2011-2.pdf?__blob=publicationFile&v=5

Berufsgenossenschaft für Gesundheitsdienst und Wohlfahrtspflege (BGW): http://www.bgw-online.de/DE/Arbeitssicherheit-Gesundheitsschutz/Gefaehrdungsbeurteilung/Gefaehrdungsbeurteilung_node.html

Berufsgenossenschaft für Rohstoffe und Chemische Industrie, Gefahrstoffinformationssystem Chemie (BG RCI GisChem): http://www.gischem.de/index.htm

Betäubungsmittelgesetz (BtMG): http://www.gesetze-im-internet.de/btmg_1981/BJNR106810981.html

Betäubungsmittelverschreibungsverordnung (BtMVV): http://www.gesetze-im-internet.de/btmvv_1998/BJNR008000998.html

Betriebssicherheitsverordnung (BetrSichV) vom 27. September 2002, zuletzt geändert durch Art. 5 G v. 8. 11. 2011: http://www.gesetze-im-internet.de/bundesrecht/betrsichv/gesamt.pdf

Bundesanstalt für Arbeitsschutz und Arbeitsmedizin (baua) Bekanntmachung 220 Sicherheitsdatenblatt: http://www.baua.de/de/Themen-von-A-Z/Gefahrstoffe/TRGS/pdf/Bekanntmachung-220.pdf?__blob=publicationFile&v=7

Bundesapothekerkammer: http://www.abda.de/arbeitsschutz.html

Bundesapothekerkammer Farbkonzept: http://www.abda.de/1136.html http://www.abda.de/fileadmin/assets/Praktische_Hilfen/Arbeitsschutz/Gefahrstoffkennzeichnung/Farbkonzept_Standgef%C3%A4%C3%9Fe_10_09_08.pdf

Cyran W, Rotta C. Apothekenbetriebsordnung. Kommentar. 5. Aufl., Deutscher Apotheker Verlag, Stuttgart 2012

Deutsche Gesetzliche Unfallversicherung (DGUV): http://www.dguv.de/de/index.jsp

Emsbach MR. Gefahrstoffe für die Kitteltasche. Deutscher Apotheker Verlag, Stuttgart 2014

Emsbach MR. Gefahrstoffabgabe in Apotheken nach GHS. Deutscher Apotheker Verlag, Stuttgart 2013

Emsbach MR. GHS Poster – Umsetzungshilfe für den Arbeitsschutz in Apotheken. Deutscher Apotheker Verlag, Stuttgart 2011

Emsbach MR. Poster Gefahrstoffabgabe in der Apotheke (GHS). Deutscher Apotheker Verlag, Stuttgart 2013

Gesetz zum Schutz der erwerbstätigen Mutter (Mutterschutzgesetz – MuSchG): http://www.gesetze-im-internet.de/bundesrecht/muschg/gesamt.pdf

Gesetz zum Schutz vor gefährlichen Stoffen (Chemikaliengesetz – ChemG), Ausfertigungsdatum: 16.09.1983, in der Fassung der Bekanntmachung vom 02.07.2008, zuletzt g ändert durch Art. 1 G v. 23.7.2013: http://www.gesetze-im-internet.de/bundesrecht/chemg/gesamt.pdf

Grundstoffüberwachungsgesetz (GÜG): http://www.gesetze-im-internet.de/g_g_2008/BJNR030610008.html

Jugendschutzgesetz (JuSchG) vom 23. Juli 2002, zuletzt geändert durch Art. 3 Abs. 1 G v. 31.10.2008: http://www.gesetze-im-internet.de/juschg/

Handlungshilfen der Bundesapothekerkammer. http://www.abda.de/arbeitsschutzmassnahmen.html

Kaufmann D, Schult C. Gefahrstoff-Programm. Deutscher Apotheker Verlag, Stuttgart 2014

Kaufmann D, Schulz A. GHS-Betriebsanweisungen gemäß §14 Gefahrstoffverordnung. 2. Aufl., Deutscher Apotheker Verlag, Stuttgart 2012

Leitfaden zur Anwendung der GHS-Verordnung. Das neue Einstufungs- und Kennzeichnungssystem für Chemikalien nach GHS – kurz erklärt. Umweltbundesamt, Dessau-Roßlau 2009

Mohr R. Neues Gefahrstoffrecht – Was auf die Apotheken zukommt. Dtsch Apoth Ztg 50: S. 83 ff., 2010

Neukirchen R. Pharmazeutische Gesetzeskunde. Deutscher Apotheker Verlag, Stuttgart 2013

Richtlinien BfArM 4114 – K (1.07): http://www.bfarm.de/DE/Bundesopiumstelle/Betaeubungsmittel/SicherungsRL/_node.html

Schulz A. Gefahrstoffmanagement für Apotheken. Information, Organisation, Dokumentation. Grundwerk inkl. 3. Akt.lfg. Deutscher Apotheker Verlag, Stuttgart 2014

Schulz A. Hörath Gefahrstoff-Verzeichnis nach GHS/EG-CLP-Verordnung. 9. Aufl., Deutscher Apotheker Verlag, Stuttgart 2013

Sicherheitsdatenblätter der Firmen Caelo, Hedinger, Fagron, u. a.

Stapel U. GHS – Betriebsanweisungen und Gefährdungsbeurteilungen. 3. Aufl., Govi-Verlag, Eschborn 2012

Technische Regel für Gefahrstoffe 201 (TRGS 201): http://www.baua.de/cae/servlet/contentblob/664754/publicationFile/

Technische Regel für Gefahrstoffe 400 (TRGS 400): http://www.baua.de/de/Themen-von-A-Z/Gefahrstoffe/TRGS/pdf/TRGS-400.pdf?__blob=publicationFile&v=3

Technische Regel für Gefahrstoffe 510 (TRGS 510): http://www.baua.de/de/Themen-von-A-Z/Gefahrstoffe/TRGS/pdf/TRGS-510.pdf?__blob=publicationFile&v=5

Technische Regel für Gefahrstoffe 555 (TRGS 555): http://www.baua.de/de/Themen-von-A-Z/Gefahrstoffe/TRGS/pdf/TRGS-555.pdf?__blob=publicationFile

Verordnung über den Betrieb von Apotheken (Apothekenbetriebsordnung – ApBetrO), Ausfertigungsdatum: 09.02.1987, in der Fassung der Bekanntmachung vom 26.09.1995, zuletzt geändert durch Artikel 2 der Verordnung vom 2.12.2008: http://www.gesetze-im-internet.de/apobetro_1987/BJNR005470987.html

Verordnung über Verbote und Beschränkungen des Inverkehrbringens gefährlicher Stoffe, Zubereitungen und Erzeugnisse nach dem Chemikaliengesetz (Chemikalien-Verbotsverordnung –

ChemVerbotsV), Ausfertigungsdatum: 14.10.1993, in der Fassung der Bekanntmachung vom 13.06.2003, zuletzt geändert durch Art. 5 Abs. 40 G v. 24.2.2012: http://www.gesetze-im-internet.de/bundesrecht/chemverbotsv/gesamt.pdf

Verordnung zum Schutze der Mütter am Arbeitsplatz (MuSchArbV): http://www.gesetze-im-internet.de/bundesrecht/muscharbv/gesamt.pdf

Verordnung zum Schutz vor Gefahrstoffen (Gefahrstoffverordnung – GefStoffV), Ausfertigungsdatum: 26.11.2010, geändert durch Art. 2 V v. 15.7.2013: http://www.gesetze-im-internet.de/bundesrecht/gefstoffv_2010/gesamt.pdf

Verordnung (EG) Nr. 790/2009 der Kommission vom 10. August 2009 zur Änderung der Verordnung (EG) Nr. 1272/2008 des Europäischen Parlaments und des Rates über die Einstufung, Kennzeichnung und Verpackung von Stoffen und Gemischen zwecks Anpassung an den technischen und wissenschaftlichen Fortschritt: http://eur-lex.europa.eu/LexUriServ/LexUriServ.do?uri=OJ:L:2009:235:0001:0439:de:PDF

Verordnung (EU) Nr. 286/2011 der Kommission vom 10. März 2011 zur Änderung der Verordnung (EG) Nr. 1272/2008 des Europäischen Parlaments und des Rates über die Einstufung, Kennzeichnung und Verpackung von Stoffen und Gemischen zwecks Anpassung an den technischen und wissenschaftlichen Fortschritt: http://eur-lex.europa.eu/LexUriServ/LexUriServ.do?uri=OJ:L:2011:083:0001:0053:DE:PDF

Verordnung (EU) Nr. 453/2010 DER KOMMISSION vom 20. Mai 2010 zur Änderung der Verordnung (EG) Nr. 1907/2006 des Europäischen Parlaments und des Rates zur Registrierung, Bewertung, Zulassung und Beschränkung chemischer Stoffe (REACH), http://eur-lex.europa.eu/LexUriServ/LexUriServ.do?uri=OJ:L:2010:133:0001:0043:de:PDF

Verordnung (EU) Nr. 487/2013 der Kommission vom 8. Mai 2013 zur Änderung der Verordnung (EG) Nr. 1272/2008 des Europäischen Parlaments und des Rates über die Einstufung, Kennzeichnung und Verpackung von Stoffen und Gemischen zwecks Anpassung an den technischen und wissenschaftlichen Fortschritt: http://eur-lex.europa.eu/LexUriServ/LexUriServ.do?uri=OJ:L:2013:149:0001:0059:DE:PDF

Verordnung (EG) Nr. 552/2009 der Kommission vom 22. Juni 2009 zur Änderung der Verordnung (EG) Nr. 1907/2006 des Europäischen Parlaments und des Rates zur Registrierung, Bewertung, Zulassung und Beschränkung chemischer Stoffe (REACH) hinsichtlich Anhang XVII: http://eur-lex.europa.eu/LexUriServ/LexUriServ.do?uri=OJ:L:2009:164:0007:0031:de:PDF

Verordnung (EU) Nr. 618/2012 der Kommission vom 10. Juli 2012 zur Änderung der Verordnung (EG) Nr. 1272/2008 des Europäischen Parlaments und des Rates über die Einstufung, Kennzeichnung und Verpackung von Stoffen und Gemischen zwecks Anpassung an den technischen und wissenschaftlichen Fortschritt: http://eur-lex.europa.eu/LexUriServ/LexUriServ.do?uri=OJ:L:2012:179:0003:0010:DE:PDF

Verordnung (EU) Nr. 758/2013 der Kommission vom 7. August 2013 zur Berichtigung von Anhang VI der Verordnung (EG) Nr. 1272/2008 des Europäischen Parlaments und des Rates über die Einstufung, Kennzeichnung und Verpackung von Stoffen und Gemischen: http://eur-lex.europa.eu/LexUriServ/LexUriServ.do?uri=OJ:L:2013:216:0001:0058:DE:PDF

Verordnung (EG) Nr. 1907/2006 des Europäischen Parlaments und des Rates (REACH): http://eur-lex.europa.eu/LexUriServ/LexUriServ.do?uri=OJ:L:2007:136:0003:0280:de:PDF

Verordnung (EG) Nr. 1907/2006 (Berichtigungen und Änderungen) des Europäischen Parlaments und des Rates (REACH): http://www.reach-info.de/verordnungstext.htm

Verordnung (EG) Nr. 1272/2008 des Europäischen Parlaments und des Rates (CLP-V): http://eur-lex.europa.eu/LexUriServ/LexUriServ.do?uri=OJ:L:2008:353:0001:1355:de:PDF

Sachregister

T

U

V

W

Z

Der Autor

Dr. Holger Herold

Nach dem Studium der Veterinärmedizin an der Veterinärmedizinischen Fakultät der Universität Leipzig und Promotion zum Dr. med. vet. (1992), studierte Holger Herold Pharmazie im ersten Studiengang des wieder gegründeten Instituts für Pharmazie der Universität Leipzig und erlangte 1997 die Approbation. Er ist Inhaber der Luther-Apotheke in Leipzig, seit 2003 Mitglied des Vorstands der Sächsischen Landesapothekerkammer mit dem Verantwortungsbereich Ausbildung, Referent für Gefahrstoffrecht, Kennzeichnung von Rezepturarzneimitteln und Tierarzneimittelrecht im Rahmen der begleitenden Unterrichtsveranstaltungen für Pharmazeuten im Praktikum sowie der Fort- und Weiterbildung für Apotheker, Mitglied der Staatlichen Prüfungskommission für den dritten Abschnitt der Pharmazeutischen Prüfung in Sachsen, Vorsitzender der Vertreterversammlung der Sächsisch-Thüringischen Apothekerversorgung und Autor der CD-ROM-Teamschulung „Gefahrstoffe in der Rezeptur“ sowie Mitautor des Lehrbuchs „Apothekenpraxis für PTA“ aus dem Deutschen Apotheker Verlag.